«La persona que nos atrajo a muchos a la Fórmula 1 hoy nos mantiene atentos a todo lo que hace. *Grand Prix* me ha hecho descubrir muchas historias desconocidas para mí y muchas carreras que quiero ver».

—**JANNIK SINNER**, campeón de Grand Slam de tenis

«No hay nada parecido a la emoción de un Gran Premio ni nada como la pasión de sus fantásticos seguidores. Will Buxton nos ha explicado la historia moderna de la Fórmula 1, pero en este libro nos transporta al pasado. Es la mejor guía sobre el mejor deporte».

—**MARTIN GARRIX**, DJ

«Creo firmemente que la Fórmula 1 es para todo el mundo. Nadie debería sentir nunca que no pertenece a este deporte porque acaba de entrar en él. Will Buxton tiene mucho conocimiento y una gran autoridad, pero siempre ha acogido a las personas que se han enamorado de su deporte favorito. Este libro es perfecto para las nuevas incorporaciones que quieren dar un paso más en su obsesión y afición por la F1».

—**GREG JAMES**, locutor y autor

«Will Buxton combina su joven entusiasmo y su amplio conocimiento en este fascinante, asombroso y muy accesible libro. Todo aficionado a la Fórmula 1 debe leerlo».

—**TOM KERRIDGE**, chef

«He tenido la suerte de compartir *pit lanes* y *paddocks* de F1 alrededor del mundo con Will Buxton y sé cuánto ama este deporte y la historia que hay detrás. Este libro es de un valor inestimable para los aficionados recién llegados y habituales del deporte más importante del planeta. Will, con su gran pasión por la Fórmula 1, es la persona perfecta para guiarte por ella».

—**JAKE HUMPHREY**, locutor

GRAND PRIX

UNA HISTORIA ILUSTRADA DE LA FÓRMULA 1

GRAND PRIX

WILL BUXTON

ILUSTRACIONES DE DAVI AUGUSTO
PRÓLOGO DE STEFANO DOMENICALI

DK

CONTENIDOS

PRÓLOGO

Nací en Imola, una pequeña y tranquila ciudad en el norte de Italia en la que hay un circuito, uno de los mejores del mundo. Mis primeros recuerdos son el ruido de los coches de carreras, jugar en el colegio a que era uno de mis ídolos de las carreras e intentar ver un atisbo de los coches a través de la valla de la pista o entre los árboles.

Como ves, llevo la competición en la sangre. Como una inmensa mayoría de italianos, es algo que llevamos forjado a fuego desde que nacemos, gracias en gran parte a la estela de Ferrari, el equipo con más triunfos y más famoso de la historia del mayor campeonato de automovilismo del mundo, la Fórmula 1.

Mi sueño era trabajar en Ferrari, y estoy inmensamente agradecido por haber empezado allí poco después de graduarme en la universidad. Estuve muchos años trabajando en Maranello y, para satisfacción mía, me eligieron no solo para hacerlo en el equipo de Fórmula 1, Scuderia Ferrari, sino para ser el director del equipo.

Actualmente soy el director ejecutivo de la Fórmula 1. Todavía me cuesta creer que ese chico de Imola haya podido llegar a cumplir un papel tan importante en el desarrollo y crecimiento del deporte que ha amado toda su vida. Es un gran honor.

Cuento esto para que se sepa lo importante que son para mí los deportes de motor y, sobre todo, la Fórmula 1.

Me enorgullece ver cuánto ha crecido este deporte en los últimos años y la popularidad que ha alcanzado a nivel internacional. Aunque siempre ha sido un deporte que ha recibido cariño en todas las partes del mundo, nunca había gozado de tanta atención ni había tenido tantos seguidores como ahora. Muchos llevamos la competición en nuestro ADN, pero para otros esto de la Fórmula 1 es algo nuevo.

Estoy seguro de que conocéis a Will por su trabajo en *Fórmula 1: La emoción de un Grand Prix* y para nosotros en F1 TV.

Yo le conocí hace veinte años, cuando estaba empezando como periodista. Podría decir que lo vivía con pasión, con intensidad. Me alegra contar que no ha cambiado mucho en todo este tiempo. Su pasión por la Fórmula 1 no ha cesado nunca, al igual que su interés por conocer en profundidad la historia de este deporte. A lo largo de los años se ha convertido en un gran narrador, que transmite a los nuevos y antiguos aficionados una visión única de la Fórmula 1.

La idea de este libro es especial: crear una guía accesible de pilotos y equipos con el foco en su historia. Espero que disfrutes leyendo sobre los que formaron parte y crearon lo que hoy conocemos como Fórmula 1. Cuando miro hacia atrás a los más de setenta años de historia transcurridos y más de mil carreras celebradas, me emociona pensar en lo que queda por venir.

—STEFANO DOMENICALI
Presidente y director ejecutivo de la Fórmula 1

¿QUÉ ES LA FÓRMULA 1?

La Fórmula 1 ha sido la cumbre del automovilismo mundial, la prueba definitiva entre máquina y humanidad, durante más de setenta años. Con más de veinte carreras en algunos de los circuitos más exigentes que existen y en algunos de los lugares más glamurosos del mundo, la competición a este nivel se considera la cúspide de la carrera profesional de un piloto. Ganar en este deporte es casi misión imposible. El que consigue coronarse como campeón también consigue colocar su nombre junto a los mejores de este deporte.

La Fórmula 1 es una competición de alta velocidad y mucho riesgo. Los pilotos luchan a más de 300 kilómetros por hora separados apenas por unos milímetros, a veces muy cerca del desastre, y combinan unas habilidades excelentes con una valentía admirable e inspiradora en su batalla por demostrar que son los mejores de ese momento y del campeonato. Su viaje hacia la cumbre del automovilismo comienza en la infancia. Empiezan a desarrollar su talento en los karts y después en categorías júnior de monoplazas hasta llegar a la cima. Su instinto competitivo se agudiza y su deseo y hambre por ganar contra viento y marea se convierten en una parte intrínseca de su personalidad. Su objetivo es que la combinación de habilidades, experiencia, derrotas, victorias, constancia y proezas les permita convertirse con el tiempo en el mejor piloto.

En la Fórmula 1 se encuentran los coches de competición más avanzados y rápidos de todos los tiempos. Estos cohetes con ruedas se componen de piezas únicas, diseñadas y producidas exclusivamente para competir por un equipo de miles de personas, cuya experiencia es tan esencial para ganar una carrera como lo son los pilotos. Se invierten cientos de millones de dólares para alcanzar la gloria. Las decisiones durante la carrera se toman en un abrir y cerrar de ojos tanto por parte del piloto, que se encuentra en el fragor de la batalla, como por parte del estratega, que lleva el timón de la carrera, y del equipo en el garaje que se encarga de los monoplazas y los pone a punto en cuestión de segundos. Los que consiguieron el éxito saben que en su momento de gloria no había un coche igual de rápido ni un equipo más disciplinado ni un piloto tan bueno.

El objetivo es siempre ganar y seguir ganando. Para aquellos que no lo han conseguido, es luchar, alcanzar, adelantar y empezar su propia era de dominación alzándose con los dos campeonatos más importantes del automovilismo: el Campeonato del Mundo de Pilotos de Fórmula 1 y el Campeonato de Constructores de Fórmula 1. Pero ¿qué hay que hacer para ser el mejor? ¿Quién es el mejor de todos los tiempos? ¿Cómo ha conseguido este deporte convertirse en el fenómeno mundial que es? ¿Qué depara el futuro?

En este libro se explica lo que es la Fórmula 1 hoy en día y lo que fue, incluyendo cómo ha evolucionado este fantástico campeonato para los equipos que construyeron los mejores coches de su generación. En este viaje década tras década por este deporte conocerás a todos los campeones. Me gustaría poder escribir sobre todos los pilotos que han formado parte de este deporte. Sin embargo, no hay ni espacio ni tiempo que permita esos lujos. En su lugar descubrirás al piloto que creo que podría haber sido campeón pero nunca lo fue de cada década junto con varios pilotos que destacaron de cada generación. Además, echaremos la vista atrás y reviviremos algunas de las mejores carreras que hemos visto.

Aquí es donde los genios de la tecnología se unen a la excelencia deportiva. Aquí es donde los soñadores se convierten en héroes y donde los ídolos se forjan en el fragor de la competición absoluta.

Esta es la cumbre del automovilismo. Esto es la Fórmula 1.

ABU DHABI (1)
Yas Marina

ALEMANIA (3)
Berlín
Hockenheim
Nürburgring

ARABIA SAUDÍ (1)
Yeda

ARGENTINA (1)
Buenos Aires

AUSTRALIA (2)
Adelaida
Melbourne

AUSTRIA (2)
Spielberg
Zeltweg

AZERBAIYÁN (1)
Bakú

BARÉIN (1)
Sakhir

BÉLGICA (3)
Nivelles
Spa
Zolder

BRASIL (2)
Río
São Paulo

CANADÁ (3)
Mont-Tremblant
Montreal
Mosport

CATAR (1)
Losail

CHINA (1)
Shanghái

COREA DEL SUR (1)
Mokpo

EE. UU. (11)
Austin
Dallas
Detroit
Indianapolis
Las Vegas
Long Beach
Miami
Phoenix
Riverside
Sebring
Watkins Glen

ESPAÑA (6)
Barcelona
Jarama
Jerez
Montjuïc
Pedralbes
Valencia

FRANCIA (7)
Clermont-Ferrand
Dijon
Le Castellet
Le Mans
Magny-Cours
Reims
Rouen

¿DÓNDE CORRE LA FÓRMULA 1?

La Fórmula 1 ha viajado alrededor de todo el mundo durante más de setenta años. Hoy en día, el calendario consta de más de veinte carreras en veinte países distintos. Algunas carreras llevan siendo parte del calendario desde la primera temporada, en 1950, calendario que constaba de solo siete carreras. Veamos todos los sitios que ha visitado la Fórmula 1.

● Circuito en activo ● Circuito inactivo

GRAN BRETAÑA (4)
Aintree
Brands Hatch
Donington
Silverstone

HUNGRÍA (1)
Budapest

INDIA (1)
Greater Noida

ITALIA (4)
Imola
Monza
Mugello
Pescara

JAPÓN (3)
Aida
Fuji
Suzuka

MALASIA (1)
Kuala Lumpur

MARRUECOS (1)
Casablanca

MÉXICO (1)
Ciudad de México

MÓNACO (1)
Montecarlo

PAÍSES BAJOS (1)
Zandvoort

PORTUGAL (4)
Estoril
Lisboa
Portimão
Oporto

RUSIA (1)
Sochi

SINGAPUR (1)
Singapur

SUDÁFRICA (2)
East London
Johannesburgo

SUECIA (1)
Anderstorp

SUIZA (1)
Berna

TURQUÍA (1)
Estambul

CIRCUITOS DE FÓRMULA 1 EMBLEMÁTICOS

El número de circuitos donde se han celebrado grandes premios es superior al de años de existencia del campeonato, y aunque cada circuito ha ocupado un puesto único en la historia de la Fórmula 1, algunos son considerados especiales y emblemáticos, con curvas que son parte del deporte en sí.

MÓNACO

Considerado por muchos el principal circuito urbano y una de las carreras más glamurosas del mundo, rodeado por un lado de montañas y por otro por el azul del mar Mediterráneo, Mónaco ha albergado grandes premios en las calles de Montecarlo desde 1929. Si alguien propusiera hoy en día este Gran Premio, provocaría muchas risas: mucha velocidad, una pista muy pequeña y tener que cerrar las calles del principado para una carrera se consideraría una locura extrema. Sin embargo, sigue en el calendario como la joya de la corona de la Fórmula 1. No hay ningún desafío tan inmenso ni una pista tan exigente o agotadora. Este circuito, un embudo de barreras metálicas, de 3,3 km (2 millas), consta de diecinueve curvas que tardan en completarse sobre un minuto y diez segundos en vuelta de clasificación. Los pilotos dicen que correr allí es casi hipnótico y entras casi en estado de trance, ya que los sentidos se coordinan para adaptarse a las estrechas calles. Un pequeño despiste, un pequeño error, y se acaba la carrera. Ningún otro circuito necesita tanta habilidad. Ninguna otra victoria significa tanto. Así ha sido siempre y así seguirá siendo.

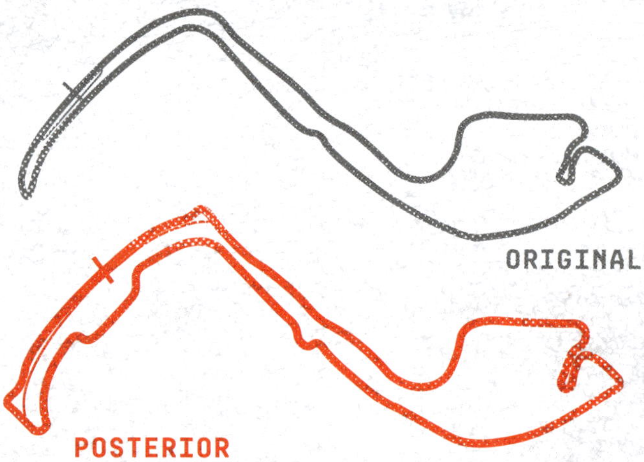

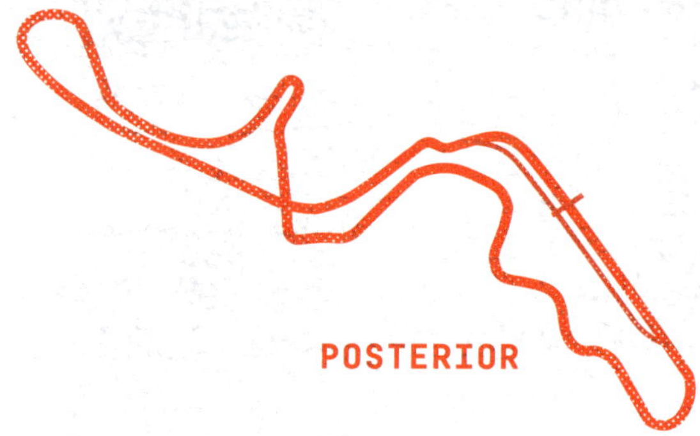

SUZUKA

Soichiro Honda decidió a finales de los años cincuenta construir un circuito permanente cerca de su nueva fábrica automovilística en Suzuka, Japón. En 1960, dos años después de que la fábrica abriera sus puertas, la pista estaba terminada. Tuvieron que pasar veinticinco años para que la Fórmula 1 llegara a Suzuka, pero una vez que lo hizo, se convirtió en el hogar preferido del Gran Premio de Japón y en uno de los circuitos más venerados del calendario. Suzuka es especial porque es el único circuito en el calendario de la Fórmula 1 diseñado tomando como base la forma de un ocho. Su combinación de cambios de dirección rápidos y radicales, sus complicadas curvas y su ondulación hacen de esta pista un desafío enorme tanto para los coches como para los pilotos. Cada una de sus curvas es un reto distinto, desde la compleja doble curva a derechas de Degner a la larga Spoon a izquierdas y a la rapidísima 130R. Si juntamos esta combinación de curvas con lluvia, que hace acto de presencia muchas veces, el resultado es un espectáculo épico. Pocos circuitos reciben tanta admiración de los pilotos de Fórmula 1 como Suzuka, porque dominar sus arduos desafíos es una buena manera de valorar al piloto que maneja el volante.

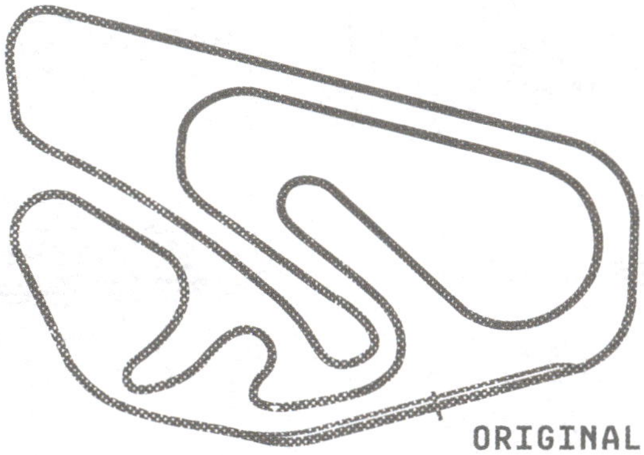

ORIGINAL

POSTERIOR

INTERLAGOS

Construido en 1940, Interlagos albergó el Gran Premio de Brasil varias veces en los años setenta y ochenta, y lo viene haciendo ininterrumpidamente desde 1990 hasta la actualidad, a excepción del año 2020 al ser anulada la carrera a causa de la pandemia de covid-19. Su trazado original era de casi 8 km y comenzaba con dos curvas peraltadas hacia la izquierda que se encontraban donde están ahora las gradas, que se tomaban a tope. Desde ahí seguía con un bucle y volvía hacia la Curva do Sol, en la cual todavía se corre pero en sentido contrario, antes de tomar la última mitad del circuito de la era moderna. El diseño actual se adoptó en 1990 y casi no ha sufrido cambios desde entonces, lo que lo ha hecho testigo de un gran número de carreras clásicas e inolvidables, algunas de las cuales han decidido varios campeonatos. El circuito es famoso por sus grandes cambios de elevación, el más destacado de los cuales es la empinada subida a Junção, que lleva de nuevo a los pilotos a la recta principal, y por su naturaleza, que da rienda suelta a apasionantes carreras con mucha acción. Durante mucho tiempo ha sido uno de los circuitos favoritos de los pilotos. El ambiente que se respira en la pista es increíble, con unos aficionados que sienten gran pasión por este deporte y llenan el circuito y las gradas.

INDIANÁPOLIS

Es uno de los circuitos más famosos del mundo. El Indianapolis Motor Speedway ha formado parte de la Fórmula 1 de dos maneras diferentes. En la primera década del campeonato del mundo, las 500 Millas de Indianápolis formaban parte del Campeonato del Mundo de Fórmula 1 a pesar de que los Fórmula 1 nunca compitieron en esa carrera. Las inigualables doscientas vueltas y quinientas millas en el óvalo Super Speedway rompieron todos los esquemas de los amantes de las estadísticas. Los ganadores de la Indy 500 entre 1950 y 1960 no se consideraban ganadores de un Gran Premio, puesto que la carrera no entraba dentro del reglamento de la F1, pero sí ganaban una carrera del Campeonato del Mundo de Fórmula 1. La prueba se dejó de incluir en 1960, si bien la Fórmula 1 volvió a Indianápolis para albergar el Gran Premio de EE. UU. del año 2000 al 2007, en un circuito diseñado dentro del óvalo, que comprendía un tercio de este, aunque se recorría en sentido contrario al habitual. Este trazado se utiliza actualmente para disputar en él el Gran Premio de Indianápolis de la IndyCar, que es la precuela de un mes de mayo lleno de celebraciones y acción en pista en torno a la Indy 500.

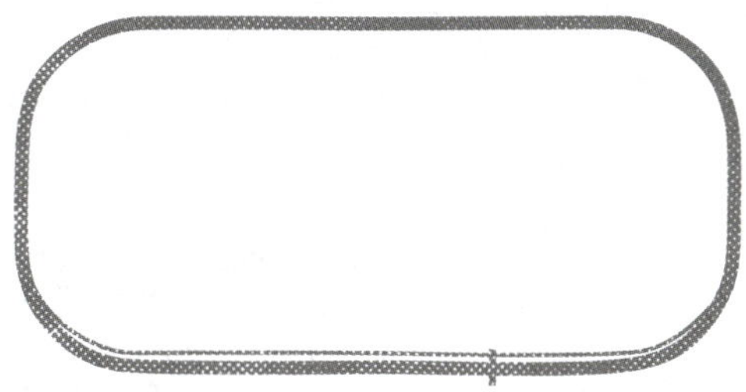

ORIGINAL

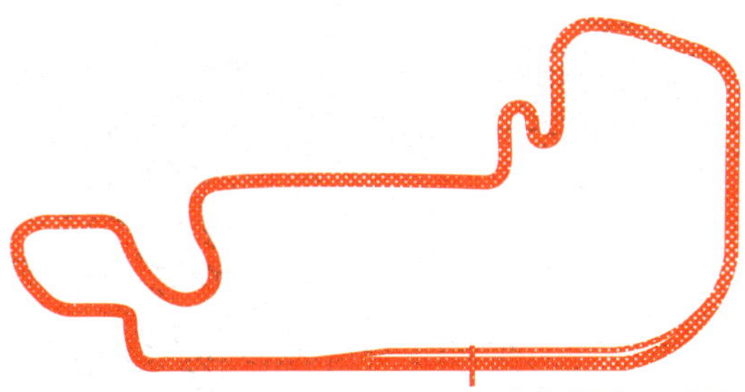

POSTERIOR

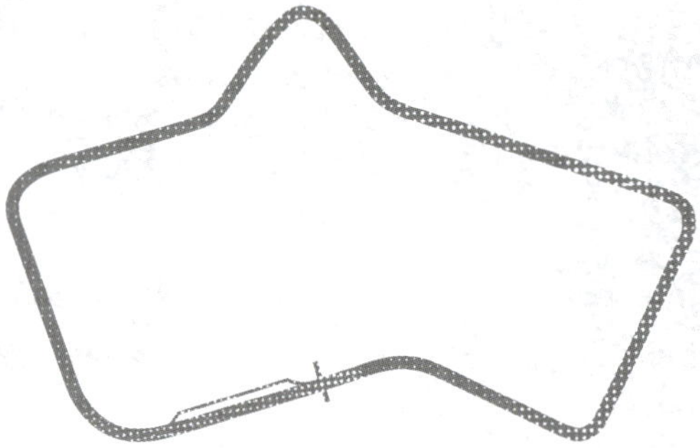

ORIGINAL

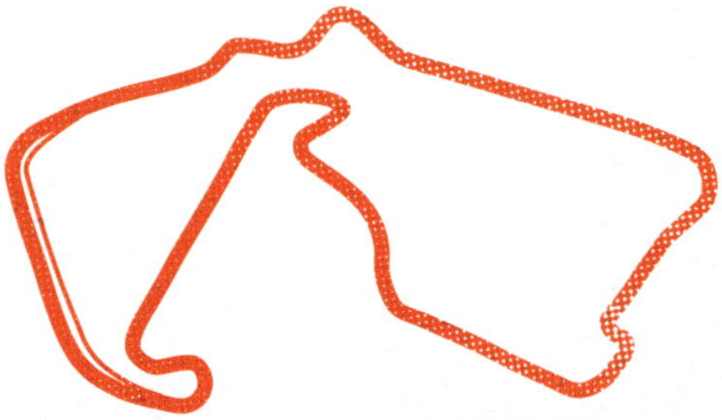

POSTERIOR

SILVERSTONE

La primera carrera del Campeonato del Mundo de Fórmula 1 se llevó a cabo en 1950, en la zona perimetral de un aeródromo de la Segunda Guerra Mundial, en el centro del Reino Unido. Silverstone era originalmente una pista rápida que solo tenía ocho curvas y que se convirtió en una de las favoritas de los pilotos. Se ha mantenido en el calendario de la Fórmula 1 durante gran parte de su historia y se ha rediseñado varias veces a lo largo del tiempo. La remodelación más importante se realizó a principio de los años noventa, cuando se incluyeron las curvas de Maggots y Becketts, una secuencia de curvas rápidas de izquierda a derecha muy complicada en una cresta ciega. Se siguieron haciendo retoques, y en 2010 hubo una remodelación más grande que cambió la ubicación del *pit lane* y de la línea de salida y se añadió una nueva secuencia de curvas que hizo que el circuito creciera de 4,6 km a 5,8 km (de 2,9 a 3,6 millas). Silverstone sigue siendo uno de los circuitos favoritos de los pilotos y actualmente hay varias zonas de adelantamientos, con tramos rápidos y largos y otros lentos y serpenteantes. No importa si la meteorología británica decide aportar un sol reluciente o un diluvio, la competición encarnizada es el sello del circuito y de sus carreras. Todo esto, combinado con unos aficionados muy entregados que asisten en avalancha desde el primer Gran Premio, hacen de Silverstone uno de los circuitos clásicos de la Fórmula 1.

NÜRBURGRING

Solo unos pocos circuitos han logrado crear a la vez el mismo nivel de mística y temor que el Nürburgring. Construido en 1927, el circuito entero, conocido como Gesamtstrecke (distancia total en alemán) consta de más de 187 curvas a lo largo de más de 28 km (17,4 millas) que serpentean en medio del caos de los bosques de las montañas del macizo de Eifel, en Alemania. La Fórmula 1 llegó en 1951, y para aquel entonces el circuito se recortó en el ahora mítico Nordschleife, con sus modestos 22 km (13,7 millas) y 160 curvas. Era muy peligroso y era casi imposible acabar sano y salvo, de ahí que fuera conocido como el Infierno Verde. Fue el lugar donde Niki Lauda sufrió su terrible accidente en 1976. Aunque se instalaron guardarraíles en toda la pista y se hicieron modificaciones para acabar con sus famosos saltos, no mejoró mucho en cuanto a seguridad. Era tan extenso que si se producía un accidente la ayuda tardaba mucho en llegar. Acabó saliendo del calendario a finales de los años setenta, y en los ochenta se construyó un circuito nuevo en el sur del peligroso circuito del norte. La nueva pista era más sosegada: su longitud era de 4,5 km (2,8 millas) y era más moderna, a la vez que mantenía un poco la ondulación del circuito anterior. Se hicieron veintidós carreras en Nordschleife y diecinueve en el nuevo Nürburgring, pero como el campeonato se expandía cada vez más fuera de Europa, la economía del circuito se desmoronó y fue excluido del calendario en la década de 2010. Sin embargo, el renombre de la pista y el enorme desafío del trazado original le otorga la distinción de ser uno de los circuitos más imponentes que ha visitado la Fórmula 1.

ORIGINAL

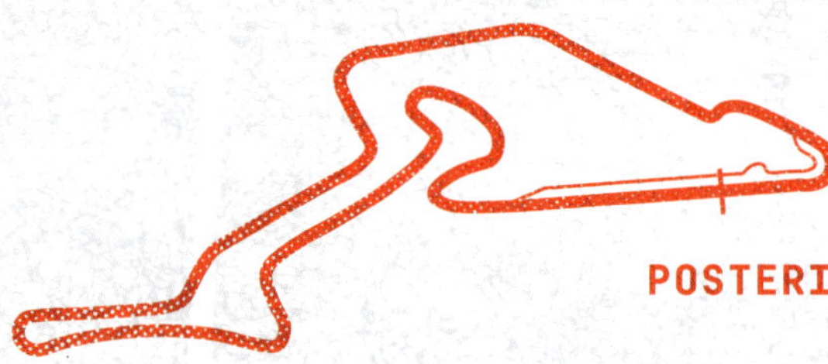

POSTERIOR

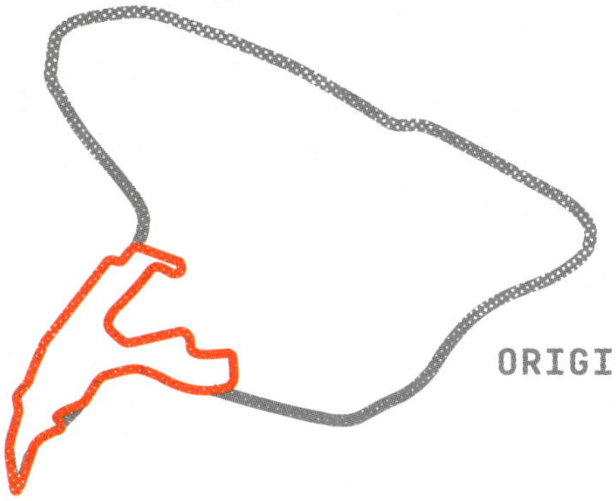

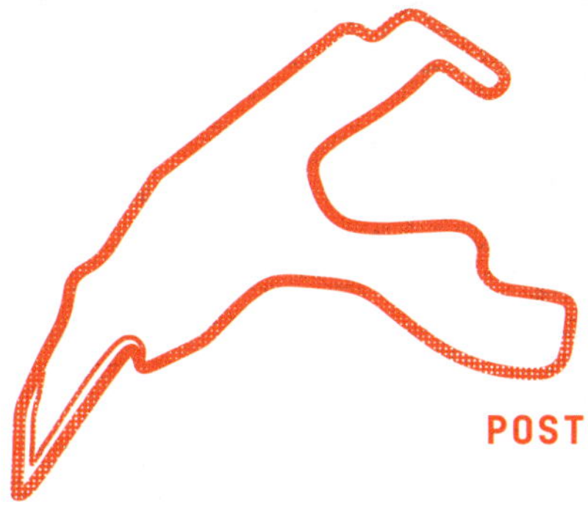

SPA-FRANCORCHAMPS

En 1920, dos amigos pensaron que conducir por las carreteras secundarias que rodeaban las ciudades belgas de Francorchamps, Malmedy y Stavelot era muy divertido, de modo que planearon un trazado y crearon un circuito. Había nacido Spa-Francorchamps. Con 15 km (9,3 millas) planteaba un inmenso desafío, con cambios de elevación gigantescos y extensas zonas a través de la campiña recorridas a máxima velocidad. Durante la Segunda Guerra Mundial, el área se convirtió en sinónimo de la Batalla de las Ardenas, la última gran ofensiva de Alemania y la batalla más grande que libraron los estadounidenses en toda la guerra. Cuando, una vez terminada esta, se reanudaron las competiciones automovilísticas, la pista se había acortado a 14 km (8,7 millas) y se convirtió en una de las más difíciles del nuevo calendario del campeonato. La temida curva de Masta era considerada una de las más complicadas del mundo. La pista se hizo tan peligrosa a medida que las velocidades aumentaban que en 1969 fue boicoteada. Una década más tarde el circuito fue remodelado y dio paso al trazado actual de 7 km (4,3 millas). En lugar de adentrarse en la campiña, ahora la pista giraba hacia la derecha en Malmedy, serpenteaba cuesta abajo y retornaba al antiguo circuito en la zona baja de la colina para subir de nuevo hacia la recta principal. Sigue siendo uno de los circuitos más largos de la Fórmula 1 y uno de sus mayores desafíos.

MONZA

El parque de Monza, cerca de la capital de la moda de Italia, Milán, ha albergado grandes premios en todas las temporadas excepto en 1980. Hogar de los leales seguidores de Ferrari, los *tifosi*, conserva una esencia sin igual. Los aficionados se suben a los edificios y a los árboles para tener la mejor vista de la acción en pista. Construido en 1922, tenía una longitud de 10 km (6,2 millas), de los cuales 5,5 km (3,4 millas) eran de circuito rutero y los 4,5 km restantes (2,8 millas) formaban un óvalo. El trazado sigue casi como el original, con prácticamente todas las curvas a derechas excepto alguna a izquierdas, que conducen a los pilotos hacia la recta posterior. La pista de 10 km (6,2 millas) solo se utilizó en algunas ocasiones en los años sesenta para algún Gran Premio, en el que los pilotos completaban la parte de circuito rutero, entraban en el óvalo y volvían a la zona de circuito rutero a través de una recta tanto de salida como de meta. La última vez que se utilizó en su diseño original fue en 1971 para un reto de alta velocidad. Desde entonces, se han añadido varias chicanes para reducir el ritmo en las rectas, aunque sigue siendo uno de los circuitos más rápidos del calendario y con el tiempo total de carrera más corto debido a las altísimas velocidades que se alcanzan. A todo el mundo le encanta Monza, hay algo mágico en este circuito que es imposible de explicar, historias contadas a través de los susurros del viento entre los árboles que han estado ahí durante siglos y han sido testigos del paso por el trazado italiano de todos los campeones de este deporte.

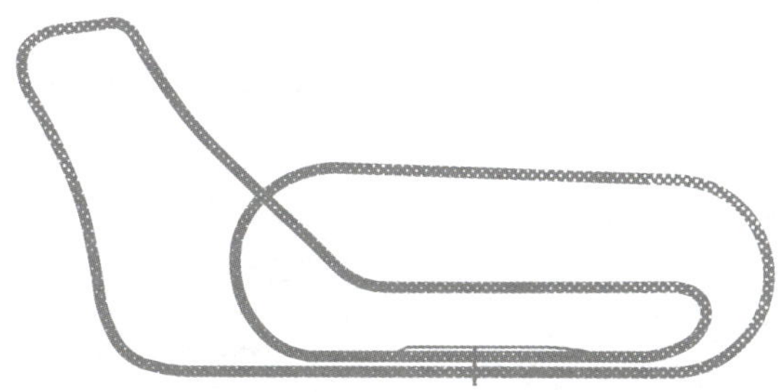

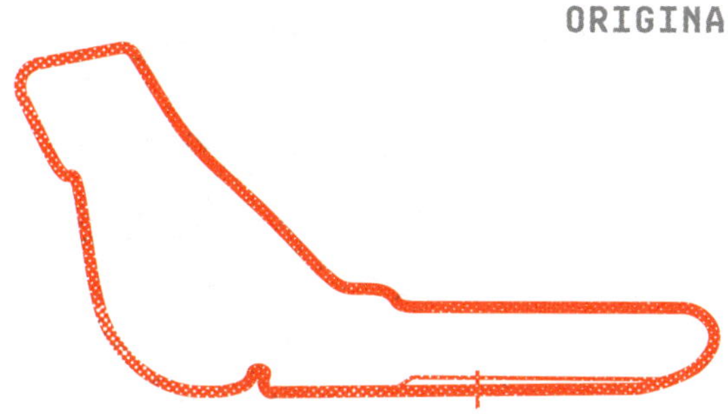

EN QUÉ CONSISTE LA FÓRMULA 1

Ser buen piloto no es suficiente para ser el campeón en Fórmula 1. Para ganar carreras y campeonatos hay que estar en el mejor equipo y pilotar el mejor coche. Aunque a los pilotos se les considera unos héroes, la Fórmula 1 es un deporte de equipo en el que hoy en día compiten diez de ellos, que también son llamados constructores. Los equipos deben diseñar y crear sus propios monoplazas de acuerdo con la normativa, dos de los cuales deben ser inscritos en cada carrera del campeonato. Durante muchos años los números de los coches eran asignados a cada equipo, pero ahora los pilotos pueden elegir su número, pudiendo el campeón elegir llevar el número 1.

Todos los años se corren un máximo de veinticuatro carreras alrededor del mundo con dos pilotos por equipo. Según la posición al final de la carrera, tanto los pilotos como los equipos obtienen puntos para el campeonato. Al final de temporada, el piloto que más puntos ha conseguido se proclama campeón del mundo de pilotos, y el equipo con una mayor puntuación acumulada se adjudica el campeonato entre los constructores. A veces resulta complicado entender que dos compañeros del mismo equipo compitan juntos por su equipo mientras luchan entre ellos para demostrar quién es mejor y ganar el título de forma individual.

Ferrari es el equipo más antiguo y más laureado de la Fórmula 1. Es el único que ha participado en todas las temporadas de la historia de la F1 y lidera la lista de campeonatos con dieciséis títulos de constructores. El equipo Williams suma nueve títulos, mientras que McLaren y Mercedes les persiguen con ocho. En cuanto a los pilotos, Ferrari suma un total de quince títulos, por delante de los doce de McLaren y los nueve de Mercedes. De estos pilotos, Lewis Hamilton y Michael Schumacher son los que más campeonatos han ganado en la historia, siete, por delante de Juan Manuel Fangio con cinco.

Los equipos pagan a sus pilotos para que corran y firman acuerdos de bonificaciones económicas en función de los puntos, los podios, las victorias y los campeonatos. La organización de la Fórmula 1 paga a los equipos, que reciben un porcentaje de los ingresos generados por marketing, un premio económico que varía dependiendo de la posición final en el campeonato, y por otros factores, como el rendimiento y el pedigrí. Los equipos también ganan dinero con acuerdos de patrocinio individuales.

Estos acuerdos de patrocinio a veces influyen en el color de los coches. Algunos equipos utilizan sus colores clásicos (Ferrari, por ejemplo, siempre utiliza el rojo), pero otros cambian todos los años según cuáles sean sus patrocinadores. Las normas estipulan que los dos coches de cada equipo deben llevar la misma decoración para que sea fácil identificarlos, pero en algunas ocasiones pueden optar por decoraciones especiales en ambos coches, como en el caso de aniversarios o cuando incorporan nuevos patrocinadores.

A lo largo de la historia de la Fórmula 1 ha habido más de 170 equipos. El máximo permitido actualmente por carrera es de doce. Cualquier equipo que quiera entrar en la Fórmula 1 tiene que someterse a un largo y complejo proceso de aprobación y pagar una cuota de inscripción de cientos de millones de dólares. En ese momento se les otorga una licencia para poder participar. Otra opción para evitar todo este proceso es comprar un equipo que ya exista, algo que ya ha sucedido varias veces a lo largo de la historia.

Por ejemplo, Mercedes entró en la Fórmula 1 en los años cincuenta, pero se retiró a mediados de la década. Años después, para volver no bastaba con llegar e inscribirse, sino que tenía que comprar un equipo ya existente. La nueva etapa de la firma de la estrella se remonta a Tyrrell, que entró en la Fórmula 1 en 1970 y vendió su licencia a British American Racing (BAR) en 1999. Después, Honda compró BAR y su plaza en el campeonato en 2006, pero en 2008 se retiró y en 2009 su plaza la compró Brawn GP. Por último, Mercedes AMG se la adquirió a Brawn y lleva compitiendo en Fórmula 1 desde el año 2010. BAR compró la licencia del equipo Tyrrell a finales de los noventa por unos cincuenta millones de dólares. Hoy en día, se estima que el precio de un equipo y de su plaza en el campeonato es de más de mil millones.

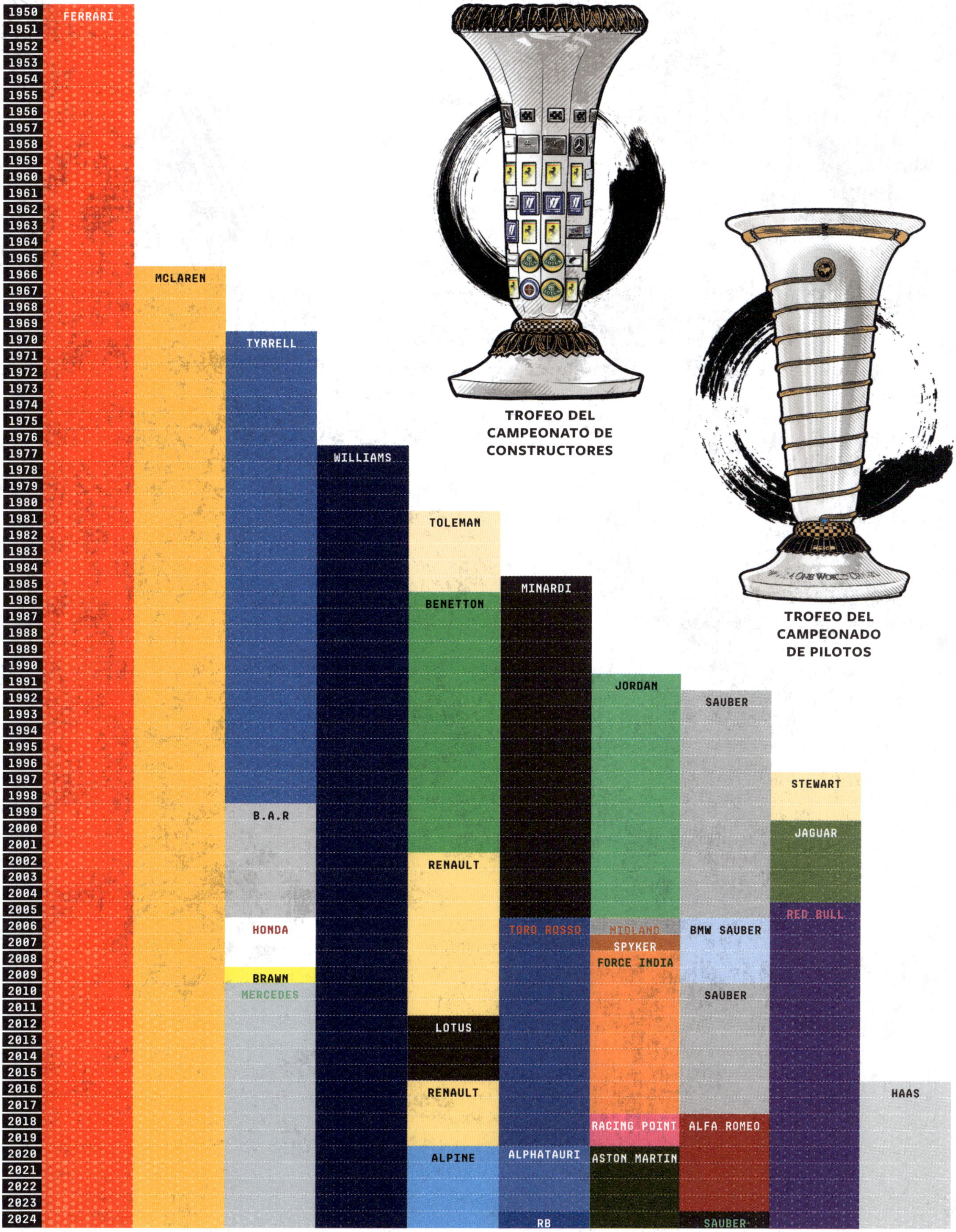

TROFEO DEL CAMPEONATO DE CONSTRUCTORES

TROFEO DEL CAMPEONADO DE PILOTOS

FORMATO DEL FIN DE SEMANA

Un fin de semana de Gran Premio comienza el viernes y acaba el domingo y se divide en varias sesiones en pista, desde entrenamientos a la carrera.

Normalmente se empieza con tres sesiones de entrenamientos de una hora cada una en las que está permitido hacer modificaciones a los monoplazas para adaptarlos a las exigencias de la pista antes de que empiece la competición. Muchos equipos aprovechan los entrenamientos para probar nuevas piezas y saber si mejoran el coche, al mismo tiempo que perfeccionan la carga aerodinámica y los ajustes de los coches para que los pilotos se sientan cómodos y, por supuesto, ayudarles a conseguir la vuelta más rápida.

Una vez acabados los entrenamientos, los pilotos compiten por ver quién es el más rápido a una vuelta en la clasificación del sábado, que se divide en tres sesiones. Los más lentos van quedando eliminados en las dos primeras hasta que solo quedan los diez primeros puestos de la parrilla. La posición que consigue cada piloto es en la que comenzará la carrera del domingo. Los pilotos, naturalmente, quieren ocupar los puestos más avanzados en la parrilla para tener más posibilidades de sumar puntos o luchar por la victoria el domingo. Algunas de las carreras más emocionantes se han dado cuando uno de los pilotos con mejor coche ha hecho una mala clasificación y en carrera ha tenido que remontar desde el final de la parrilla.

A la hora de cronometrar los tiempos, la pista se divide en tres sectores imaginarios: el sector uno, el dos y el tres. Todos los coches llevan un sensor que activa la emisión de tiempos al acabar cada sector para que los espectadores se hagan una idea de cómo van en esa vuelta. Si un sector se muestra en verde significa que es el mejor tiempo del piloto, y si es morado significa que es el mejor de todos. Los tiempos se toman con tres decimales, lo que equivale a una milésima de segundo.

Durante las sesiones de entrenamientos, como hemos dicho, se pueden hacer ajustes en la configuración y la aerodinámica del coche, pero una vez que empieza la clasificación, está prohibido efectuar ningún cambio. Los coches deben competir en esta y en la carrera tal como están. Si se introduce cualquier cambio, el piloto puede ser sancionado y puede que tenga que empezar la carrera en posiciones inferiores o incluso salir desde el *pit lane*.

A la carrera se la llama Gran Premio, que proviene del francés *grand prix*, y se disputa a una distancia de unos 300 km (186,4 millas). Todos los pilotos disponen del mismo número de neumáticos durante todo el fin de semana. En 2023 cada piloto tenía ocho juegos de blandos, tres de medios y dos de duros, aparte de cuatro juegos de intermedios (para pista no excesivamente mojada) y tres de lluvia extrema (para condiciones de mucha lluvia). Cuanto más blando es un neumático, más rápido es, pero se desgasta antes. Por el contrario, cuanto más duro es aguanta más tiempo, pero es más lento. Los pilotos pueden usar los neumáticos en el orden que quieran, pero en carrera al menos deben utilizar dos compuestos de seco diferentes. Normalmente, los equipos intentan hacer solo una parada en boxes para perder el mínimo tiempo posible rodando despacio por el *pit lane*. Si la carrera se declara en mojado, la norma de los dos compuestos de neumáticos de seco no se aplica y los pilotos pueden montar el número de neumáticos de seco o mojado que quieran. No se permite el repostaje durante la carrera.

Los puntos para el campeonato se reparten entre las diez primeras posiciones de cada Gran Premio: veinticinco puntos para el ganador, y para los otros nueve pilotos, dieciocho, quince, doce, diez, ocho, seis, cuatro, dos y uno. Hasta la temporada 2024, el piloto que conseguía la vuelta rápida sumaba un punto extra siempre que hubiera terminado entre los diez primeros. En caso contrario, nadie sumaba ese punto. Actualmente, esta regla ya no se aplica.

Algunos fines de semana son en formato *sprint* a fin de aumentar el número de sesiones competitivas.

Los pilotos y los equipos obtienen el mismo número de puntos, y si un piloto cambia de equipo en medio de la temporada, mantiene sus puntos al igual que lo hace el equipo con el que los consiguió. Es decir, los puntos del equipo no cambian con el piloto.

FORMATO ESTÁNDAR

VIERNES

Dos sesiones de entrenamientos de una hora

SÁBADO

Una sesión de entrenamientos de una hora

Una sesión de clasificación de una hora

Q1
Los quince más rápidos pasan de ronda. Del decimosexto al vigésimo quedan eliminados

Q2
Los diez más rápidos pasan de ronda. Del undécimo al decimoquinto quedan eliminados

Q3
Ronda de los diez primeros. Luchan por una posición entre las diez primeras

DOMINGO

GRAN PREMIO
Carrera de 300 km como mínimo y 305 km como máximo excepto en Mónaco, en que el mínimo es de 260 km. El tiempo máximo de carrera son dos horas, o tres incluyendo las interrupciones

FORMATO SPRINT

VIERNES

Una sesión de entrenamientos de una hora

Sesión de clasificación *sprint* de una hora (formato como la estándar del sábado pero sesiones –Q1, Q2 y Q3– más cortas)

SÁBADO

SPRINT
Carrera de 100 km con la parrilla de salida de la clasificación *sprint*

Clasificación del Gran Premio (formato estándar de clasificación del sábado)

DOMINGO

GRAN PREMIO
Igual que en un Gran Premio de formato estándar

REGLAMENTO DE LOS COCHES MODERNOS

Los equipos de Fórmula 1 son denominados constructores, lo cual significa que tienen que *construir* sus propios coches. Aunque pueden comprar los motores, las cajas de cambios y algunas partes o piezas específicas, cada equipo debe diseñar y fabricar sus monoplazas de manera individual. Los coches llevan cientos de piezas únicas, tanto en la carrocería como en zonas internas no visibles. Por este motivo cada coche está hecho a medida y solo para el equipo que lo ha construido.

Los coches modernos de Fórmula 1 son los más grandes de la historia, no pudiendo la anchura sobrepasar los 200 cm (6,5 pies) ni la altura los 95 cm (3 pies). Aunque la longitud del coche no está limitada específicamente, sí que lo está la distancia entre las ruedas delanteras y traseras, que es de 360 cm (11,8 pies), por lo que la longitud total no suele variar mucho.

Los coches deben tener solo cuatro ruedas (suena obvio, pero en el pasado algunos monoplazas de F1 tuvieron seis). Además, la tracción se aplica solo en las ruedas traseras, mientras que las delanteras son solo de dirección. La tracción a las cuatro ruedas no está permitida.

El chasis del coche debe contener una célula de supervivencia en la cual se coloca el piloto que va sujetado con un arnés de seguridad de seis puntos de fijación y sentado sobre un asiento extraíble hecho a medida. Todos los coches deben llevar un sistema de protección del *cockpit* que consta de una barra antivuelco y un halo. El motor va anclado a la zona trasera de la célula de supervivencia junto con una transmisión de ocho velocidades y una marcha atrás.

Los monoplazas de F1 se han caracterizado desde hace décadas por el uso de alerones y una gran complejidad aerodinámica, con la que se pretende utilizar el flujo de aire para empujar el monoplaza hacia abajo y crear adherencia o *grip*. Sin embargo, desde el año 2022 los proyectistas han limitado el uso de los alerones para producir carga aerodinámica. Actualmente, los monoplazas no solo utilizan alerones y aerodinámica en la superficie visible de los coches, sino que también se valen del denominado efecto suelo conseguido mediante túneles dispuestos debajo del coche que crean zonas de baja presión que succionan el coche hacia abajo para conseguir la misma adherencia. De este modo, se consigue que el flujo de aire sobre el monoplaza (llamado aire sucio) reciba la menor interrupción posible para que el coche de detrás pueda aproximarse y rodar cerca. Todos los monoplazas montan un sistema de reducción de la resistencia aerodinámica (conocido como DRS, por sus siglas en inglés), que consiste en una ranura que se abre en el alerón trasero para reducir dicha resistencia y aumentar la velocidad en línea recta y así hacer más fáciles los adelantamientos cuando los monoplazas están a un segundo o menos de distancia entre ellos.

Los motores modernos de Fórmula 1 son V6 turbohíbridos de 1,6 litros limitados a 15.000 revoluciones por minuto (rpm) con una potencia de salida estimada de entre 750 y 1000 caballos. La inyección de combustible se limita a 500 bares, con un límite de combustible de 110 kg (242,5 lb) por carrera y un caudal de 100 kg/h (220,5 lb) por encima de las 10.500 rpm.

Las unidades de potencia turbohíbridas no se componen tan solo de un motor de combustión, sino que también montan un turbocompresor, un motor generador cinético que aprovecha la energía de las frenadas (MGU-K, Motor Generator Unit-Kinetic), un motor generador que aprovecha la energía térmica de los gases de escape (MGU-H, Motor Generator Unit-Heat), una batería para almacenar la energía generada y una unidad electrónica de control que dirige todo el sistema. A lo largo de la temporada, cada piloto puede utilizar tan solo una cierta cantidad de estos elementos, además de las cuatro partes que componen el sistema de escape (por ejemplo, cuatro motores o dos baterías). En caso de superar el límite establecido serán sancionados en la parrilla de salida en la carrera en la que hayan superado el límite.

El peso total del piloto y el monoplaza debe ser como mínimo de 798 kg (1759 lb). Los comisarios comprueban que los coches cumplen con el reglamento al comienzo de cada fin de semana colocando los monoplazas en unas básculas puente especiales para supervisar que las dimensiones y el peso son correctos. Los pueden volver a pesar en cualquier momento del fin de semana, y también se pesan después de la carrera.

Los repostajes están prohibidos en la Fórmula 1 desde hace más de diez años, por lo que los 110 kg (242,5 lb) de combustible deben durar toda la carrera. Una vez finalizada, se recoge una muestra de cada coche para comprobar que se cumple con el reglamento.

Los neumáticos deben ser Pirelli P Zero de dieciocho pulgadas, con un diámetro total de unos 720 milímetros. Los traseros son más anchos que los delanteros para proporcionar más adherencia en el eje posterior.

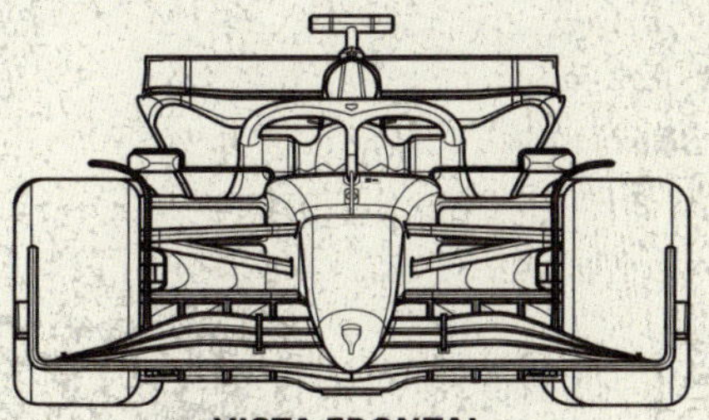

VISTA FRONTAL

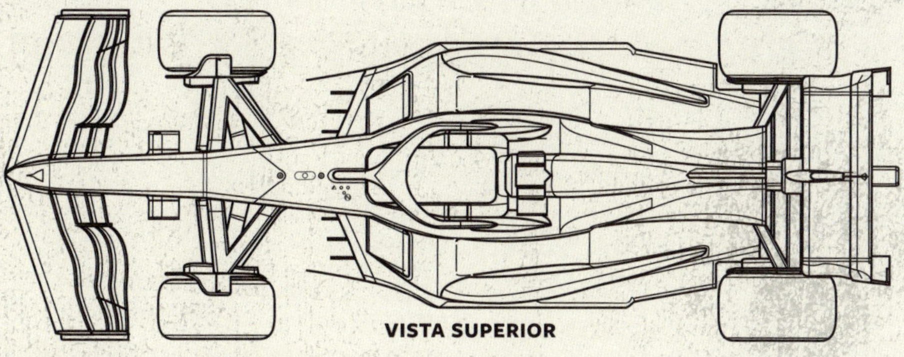

VISTA SUPERIOR

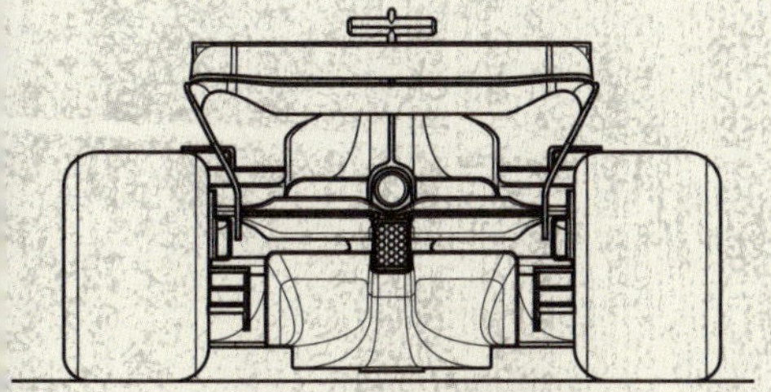

VISTA POSTERIOR

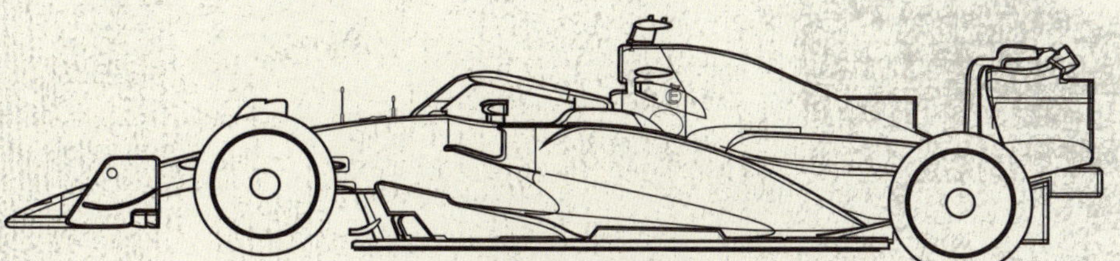

VISTA LATERAL

UNIDAD DE POTENCIA

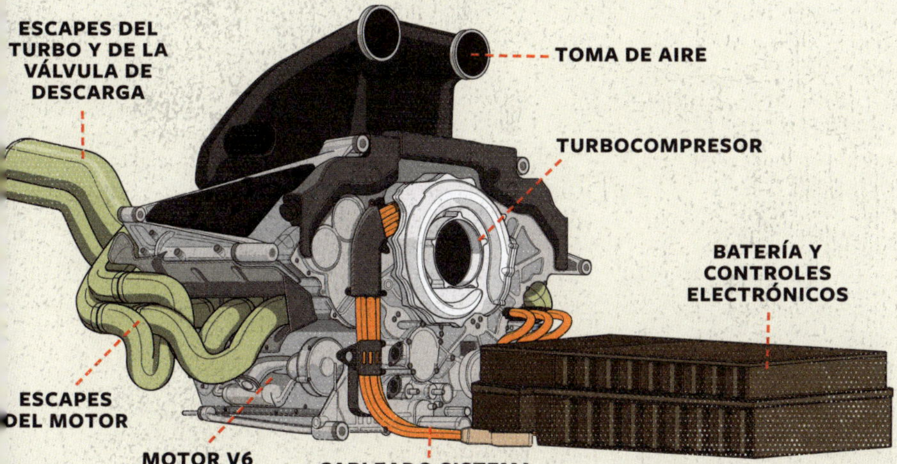

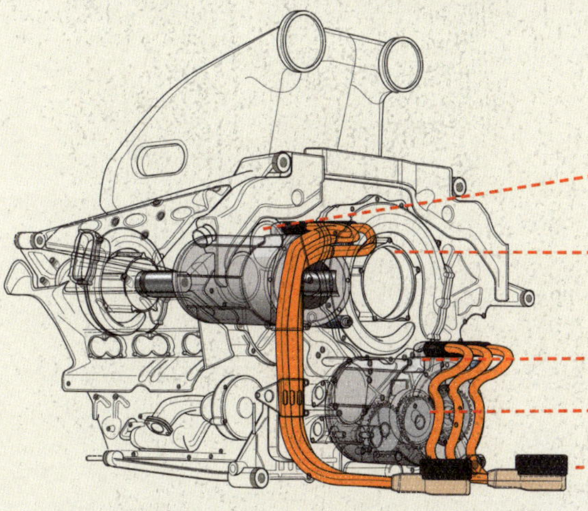

VOLANTE

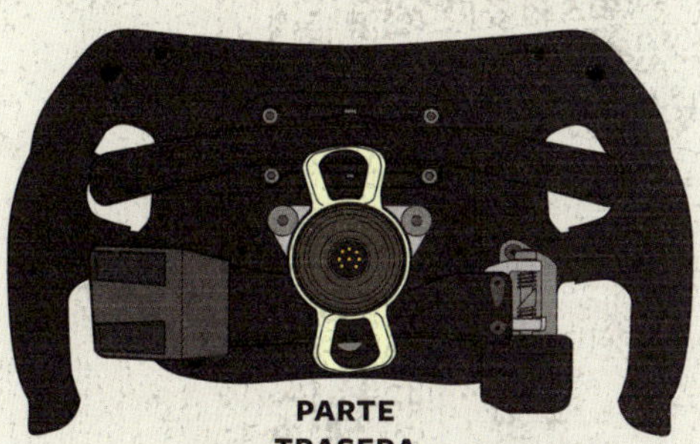

PARTE TRASERA

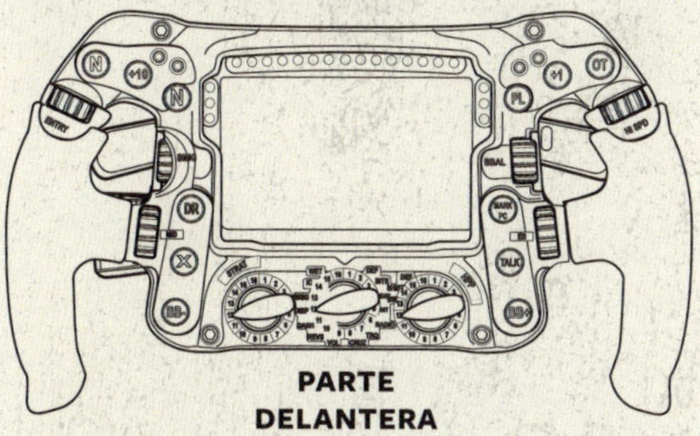

PARTE DELANTERA

Un volante de Fórmula 1 es mucho más que una pieza para girar las ruedas delanteras. Cuenta con un gran número de botones, selectores, teclas e interruptores con los que se pueden controlar cientos de opciones de la complicada configuración de un F1. Los pilotos deben memorizar para qué sirve cada uno, puesto que durante la carrera no pueden perder ni un instante en mirar el volante. Las marchas se cambian con unas levas situadas detrás del volante, donde también hay un embrague manual, pero dada la complejidad de lo que ya es más un ordenador que un simple dispositivo de dirección, usar las levas es una de las funciones más simples.

EQUIPAMIENTO DE SEGURIDAD

En los últimos setenta años las innovaciones y la reglamentación han tenido efectos duraderos en la seguridad de los coches de Fórmula 1. Aunque las carreras de coches nunca serán completamente seguras debido a las altas velocidades, los monoplazas de F1 actuales están diseñados para incorporar un número de elementos que protegen al piloto en caso de accidente.

PANEL ANTIINTRUSIÓN

Un panel de zylon (parecido al material de los chalecos antibalas) en los laterales del chasis reduce el riesgo de intrusión de alguna pieza en la célula de supervivencia.

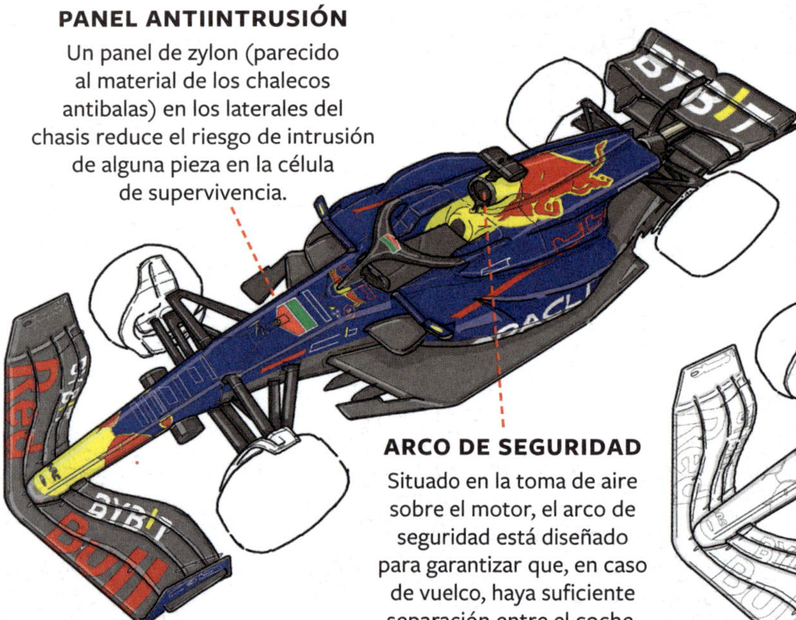

HALO

Es una pieza con forma de horquilla de titanio recubierto con fibra de carbono diseñada para desviar del *cockpit* trozos de piezas desprendidos y evitar que objetos más grandes impacten contra el casco.

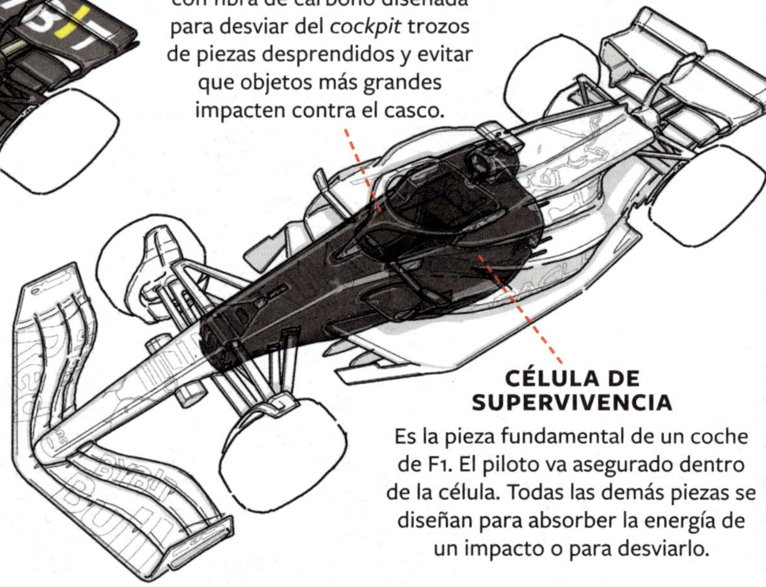

ARCO DE SEGURIDAD

Situado en la toma de aire sobre el motor, el arco de seguridad está diseñado para garantizar que, en caso de vuelco, haya suficiente separación entre el coche, la pista, el halo y el casco del piloto.

CÉLULA DE SUPERVIVENCIA

Es la pieza fundamental de un coche de F1. El piloto va asegurado dentro de la célula. Todas las demás piezas se diseñan para absorber la energía de un impacto o para desviarlo.

ESTRUCTURA PARA IMPACTOS FRONTALES

El morro de fibra de carbono de los monoplazas está diseñado para absorber gran parte de la energía en caso de impacto frontal.

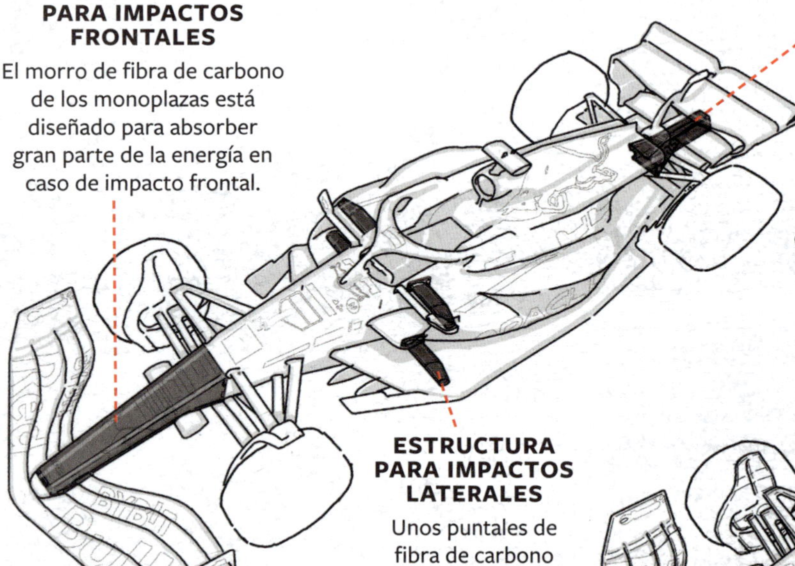

ESTRUCTURA PARA IMPACTOS TRASEROS

Situada detrás de la caja de cambios, esta pieza de fibra de carbono absorbe gran parte de la energía de los impactos traseros. La caja de cambios y el motor también absorben y desvían la energía de un accidente, y están diseñados para desprenderse de la célula de supervivencia.

ESTRUCTURA PARA IMPACTOS LATERALES

Unos puntales de fibra de carbono unidos a la célula de supervivencia absorben los impactos laterales.

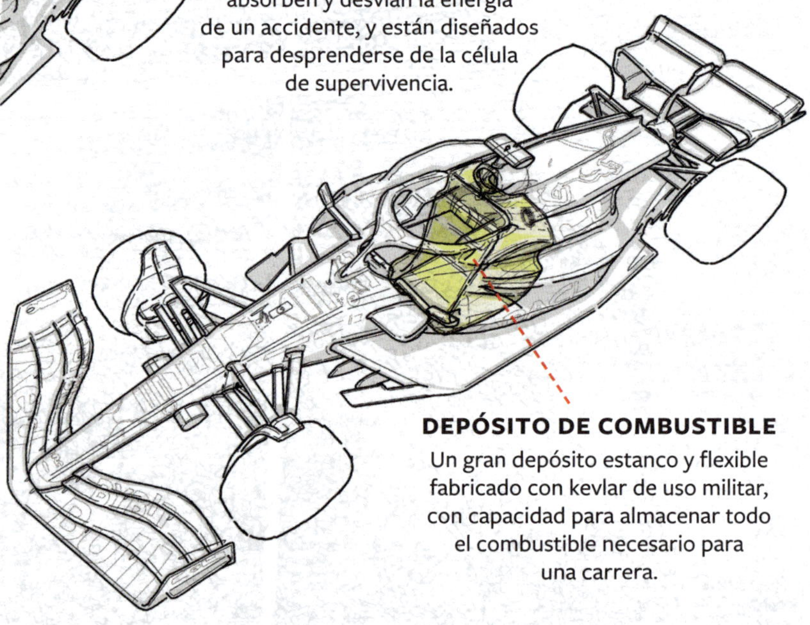

DEPÓSITO DE COMBUSTIBLE

Un gran depósito estanco y flexible fabricado con kevlar de uso militar, con capacidad para almacenar todo el combustible necesario para una carrera.

ARNÉS

Un cinturón de seguridad con seis puntos de anclaje que consta de dos correas en la pelvis, dos en los hombros y dos en la entrepierna unidas en una hebilla central de apertura rápida.

ACELERÓMETRO

Instalado en los auriculares de los pilotos, determina las fuerzas G alcanzadas en un accidente.

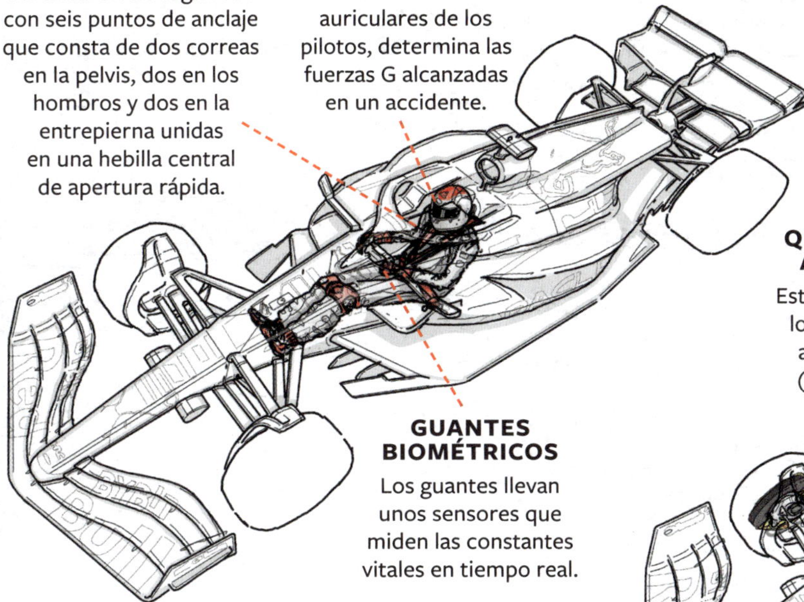

CASCO

Fabricado con fibra de carbono y zylon y cubierto con resina pintada. El interior es de espuma deformable forrada con el material ignífugo nomex.

HANS

El hans, por sus siglas en inglés (*head and neck support*), es un dispositivo que va unido al casco y se coloca encima de los hombros del piloto. Reduce el riesgo de sufrir lesiones en la columna vertebral.

CÁMARA QUE APUNTA AL PILOTO

Esta cámara graba lo que sucede a alta velocidad (o a velocidad muy lenta).

GUANTES BIOMÉTRICOS

Los guantes llevan unos sensores que miden las constantes vitales en tiempo real.

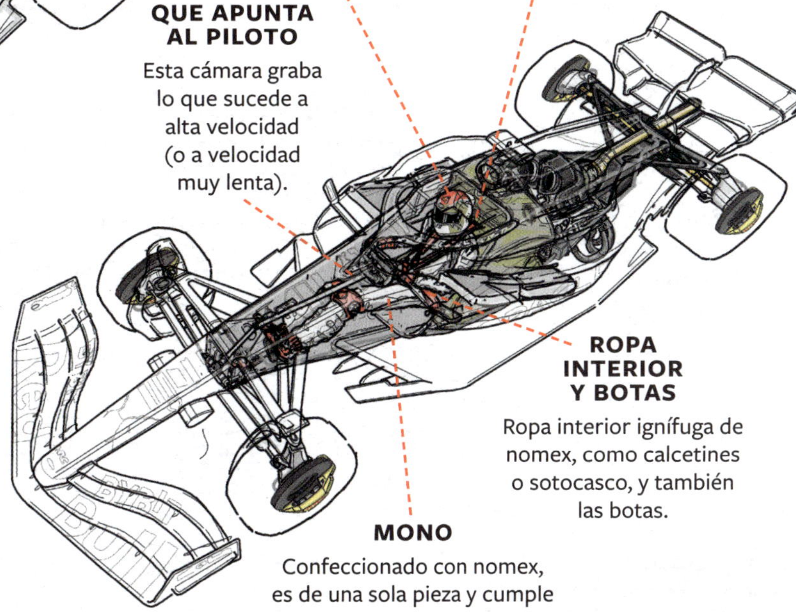

ROPA INTERIOR Y BOTAS

Ropa interior ignífuga de nomex, como calcetines o sotocasco, y también las botas.

REPOSACABEZAS

Una pieza de gomaespuma extraíble que rodea el *cockpit* y protege la cabeza y el casco del piloto suavizando los efectos de los impactos laterales y traseros.

MONO

Confeccionado con nomex, es de una sola pieza y cumple las especificaciones oficiales (de la FIA) para proteger del fuego.

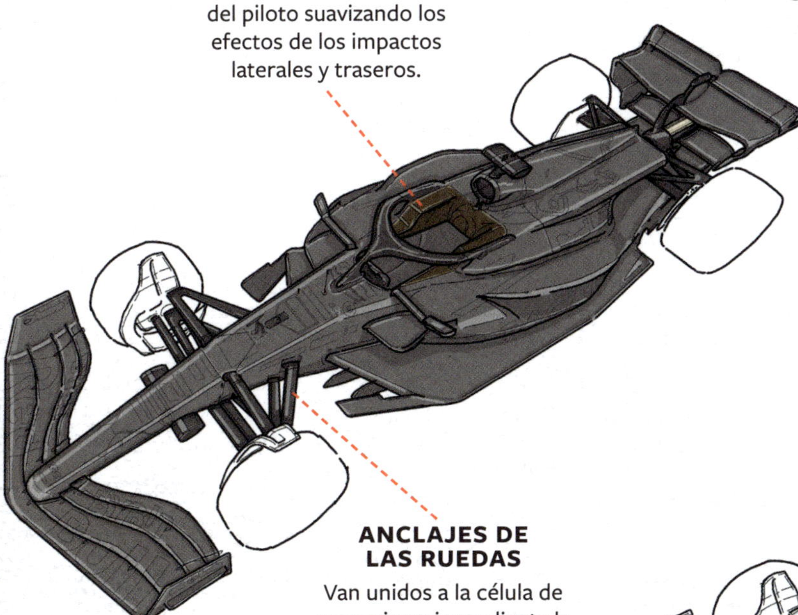

EXTINTOR

Los pilotos pueden pulsar un botón y los comisarios pueden tirar de las anillas señalizadas con la letra «E» para liberar 1,5 kg de polvo seco. El 60 por ciento de este se destina al *cockpit* y el 40 por ciento restante al compartimento del motor, y proporcionan al piloto treinta segundos para salir del coche.

ANCLAJES DE LAS RUEDAS

Van unidos a la célula de supervivencia mediante la suspensión. Evitan que las ruedas se separen del monoplaza en caso de accidente.

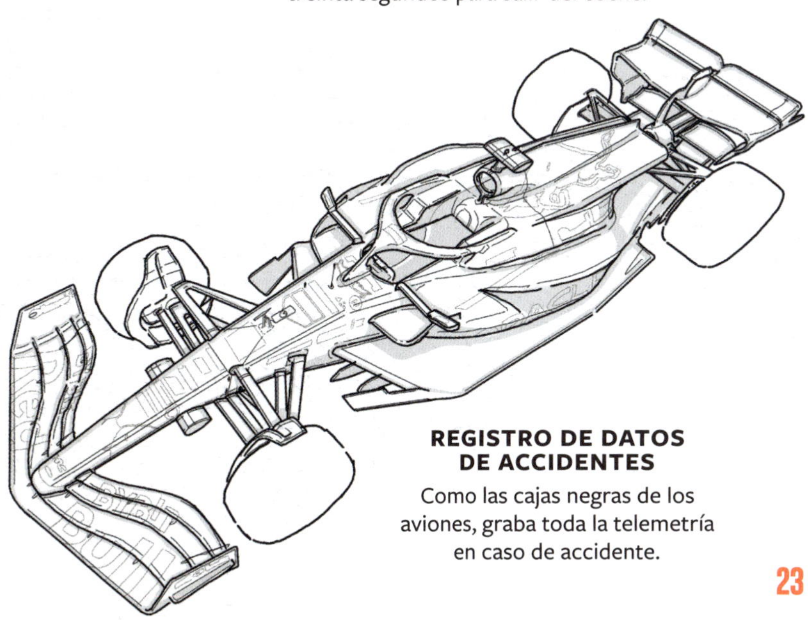

REGISTRO DE DATOS DE ACCIDENTES

Como las cajas negras de los aviones, graba toda la telemetría en caso de accidente.

DISEÑO, DESARROLLO Y PRUEBAS

En la Fórmula 1 actual todo está medido al milímetro. Todos los elementos que afectan al rendimiento del monoplaza se supervisan y se analizan en tiempo real tanto en el circuito como desde la fábrica del equipo. Un monoplaza lleva unos trescientos sensores que transmiten más de un terabyte de información sobre el rendimiento todos los fines de semana de Gran Premio. En una temporada, los equipos recopilan más de diez mil millones de puntos de datos. Se estudia cada punto para conseguir una ventaja, resolver cualquier problema o crear el mejor coche.

Los monoplazas se diseñan utilizando la tecnología CAD (diseño asistido por ordenador, por sus siglas en inglés), que reemplazó a los bocetos a mano hace muchos años. Estos diseños digitales crean coches virtuales con una aerodinámica que se pone a prueba con CFD (dinámica de fluidos computacional, por sus siglas en inglés), una ciencia matemática que predice el flujo de los fluidos alrededor de cualquier objeto. A la vez, un modelo del coche con un tamaño reducido al 60 por ciento del real se somete a pruebas en un túnel de viento para obtener un análisis del flujo del aire real.

Una vez creado el monoplaza real, se efectúan pruebas en la fábrica en una plataforma de siete postes que reproduce las fuerzas a que se verá sometido el coche una vez empiece a rodar, imitando los cambios laterales y longitudinales de transferencia de peso que se pueden experimentar en cualquier pista. Esta plataforma reproduce los circuitos tal como son, con sus «pianos», baches y las distintas fuerzas direccionales a las que se somete la suspensión para competir a altas velocidades.

Así es como se desarrollan y se prueban los monoplazas de Fórmula 1 y sus piezas, pero el tiempo que los equipos pueden trabajar en el túnel de viento y con CFD no es ilimitado. Cuanto peor se hayan clasificado en el campeonato, cuentan con más tiempo. Por lo tanto, el equipo campeón del mundo es el que menos tiempo puede dedicar a conseguir que todo vaya a la perfección.

Sin embargo, no importa lo brillantes que sean los diseñadores de un equipo o lo bueno que parece un monoplaza en el mundo virtual, porque no hay garantías de que funcione igual una vez en pista. La prueba definitiva llega cuando el coche compite por primera vez. Sin embargo, el tiempo disponible para probar piezas nuevas también está restringido.

Los nuevos monoplazas se presentan normalmente en enero o febrero y la primera carrera de la temporada tiene lugar en marzo. Esto significa que solo hay tres días de pretemporada en los que los equipos y pilotos tienen que poner a punto sus creaciones antes de que comience el campeonato. Los ensayos de pretemporada consisten en unos días en que todos los equipos ruedan con sus nuevos monoplazas en la misma pista y al mismo tiempo. Solo pueden utilizar un coche por equipo, así que los pilotos deben compartir el tiempo en pista disponible entre ellos. Tienen un total de unas veinticinco horas que pueden repartir como consideren oportuno.

Una vez que comienza la temporada, solo se pueden hacer pruebas los fines de semana de Gran Premio. Aparte de estos días, los únicos tests permitidos son para colaborar con el proveedor de neumáticos a fin de desarrollar su producto, pero no para mejorar el coche. Esto se hace para reducir gastos y, al mismo tiempo, evitar que los equipos más grandes se vean beneficiados por el hecho de poder probar más a menudo que sus rivales más pequeños. Sin embargo, los equipos pueden rodar con coches de más de dos años de antigüedad todo lo que quieran, porque el nivel de desarrollo de la Fórmula 1 es tan rápido que un coche de hace dos años se queda completamente obsoleto.

Lo que sí pueden hacer los pilotos es probar las piezas en el simulador. Los más avanzados cuestan muchos millones de dólares y se han convertido en el mayor secreto de este deporte, ya que pueden reproducir cualquier cambio en el rendimiento del monoplaza. El simulador también es una herramienta fantástica para que los pilotos practiquen cuando no hay carrera.

Con unos tests tan limitados, la importancia de los datos es clave en la Fórmula 1. Durante la temporada, los equipos tienen que relacionar lo que ven virtualmente con CFD en los túneles de viento y en los simuladores con la acción real en pista y así asegurarse de que los monoplazas son competitivos.

BANDERAS Y SAFETY CARS

En las competiciones automovilísticas, la forma más rápida de mostrar un mensaje a los pilotos es mediante el uso de banderas en la pista. Desde que empiezan a competir, se enseña a los pilotos a prestarles atención, y aunque actualmente muchas notificaciones les aparecen en los volantes y en los paneles LED del circuito, las banderas siguen teniendo preferencia ante los demás sistemas de notificación. El único momento en que las luces son la señal principal es en la salida, cuando el semáforo de la línea de salida indica a los pilotos el inicio de la carrera. Primero se iluminan cinco luces, y después se apagan. En ese momento comienza la carrera.

El *safety car* o coche de seguridad ralentiza el ritmo en caso de un accidente o incidente importante en la pista. Su cometido es permitir que los comisarios de pista accedan al lugar del accidente y que el equipo médico pueda llegar a esa zona sin tener que suspender la carrera con bandera roja. También aparece en caso de que haya condiciones de mucha lluvia para ralentizar el ritmo y permitir que la carrera continúe neutralizada hasta que las condiciones mejoren y se pueda reanudar. En caso de bandera roja y suspensión de la carrera a causa de la meteorología, el coche de seguridad se encarga asimismo de probar por su cuenta la pista y determinar si las condiciones son adecuadas para la reanudación de la carrera.

También existe un coche médico en el que se desplaza el doctor oficial de la carrera, que va provisto de un equipo médico básico para su uso en caso de accidente. Si solo hay riesgo en una zona de la pista, se utiliza el *virtual safety car* (VSC). Con él, el coche de seguridad no sale a pista, pero los pilotos deben ralentizar su velocidad al pasar por la zona afectada y, en consecuencia, sus vueltas deben ser más lentas.

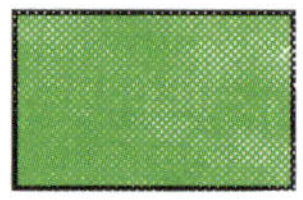

VERDE

La sesión ha comenzado. Si se muestra tras una bandera amarilla, indica que la pista está limpia y se puede volver al ritmo de carrera.

AMARILLA

Peligro. Ralentizar el ritmo.

DOBLE AMARILLA

Pista bloqueada más adelante. Disminuir el ritmo y estar preparado para detenerse.

AMARILLA CON PIZARRA DE SC

Reducir la velocidad, el coche de seguridad está en pista.

RAYAS ROJAS Y AMARILLAS

Hay restos o fluidos en la pista.

ROJA

Se para la sesión. Se ralentiza el ritmo y se debe volver a boxes.

BANDERA A CUADROS

Se acaba la sesión.

AZUL

Se aproxima un coche que va más rápido. Se debe dejarle pasar.

BLANCA

Coche lento delante.

NEGRA CON CÍRCULO NARANJA

Se debe entrar inmediatamente en boxes para reparar el coche.

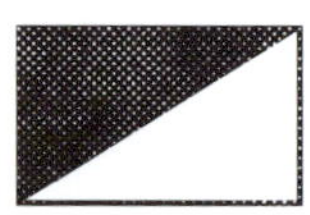

BLANCA Y NEGRA

Aviso por conducta antideportiva.

NEGRA

Se descalifica a ese piloto.

NEUMÁTICOS

Los neumáticos son muy importantes en la Fórmula 1. Son los cuatro puntos que conectan el coche con la pista. Montar el neumático adecuado en la situación correcta es crucial para hacer una buena carrera.

En la Fórmula 1 moderna hay seis tipos de neumáticos de seco: el C0 es el más duro y el C5 el más blando. En cada carrera se eligen tres de los seis compuestos y se marca el más blando con una raya roja, el medio con una raya amarilla y el más duro con una raya blanca. Cuanto más blando es un neumático, más adherencia tiene, y por lo tanto es más rápido, pero también se desgasta antes. Los neumáticos duros tienen mayor duración, pero son menos rápidos, mientras que el comportamiento de los medios está entre el de los otros dos tipos. Los equipos eligen sus estrategias de carrera utilizando al menos dos compuestos para conseguir imponerse a sus rivales. También hay dos tipos de neumáticos de lluvia: los intermedios, marcados con una raya verde, para condiciones de lluvia moderada y/o pista no excesivamente mojada y los de lluvia extrema, marcados con una raya azul, cuando llueve con mucha intensidad.

Los pilotos deben conseguir mantener los neumáticos «en la ventana», es decir, que estén en las condiciones perfectas para obtener su rendimiento máximo. En este sentido, la temperatura es un factor clave. Si el pilotaje es agresivo, los neumáticos se sobrecalientan, pero si el piloto rueda demasiado tranquilo pierden temperatura. Por ello hay que lograr mantenerlos en una «ventana» de funcionamiento óptimo.

Antes de montarlos en el coche, ya sea en entrenamientos o en carrera, los neumáticos de seco son cubiertos con unas mantas térmicas que los mantienen a una temperatura cercana a la de funcionamiento óptimo. En los neumáticos intermedios y de lluvia, sin embargo, el uso de estas mantas no está permitido y se montan a temperatura ambiente.

Actualmente, la Fórmula 1 solo tiene un proveedor de neumáticos, pero a lo largo de su historia ha habido nueve proveedores diferentes. En algunos momentos hubo varios compitiendo entre ellos, lo que añadía más misterio a las dificultades inherentes a la competición y a la estrategia de la carrera.

PIRELLI 1950–1958, 1981–1986, 1989–1991, 2011 hasta la actualidad

ENGLEBERT 1950–1958

GOODYEAR 1964–1998

FIRESTONE 1950–1960, 1966–1975

CONTINENTAL 1954–1955, 1958

BRIDGESTONE 1976–1977, 1997–2010

DUNLOP 1950–1970, 1976–1977

AVON 1954, 1956–1959, 1981–1982

MICHELIN 1977–1984, 2001–2006

ENTRENAMIENTO

Aunque no lo parezca, la Fórmula 1 es uno de los deportes más exigentes físicamente y uno de los más extremos del mundo. Ser piloto de F1 requiere mucha fuerza en las piernas, brazos y en la zona central del cuerpo, una buena condición aeróbica, equilibrio y una resistencia y aguante increíbles. Su dieta y entrenamiento son únicos, no solo en esta especialidad, sino en todos los deportes de motor.

Cuando están subidos al coche, los pilotos se encuentran en una posición similar a estar tumbado en la bañera con los pies encima del grifo. Por lo tanto, la fuerza del torso es muy importante. Asimismo, los pilotos deben prestar atención a las piernas, sobre todo la izquierda, puesto que además de aplicar mucha fuerza para activar los frenos de carbono (unos 160 kg o 360 lb), deben mantener una gran precisión y sensibilidad para modificar la fuerza a aplicar variando la presión tan solo unos milímetros.

El cuello de los pilotos también necesita ser muy resistente, ya que debe soportar el peso combinado de la cabeza y el casco a una fuerza de más de 2G en aceleración y a veces a más de 6G al frenar. En las curvas puede haber fuerzas de 5G, con cambios de dirección que cambian la orientación de la fuerza al instante.

El ritmo cardíaco de un piloto durante un Gran Premio suele superar de media las 175 ppm. En grandes premios con altas temperaturas el calor puede sobrepasar los 40 grados centígrados, con los pilotos vestidos con monos y ropa interior ignífuga. Por este motivo pueden llegar a perder más de 4 kg (9 lb) de peso debido a la alta transpiración del cuerpo. La pérdida tan alta de peso y fluidos afecta a las funciones cognitivas.

Los pilotos pasan mucho tiempo en el gimnasio trabajando sus músculos para resistir las fuerzas que deben soportar en un monoplaza de Fórmula 1, con máquinas hechas específicamente para entrenar los músculos que más se utilizan del cuello, piernas y antebrazos. El cardio también juega un papel fundamental en su entrenamiento. Los pilotos practican muchos deportes de resistencia cuando no están compitiendo, como el triatlón. Su composición corporal es la de un deportista de resistencia, delgada pero fuerte. Para evitar que se llegue a límites de peso tan bajos que no resulten sanos, se ha establecido un mínimo de 80 kg (176,4 lb) entre piloto y asiento.

Los pilotos cuentan con entrenadores personales, que se convierten en una parte fundamental de su día a día, porque no solo controlan sus rutinas de entrenamiento, sino también sus patrones de sueño y su dieta. Los pilotos llevan una vida sana, con dietas basadas en aves, pescado, verduras y carbohidratos.

Aunque alguna vez se pueden permitir un capricho, comer otro tipo de comida y beber un poco de champán en el podio, el alcohol y la comida basura están muy restringidos.

VIAJES Y LOGÍSTICA

La Fórmula 1 visita más de veinte países en una temporada de diez meses. El gran número de carreras hace que el tiempo entre una y otra sea muchas veces escaso, e incluso muchas de ellas se disputan varios fines de semana seguidos (en ocasiones se corren tres carreras en tres países en tres fines de semana consecutivos). Por este motivo es muy importante que no haya problemas con el transporte del equipamiento necesario durante el campeonato.

Para que el transporte sea más ágil, los equipos tienen un mínimo de cinco juegos de todo lo que necesitan para montar sus garajes, sus muros y sus *hospitalities*. Estos materiales dan la vuelta alrededor del mundo en una compleja organización, y normalmente un juego permanece en una zona geográfica específica. Por temas de reducción de costes, los equipos utilizan transporte marítimo y aéreo para las carreras lejanas y camiones en Europa para llevar todo el material de un circuito a otro.

En Europa, el *paddock* y el garaje se empiezan a desmontar mientras se corre la carrera, de modo que el domingo por la tarde unos trescientos camiones empezarán a desplazarse al siguiente circuito para empezar a montar el martes. En las carreras europeas, esto incluye el *motorhome*, que es como la oficina del equipo, que se monta juntando en sofisticadas arquitecturas las partes posteriores de distintos camiones. Es como jugar a un Tetris gigante.

Para las pruebas fuera de Europa, todo el equipamiento necesario para los garajes y los *hospitalities* se guarda dentro de contenedores específicos, que caben perfectamente en los seis o más Boeing 747 que el socio de la Fórmula 1, DHL, facilita para su transporte. Cada equipo tiene tres palés especiales para elementos prioritarios y, por supuesto, para los monoplazas. El elemento más importante tiene que volar de carrera en carrera, ya que cada chasis es único. Las nuevas piezas y componentes que se introducen a lo largo de la temporada se envían desde la fábrica una vez están disponibles para ser utilizados.

En total, se transportan más de quinientas toneladas de equipamiento cada año por mar y más de seiscientas por aire, en un viaje total de alrededor de 150.000 kilómetros (93.000 millas). Cuando hay algún fin de semana libre entre carreras, los equipos regresan a sus fábricas con todo el material para hacer comprobaciones, reparaciones en caso necesario, volver a pintar, volver a empaquetar y dejarlo todo listo para acudir al siguiente Gran Premio. La organización de toda la logística de transporte es una labor imprescindible que requiere una gran precisión y cientos de trabajadores, tanto de los equipos como de DHL y de la misma F1, para mantener el funcionamiento del campeonato.

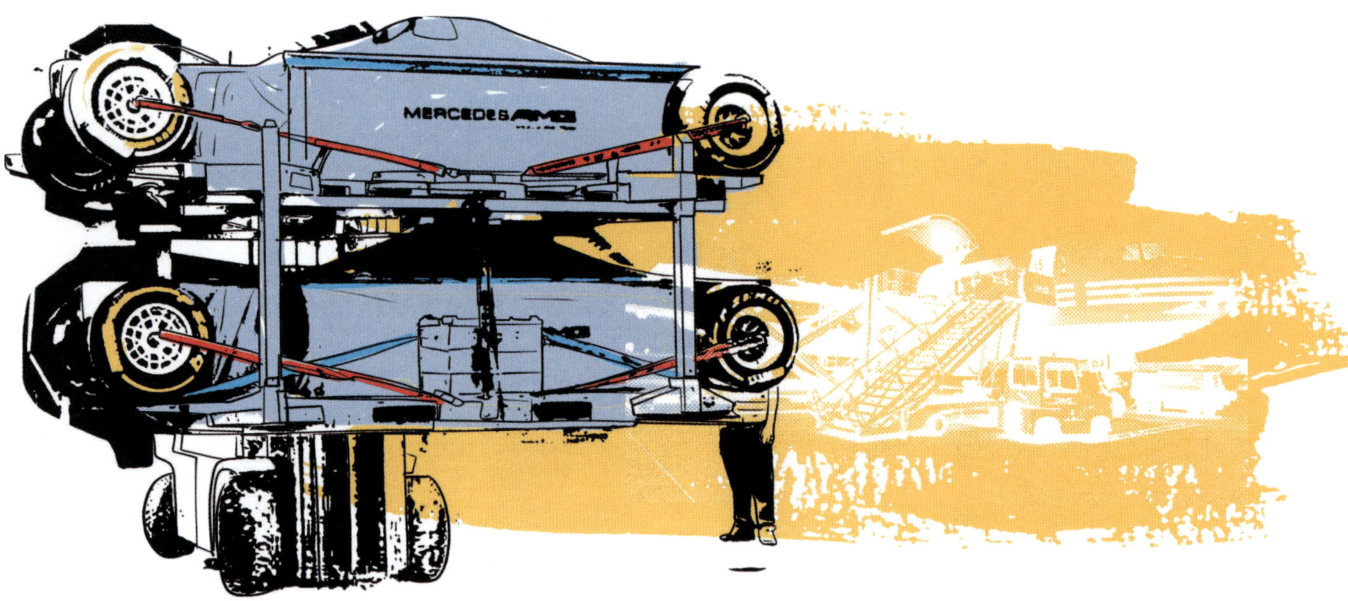

LA FIA Y LA FÓRMULA 1

La Federación Internacional del Automóvil (la FIA, por sus siglas en francés) ha supervisado el campeonato de Fórmula 1 desde sus inicios. Hoy en día es la responsable del reglamento, que se divide en tres categorías distintas y consta de tres libros de reglas. Toda la reglamentación, de más de cien páginas, está disponible en el sitio web de la FIA.

La reglamentación técnica explica todos los parámetros para diseñar un monoplaza de Fórmula 1, desde el chasis al motor o los neumáticos e incluye todos los aspectos relacionados con la fabricación. La reglamentación deportiva establece cómo funciona cada evento e incluye todo lo relacionado con el formato del fin de semana, las normas de cada sesión de entrenamientos, el formato de clasificación y la carrera, además de las reglas de la competición. Aparte de esto, todos los campeonatos de automovilismo deben seguir el código deportivo de la FIA. Por último, también hay una reglamentación financiera, introducida al inicio de la década del 2020. A fin de limitar las enormes cantidades de dinero que se gastaban en la F1 y evitar que los constructores más grandes tuvieran ventaja sobre los equipos independientes más pequeños, se estableció un tope presupuestario. Estas normas fijan cuánto dinero pueden gastarse los equipos y en qué. La FIA es la encargada de controlar toda la reglamentación y de aplicar sanciones por cualquier infracción.

Durante el fin de semana de Gran Premio, el organismo más importante de la FIA es el Control de carrera, que está formado por el director de carrera, los comisarios de carrera y los delegados técnicos. Este equipo supervisa la competición del fin de semana, desde asegurarse de que los monoplazas cumplen con el reglamento al uso de las banderas, las salidas del coche de seguridad o la aplicación de las sanciones. La FIA también es la responsable de la seguridad en las carreras. Para que se les conceda una licencia a fin de albergar una prueba de Fórmula 1, todos los circuitos deben cumplir con criterios muy estrictos relacionados con las escapatorias, las barreras de protección, las vallas y las instalaciones médicas. Un delegado médico de la FIA y los doctores de la federación viajan a todas las carreras. La FIA también forma a los comisarios de pista, que son voluntarios, para mantener a los pilotos y a los aficionados a salvo, y es la responsable de acreditar a los medios de comunicación.

La organización de la FIA es compleja e incluye muchos comités y consejos especializados en distintos aspectos, tanto del automovilismo como del transporte en carretera. También es el primer órgano de arbitraje para cualquier falta o apelación de cualquier sanción.

La Fórmula 1, antes conocida como Fórmula 1 Management, se encarga de la parte de promoción y comercial del deporte. Debe organizar el calendario de carreras, con la aprobación de la FIA, y supervisar el reparto de los premios económicos entre los equipos según su posición final en el campeonato. También es la encargada de ayudar a los equipos con el transporte de sus mercancías, de controlar la distribución y adjudicación de pases de invitados para cada equipo y de organizar la seguridad de los eventos.

Una de las mayores responsabilidades de la Fórmula 1 es proporcionar señal de televisión en directo a escala mundial de cada Gran Premio. La Fórmula 1 negocia contratos de retransmisión con medios de comunicación de todo el mundo junto con sus acreditaciones. La propia Fórmula 1 comenzó a tener su canal digital de televisión, llamado F1 TV, en 2018. Junto a este, existe una amplia división digital que es responsable de una de las fuentes de contenido multimedia digitales y de redes sociales que más rápido crece y más seguidores tiene en el mundo. La Fórmula 1 dispone de un departamento de comunicación y marketing que se encarga de promocionar el deporte y cautivar a nuevas audiencias, de negociar nuevas oportunidades de concesión de licencias y de supervisar el funcionamiento de la zona VIP, el Paddock Club.

EL CAMINO DEL PILOTO HACIA LA FÓRMULA 1

La FIA ideó en 2014 un *Global Pathway* (camino internacional) del karting a la Fórmula 1 para hacer más sencillo y ágil el camino de los pilotos jóvenes para llegar a la cumbre del automovilismo. La potencia y la dificultad de los coches aumenta en cada fase para que dispongan de las herramientas necesarias a fin de aprender y continuar su carrera profesional.

Casi todos los pilotos actuales comienzan su carrera en el **KARTING**, primero a nivel nacional y después a escala internacional tanto en carreras como en campeonatos (aprobados por la FIA y la Comisión Internacional de Karting, CIK). La mayoría empiezan antes de cumplir los diez años y compiten en karting hasta que son adolescentes, momento en que pueden empezar a competir en monoplazas.

Después del karting suelen pasar a la **FÓRMULA 4**, que es una categoría nacional en la que se puede participar a partir de los quince años. Los monoplazas llevan un motor de cuatro cilindros en línea de 1,4 a 2,0 litros de un solo proveedor, los chasis son bastante sencillos y montan neumáticos lisos (*slicks*) y alerones.

El siguiente escalón es la **FÓRMULA REGIONAL**, un conjunto de campeonatos regionales de monoplazas, en lugar de nacionales, que utilizan coches idénticos de Fórmula 3, con motores de 2 litros y una caja de cambios semiautomática de seis velocidades.

Después viene el **CAMPEONATO DE FÓRMULA 3 DE LA FIA**. Es una categoría internacional que se corre coincidiendo con algunos grandes premios de Fórmula 1. La edad mínima para participar es de dieciséis años. Todos los pilotos utilizan el mismo chasis Dallara, con DRS, motor Mecachrome V6 atmosférico que permite alcanzar una velocidad máxima de 300 km/h (186 mph) y neumáticos Pirelli. Los monoplazas son una versión reducida de los F1 de 2017 a los que se han añadido fondos de efecto suelo.

El último paso antes de la cumbre es el **CAMPEONATO DE FÓRMULA 2 DE LA FIA**, antes conocido como Fórmula 2, Fórmula 3000 y GP2. Actualmente es una categoría internacional que se disputa a la vez que algunos grandes premios de Fórmula 1 con pilotos de más de diecisiete años. Como en la F3, todos los coches son idénticos: chasis Dallara, con DRS, motor Mecachrome turboalimentado de 3,4 litros que utiliza combustible sostenible sintético y permite una velocidad máxima de 335 km/h (208 mph), y neumáticos Pirelli del estilo de la F1, de 18 pulgadas. En la temporada 2024 se introdujo un coche nuevo que imita a los últimos monoplazas de Fórmula 1 y cumple con los estándares de seguridad de la FIA y con las nuevas especificaciones en cuando a frenada, dirección y ergonomía para que se ajuste a una amplia tipología de pilotos y hacer el campeonato lo más accesible posible.

El éxito en cada categoría abre las puertas de la siguiente, y según la posición lograda en el campeonato se suman puntos para alcanzar el objetivo final: la superlicencia para correr en Fórmula 1. Esta superlicencia es la garantía de que un piloto posee suficiente experiencia y calidad para competir en la máxima categoría. Para conseguir la superlicencia y poder participar en carreras de Fórmula 1 se necesitan por lo menos cuarenta puntos, que se obtienen directamente acabando entre los tres primeros del campeonato de Fórmula 2.

El vencedor del campeonato de Fórmula 3 recibe treinta puntos; el de la Fórmula Regional, dieciocho; y si se gana la Fórmula 4, doce. Por otra parte, el campeón de la IndyCar estadounidense también tiene garantizada la obtención de la superlicencia.

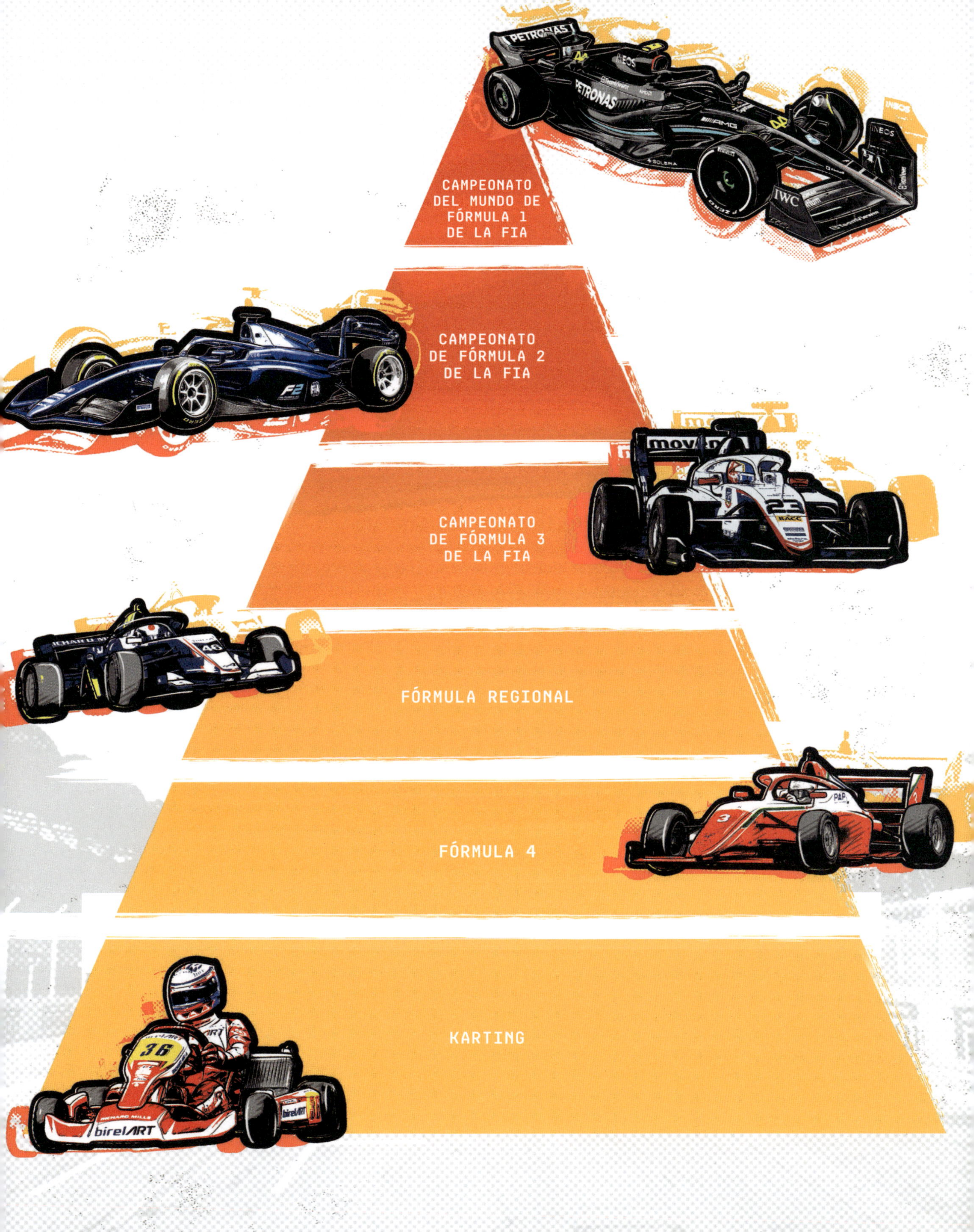
CAMPEONATO DEL MUNDO DE FÓRMULA 1 DE LA FIA
CAMPEONATO DE FÓRMULA 2 DE LA FIA
CAMPEONATO DE FÓRMULA 3 DE LA FIA
FÓRMULA REGIONAL
FÓRMULA 4
KARTING

OTRAS CATEGORÍAS

Aunque este libro trata sobre la Fórmula 1, existen otras categorías de competición automovilística que tienen lugar en todo el mundo. Estos campeonatos son algunos de los más competitivos y emocionantes más allá de la F1 y tienen sus propias reglas y objetivos. Competir en ellos y lograr buenos resultados también puede suponer la obtención de puntos para la superlicencia de la F1, de tal manera que los campeones podrían tener la oportunidad de cambiar de disciplina.

INDYCAR

La cumbre del automovilismo de Estados Unidos. Lleva celebrándose de una manera u otra desde 1920, y hoy en día es una de las competiciones de monoplazas más emocionantes del mundo, gracias, en gran parte, al uso estandarizado de un chasis Dallara y de contar con pocos proveedores de motores (en 2024 fueron Honda y Chevrolet). El campeonato se corre en circuitos permanentes, urbanos y en óvalos. Su cita más importante del año son las 500 Millas de Indianápolis, que se celebran desde hace casi 110 años. Aunque los pilotos que participan no necesitan puntos de la superlicencia para hacerlo, los diez primeros clasificados del campeonato suman puntos para conseguirla. El campeón recibe los cuarenta que son necesarios para correr en F1. La IndyCar tiene su propio camino para llegar hasta ella, conocido como Road to Indy, con distintas fases pero similar al Global Pathway de la F1.

FÓRMULA E

Campeonato internacional de monoplazas totalmente eléctricos. La Fórmula E compite en circuitos urbanos no permanentes en algunas de las ciudades más importantes del mundo. Todos los equipos utilizan un chasis estándar y los fabricantes pueden desarrollar la transmisión y el software. Los primeros diez pilotos consiguen puntos para la superlicencia. El campeón recibe treinta.

NASCAR

La Asociación Nacional de Carreras de Automóviles de Serie estadounidense (NASCAR, por sus siglas en inglés) tiene sus orígenes en los años 20 del siglo pasado, en la época de la Ley seca de Estados Unidos, cuando los contrabandistas de alcohol modificaban sus vehículos para escapar de la policía. Actualmente se utilizan coches derivados de modelos de serie, especialmente preparados para competición, tanto en óvalos como en circuitos permanentes. La temporada de la NASCAR tiene más de treinta carreras, que se corren todas ellas en Estados Unidos, y es una de las competiciones más populares del país. Los ocho primeros pilotos reciben puntos para la superlicencia de la F1. El campeón se lleva quince.

RESISTENCIA

Conocidas anteriormente como carreras de Sport Prototipos, en las pruebas de Resistencia varios pilotos se turnan durante varias horas para pilotar un mismo coche y completar una larga distancia en un circuito. La carrera más famosa del calendario son las 24 Horas de Le Mans, que es la atracción principal del Campeonato del Mundo de Resistencia (WEC). Durante muchos años los coches participantes eran modelos derivados de serie, pero en las últimas décadas han regresado los prototipos. Actualmente, los coches más destacados de las carreras de resistencia son los denominados *hypercars*, cuya reglamentación cumple con el WEC internacional y la IMSA estadounidense (International Motor Sports Association, Asociación Internacional del Deporte de Motor). Los diez primeros clasificados en el WEC y los ocho primeros en la IMSA reciben puntos para la superlicencia de F1. Los campeones de cada campeonato obtienen treinta y dieciocho puntos, respectivamente.

TURISMOS

Los campeonatos nacionales de turismos han existido desde que empezaron a disputarse carreras de automóviles. Con el tiempo se ha pasado de usar coches de calle a versiones modificadas para competición de esos coches. Los más conocidos son el campeonato alemán, llamado DTM (Deutsche Tourenwagen Masters) y los *Supercars* en Australia. En ambos campeonatos también se consiguen puntos para la superlicencia.

RALLY

En los rallies se trata de recorrer lo más rápido posible una serie de trayectos normalmente no demasiado largos, denominados tramos, que pueden ser de asfalto, tierra, arena o hielo.
No se corren en circuitos, sino en carreteras convencionales cerradas al tráfico durante la celebración de la prueba. Existe un Campeonato Mundial de Rallies y muchas carreras muy famosas, como el Rally Dakar y la Baja 1000. En estas pruebas no se obtienen puntos para la superlicencia.

LA FÁBRICA

El AMR Technology Campus, que abrió sus puertas en 2023, es la fábrica de F1 más moderna del mundo. Se encuentra cerca del circuito de Silverstone y en él trabajan más de ochocientos empleados. Los tres edificios y todo el terreno circundante abarcan un área de alrededor de 37.000 metroos cuadrados.

Todas las áreas relacionadas con la actividad y operación del equipo están allí, excepto los motores que fabrica Mercedes cerca de Brixworth. En 2026, con la entrada de HRC (Honda) como suministrador de las unidades de potencia, el equipo pasará a ser de fábrica.

Los dos departamentos más grandes son los de diseño y las divisiones de producción y mecanizado, cada uno de los cuales ocupa la mitad de una planta del edificio principal. A su lado se encuentran los departamentos de electrónica y acabados, inspección, informática, logística, el grupo comercial y de marketing, las oficinas de dirección, además de una espectacular recepción y una sala de trofeos. A finales de 2024 entraron en servicio un restaurante y un gimnasio para los empleados.

PRODUCCIÓN

Puesto que todos los equipos están obligados a ser constructores, cada uno debe construir la mayoría de los componentes de los monoplazas y, por mucho que la tecnología avance, siempre es necesario contar con artesanos. Los miembros del equipo con estas cualidades trabajan en el departamento de producción (o fabricación) y se encargan de crear piezas muy variadas y complejas para los sofisticados diseños de fibra de carbono de la carrocería y el suelo.

TÚNEL DE VIENTO

Uno de los instrumentos más importantes de cara al diseño de un Fórmula 1, consistente en un cilindro enorme provisto de un ventilador gigante en el interior. Los equipos introducen en él un modelo con un tamaño equivalente al 60 por ciento del coche real, a veces sobre un rodillo, y lo someten a la fuerza del aire generado por el ventilador para imitar la dirección y el efecto del viento sobre el monoplaza a velocidad de carrera. El análisis del flujo del aire indica a los equipos si el diseño consigue el efecto aerodinámico que buscan.

RACE BAY

Algo que todos los equipos han tenido siempre en común en sus sedes es la *race bay*, es decir, una zona dividida en varias áreas de trabajo en la que se montan los coches y se arrancan por primera vez una vez completados, y donde son desmontados, inspeccionados y reparados cuando el calendario permite regresar a la fábrica. Básicamente, se trata de una zona similar a los garajes de los circuitos pero más grande.

SALA DE OPERACIONES

La sala de operaciones, o *mission control* en inglés, es fundamental en un equipo de Fórmula 1, puesto que todos los fines de semana se mandan terabytes de datos del circuito a la fábrica en tiempo real y durante todas las sesiones. Aunque en el circuito hay un equipo pendiente de todos los detalles posibles, a veces es en la sala de operaciones donde primero encuentran los problemas. No es muy diferente al centro espacial de la NASA en Cabo Cañaveral o del Johnson Space Center. Quizá la diferencia más grande es que aquí tienen que trabajar con mucha información en muy poco tiempo. Es un centro de análisis de datos que influye tanto en la estrategia de carrera como en la toma de decisiones como retirar un coche antes de que el motor se rompa.

EL GARAJE

En cada Gran Premio, los equipos cuentan con un garaje para organizar su área de trabajo. En él disponen de zonas para almacenar todos los materiales necesarios, como el combustible, los neumáticos o las piezas del monoplaza. Además, se instala todo el centro informático y de comunicaciones, con radios y auriculares para cada miembro del equipo. La telemetría de los coches se puede ver en las pantallas del garaje, en el muro de boxes, que es la zona delante del garaje, al otro lado del carril de boxes, en el área reservada a los ingenieros y en la fábrica. Los proveedores de combustible disponen de una zona para hacer pruebas con muestras de combustible y determinar el desgaste del motor por la presencia de fragmentos microscópicos de material del mismo en el combustible o en el aceite.

El garaje es un hervidero de actividad, porque es donde se efectúan todos los cambios en el monoplaza y donde se reparan. Cada monoplaza tiene su propio

garaje donde puede desmontarse si es necesario. Cada piloto cuenta con su propio equipo de mecánicos e ingenieros y también dispone de una sala para guardar sus objetos personales y sus cascos.

Hoy en día, muchos garajes habilitan una zona para ver la carrera en la parte posterior en la que se sitúan los invitados del equipo y personas VIP, que de este modo pueden vivir en tiempo real cómo trabaja el equipo durante la sesión.

En el muro de boxes o *pit wall* se colocan los miembros principales del equipo, que desde allí pueden analizar todo lo que sucede en pista al instante. Para ello disponen de muchas pantallas de información y están en comunicación permanente con otros miembros del equipo y con los pilotos. La organización del muro de Ferrari es la siguiente: ingeniero de pista del primer piloto; director deportivo; director del equipo; jefe de ingeniería de pista; jefe de estrategia; ingeniero de pista del segundo piloto.

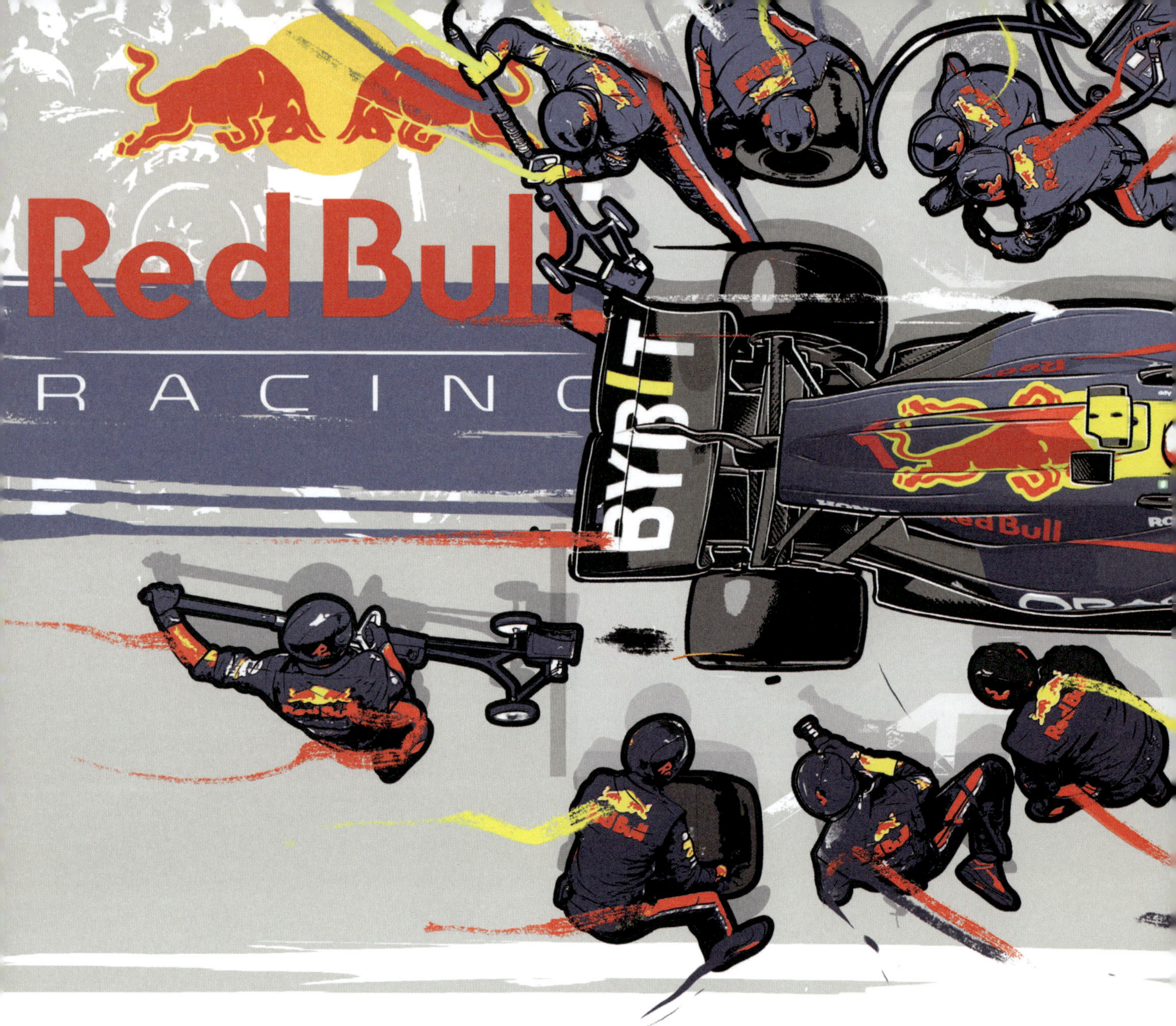

PIT STOP

Los *pit stops* o paradas en boxes son momentos clave en todas las carreras. Según la normativa, todos los pilotos deben hacer al menos un *pit stop* en condiciones de seco para utilizar por lo menos dos tipos de neumáticos lisos durante la carrera. Todo el tiempo perdido en una parada es una desventaja, y ganar o perder una carrera puede depender de un *pit stop*. Actualmente, en un *pit stop* trabajan más de veinte miembros del equipo para intentar que la parada sea lo más rápida posible.

Red Bull Racing ha sido el ejemplo a seguir durante años en los *pit stops*. En el Gran Premio de Brasil de 2019 consiguieron un récord mundial al cambiar los cuatro neumáticos (entonces de 13 pulgadas) en 1,82 segundos. Con las ruedas actuales de dieciocho pulgadas, que pesan más, se esperaba que las paradas fueran más lentas, pero los equipos siguieron bajando de los dos segundos. Red Bull sigue siendo el más rápido de media en una temporada, pero el récord hasta ahora lo tiene McLaren, con 1,80 segundos.

¿Cuál es el secreto de Red Bull? Cuando el coche se para en las marcas, los mecánicos encargados de los gatos delantero y trasero levantan el coche.

Una vez en el aire, cuatro mecánicos provistos con pistolas neumáticas desenroscan las tuercas centrales que sujetan las ruedas, a la vez que otro compañero retira el neumático usado. Casi simultáneamente, un mecánico coloca otra rueda y el encargado de la pistola enrosca de nuevo la tuerca. Dos miembros del equipo están preparados con gatos de recambio por si alguno falla, mientras que un tercero permanece en la parte posterior con un motor de arranque por si el coche se para. En algunas ocasiones un mecánico puede sujetar un volante de repuesto por si hay algún problema con el que se está usando. También hay mecánicos encargados de reemplazar el morro con el alerón delantero en caso de que esté dañado. Una vez finalizada la intervención, se baja el coche al suelo y este vuelve a la pista. Y todo esto, en el caso del cambio de neumáticos, en menos de dos segundos.

WILLIAMS RACING

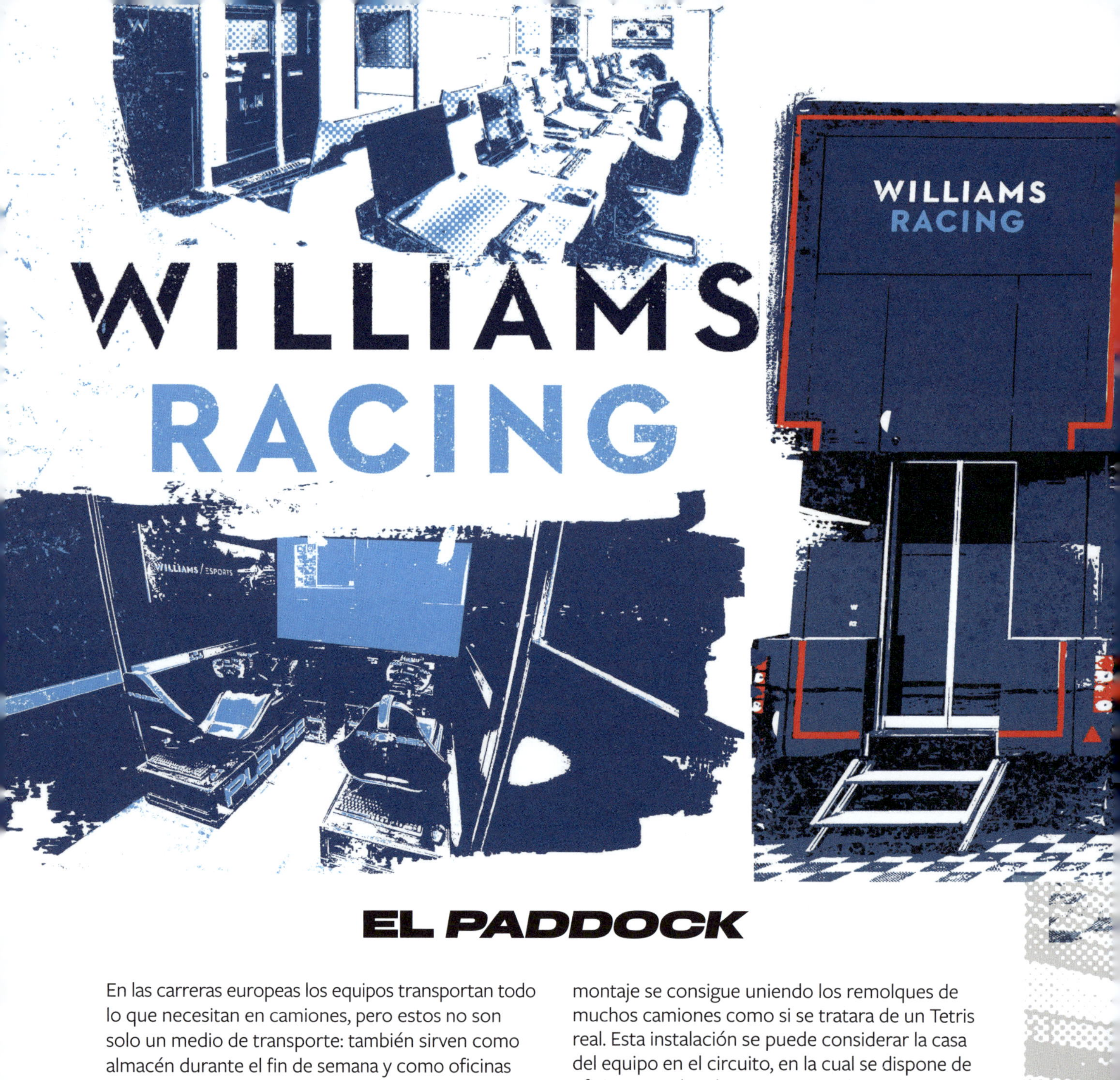

EL PADDOCK

En las carreras europeas los equipos transportan todo lo que necesitan en camiones, pero estos no son solo un medio de transporte: también sirven como almacén durante el fin de semana y como oficinas de dos pisos. Pero no solo eso, sino que también se utilizan como base de un centro de ingeniería elevado llamado Tree House (casa del árbol en inglés).

Williams Racing utiliza cuatro camiones para guardar las piezas de repuesto y como oficinas, que además son la base sobre la que se instala la Tree House. La sala de ingeniería está montada de manera que ofrece al equipo el entorno perfecto para organizar la estrategia.

Al otro lado del *paddock* se instala el *hospitality* del equipo, o lo que es lo mismo, el *motorhome*, cuyo montaje se consigue uniendo los remolques de muchos camiones como si se tratara de un Tetris real. Esta instalación se puede considerar la casa del equipo en el circuito, en la cual se dispone de oficinas para los departamentos de marketing y comunicaciones y salas de descanso para los pilotos. La planta baja está dedicada a los visitantes y es la zona habilitada como bar y restaurante, donde se sirve comida de muy buena calidad preparada en una cocina montada allí mismo. En la primera planta hay una zona para los invitados VIP y los pilotos, así como un simulador para recorrer la pista virtualmente. La segunda planta se convierte en una terraza con servicio de bar que dispone de cómodos asientos y una de las mejores vistas de la pista y el *paddock*.

WILLIAMS
RACING
ING

RETRANSMISIÓN INTERNACIONAL

Centro de Medios y Tecnología

La Fórmula 1 es considerada la cumbre del automovilismo a nivel mundial, y su excelencia se refleja en una retransmisión internacional increíble que acerca este deporte a una audiencia de mil quinientos millones de personas en 180 países. Todo lo que se ve en pantalla a partir del momento en que se escucha el primer segundo de la banda sonora de la F1, compuesta por Bryan Tyler, está dirigido y producido por un equipo de retransmisión internacional de la propia Fórmula 1, que ofrece la señal que reproducen los más de setenta socios que retransmiten los grandes premios.

Hay dos centros principales de operaciones. El Centro de Medios y Tecnología (M&TC, por sus siglas en inglés) se encuentra en Biggin Hill, Inglaterra, y alberga el sistema remoto de realización más grande del mundo. Ciento cuarenta personas brindan 120 señales de vídeo en directo desde el circuito, donde se encuentra el Event Technical Center (ETC), es decir, el centro tecnológico del evento, que dispone de 750 elementos materiales y setenta y cinco trabajadores. El ETC se monta en los alrededores del circuito diez días antes de la celebración del Gran Premio.

Los equipos en el circuito y en Inglaterra son encabezados por unos directores y realizadores que dirigen un concierto visual y sonoro de lo más emocionante, utilizando el cronometraje oficial, gráficos, repeticiones y las radios de los equipos para añadir más emoción.

En un fin de semana de Gran Premio se transfieren quinientos terabytes de datos, es decir, más de cincuenta veces toda la información recibida anualmente desde el Telescopio Espacial Hubble de la NASA. Las imágenes se retransmiten en directo desde noventa cámaras *onboard*, siendo el máximo por coche de siete unidades. En el circuito se distribuyen veintiocho cámaras fijas, más dos en el muro para cubrir toda la acción en pista. Ocho operadores de cámara se mueven por el *pit lane* y las gradas, y una cámara giroestabilizada de última tecnología sobrevuela el circuito instalada en un helicóptero. Un total de ciento cuarenta y siete micrófonos están repartidos en los coches y por todo el circuito para poder oír el sonido de los monoplazas y de los aficionados. Por otra parte, a lo largo de la pista se distribuyen treinta dispositivos que aseguran la precisión absoluta del cronometraje.

LA ÉPOCA ANTERIOR A LA GUERRA

Desde la época en la que solo existían los carros de caballos, la humanidad ha querido siempre competir con sus vehículos. Es una práctica milenaria que se remonta a las carreras de carros y cuadrigas en la antigua Grecia y la antigua Roma. A nadie le sorprenderá, pues, que tan pronto como la humanidad inventó el automóvil, tanto los fabricantes como los propietarios quisieran saber lo rápidos que eran y hasta dónde podían llegar con ellos.

Se considera que el primer motor de combustión interna lo creó en 1876 el ingeniero alemán Nicolaus Otto, que logró que una chispa hiciera explotar una mezcla presurizada de aire y combustible para mantener los pistones en marcha. Sin embargo, fue el compatriota de Otto, Carl Benz, quien en 1885 creó lo que hoy consideramos el primer automóvil de motor, y fue su mujer, Bertha, quien popularizó el invento recorriendo largas distancias para hacer publicidad de su fiabilidad y utilidad.

En poco tiempo, el automóvil suscitó un gran interés y empezaron a surgir fabricantes con nuevas ideas que hicieron evolucionar con gran rapidez la idea inicial. La primera competición de automóviles tuvo lugar en 1894, en Francia. En concreto, se trató de una prueba de fiabilidad de unos 80 kilómetros entre París y Rouen. Un año más tarde se celebró la que podemos considerar primera carrera automovilística, con un recorrido de ida y vuelta entre París y Burdeos. A partir de ahí, las carreras se extendieron rápidamente por todo el mundo, y el primer Gran Premio se celebró en 1906, organizado por el Automobile Club de France, en un circuito de Le Mans de casi 105 kilómetros. El ganador fue el húngaro Ferenc Szisz a los mandos de un Renault. La denominación Gran Premio proviene del francés *grand prix* y continúa utilizándose hoy en día.

Al principio, los pilotos iban acompañados por un mecánico por si surgía algún problema durante el recorrido. Estas carreras se disputaban por carreteras convencionales y acabaron siendo muy peligrosas, tanto para los competidores como para el público, así que en los primeros años del nuevo siglo se decidió construir circuitos permanentes. El primero se hizo en Aspendale, Australia, y después seguirían Brooklands, en el Reino Unido, y el de Indianápolis, en Estados Unidos.

En los años veinte, después del parón forzoso a causa de la Primera Guerra Mundial, se siguieron construyendo muchos más circuitos en todo el mundo. En 1922, el circuito de Monza, en Italia, fue el primero en albergar un Gran Premio fuera de territorio francés.

Dos años después, la Association Internationale des Automobile Clubs Reconnus (AIACR, Asociación Internacional de Clubs Automovilísticos Reconocidos), precursora de la FIA, empezó a supervisar los grandes premios. A mediados de los años treinta se disputaban cerca de veinte grandes premios en distintos países del mundo. A medida que la tecnología aumentaba, también lo hacían la velocidad, el peligro y el valor de los pilotos. Hasta el Gran Premio de Mónaco de 1933, en que se celebró por primera vez una sesión de clasificación, el orden de salida era por votación.

En 1934 la AIACR estableció nuevas reglas para los monoplazas: no podían pesar más de 750 kg (1654 lb), pero los motores no estaban regulados. En aquella época, los coches iban pintados con los colores de su país: el azul para Francia, el rojo para Italia, el verde para Gran Bretaña y el blanco para Alemania, pero los alemanes de Mercedes, para cumplir con el peso establecido, decidieron quitar la pintura blanca y dejar los coches con el color del metal. En ese momento nació la leyenda de las Flechas de Plata. Junto a Auto Union, que después se convertiría en Audi, el equipo alemán dominó a mediados de los años treinta con algunos de los mejores pilotos del momento y superó al equipo italiano Alfa Romeo, dirigido por un joven Enzo Ferrari.

Algunos pilotos como Rudolf Caracciola y Dick Seaman (Mercedes), Tazio Nuvolari (Alfa Romeo, Ferrari y Auto Union) o Louis Chiron (Bugatti, Ferrari y Mercedes) se convirtieron en leyendas gracias a sus gestas al volante de sus extraordinarios y rápidos coches con enormes y potentes motores en los mejores circuitos de carreras de la época.

Con el estallido de la Segunda Guerra Mundial, las carreras quedaron interrumpidas, pero algunos pilotos demostraron también su valentía en el campo de batalla, y algunos incluso se convirtieron en espías. En cuanto acabaron las hostilidades, la gente quiso recuperar la normalidad anterior y con ella también el entretenimiento. Los coches antiguos fueron desempolvados y los aeródromos utilizados durante la guerra se convirtieron en circuitos. Un año después de que se declarara la paz en Europa, la máxima categoría del automovilismo mundial volvía a la carga con un nombre completamente nuevo.

65
16
16
4
4

EVOLUCIÓN DEL DISEÑO DE LOS COCHES

1950

ALFA ROMEO 158

El coche a batir en la primera temporada de F1

1958

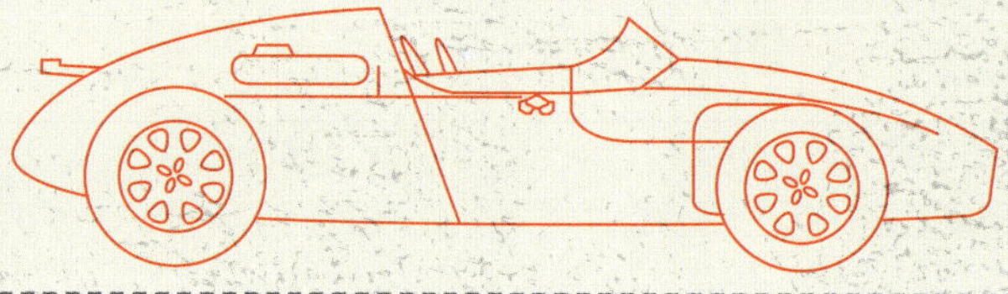

COOPER T43

El primer coche que ganó una carrera de F1 con el motor colocado detrás del piloto

1962

LOTUS 25

El primer coche monocasco de F1. El motor formaba parte del chasis

1968

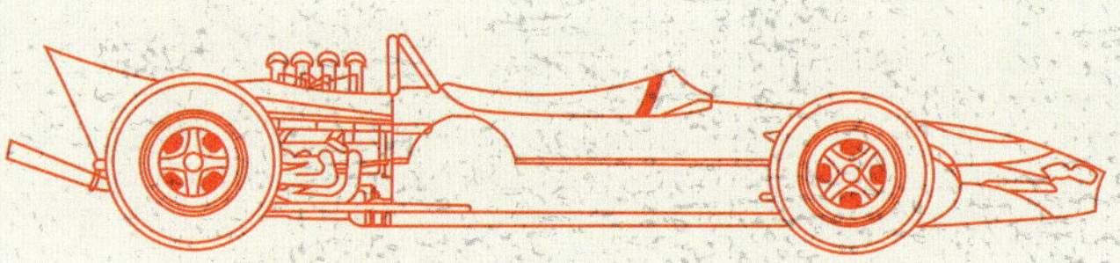

LOTUS 49B

Se introducen los alerones en la F1 para mejorar la eficiencia aerodinámica

1970

LOTUS 72

Primeros pontones integrados

1974

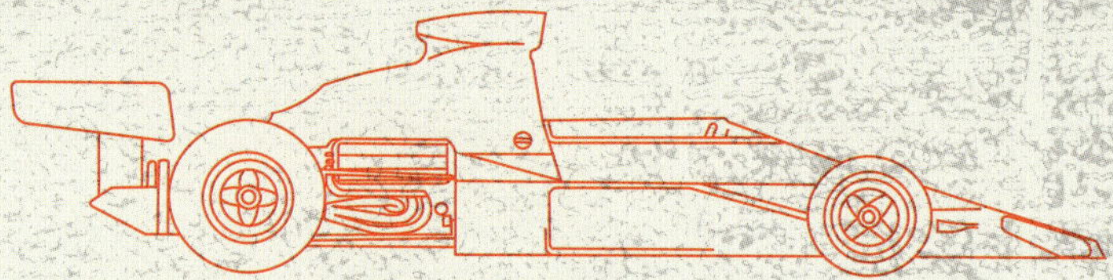

McLAREN M23

El motor se cubre con una pieza que incluye la toma dinámica de aire

1977

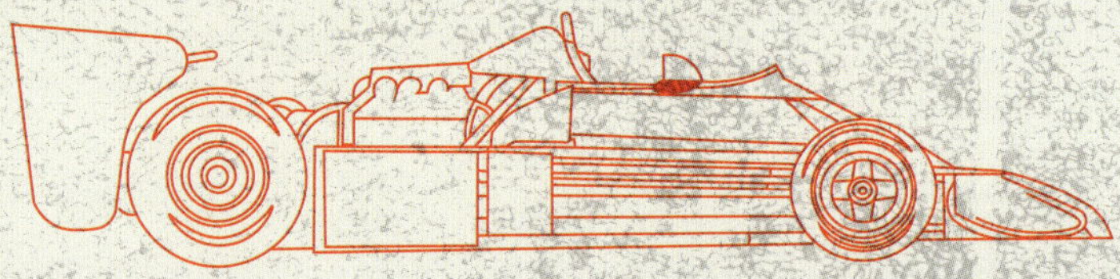

RENAULT RS01

Se inicia la era turbo

LOTUS 78

La revolución del efecto suelo

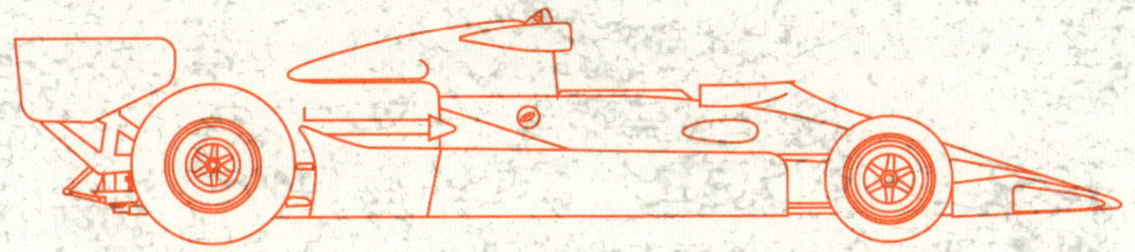

1978

McLAREN MP4/1

Primer monoplaza con un monocasco totalmente fabricado con fibra de carbono

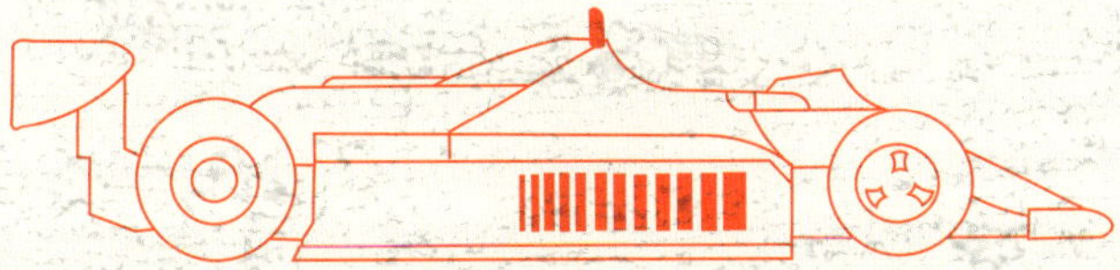

1981

WILLIAMS FW14B

Electrónica avanzada, ayudas a la conducción y suspensión activa

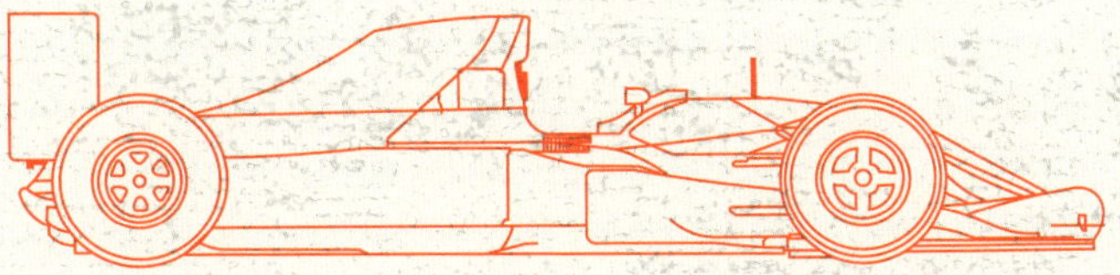

1992

FERRARI F2004

Culminó el récord de campeonatos del mundo ganados consecutivamente por un constructor

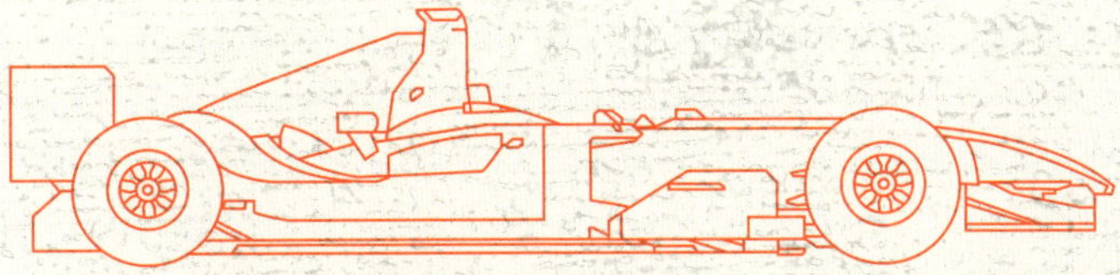

2004

McLAREN MP4/23

El punto álgido de la batalla aerodinámica

2008

BRAWN BGP001

Un matagigantes que dio pie a nuevas reglas y que simplificó la aerodinámica

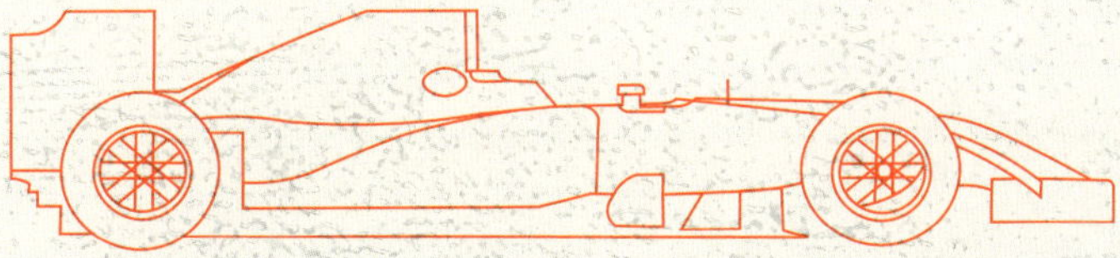

2009

MERCEDES W10

El mejor de la primera generación de los turbohíbridos

2019

RED BULL RB19

El coche más exitoso de la historia de la F1. Ganó 21 de los 22 grandes premios de la temporada

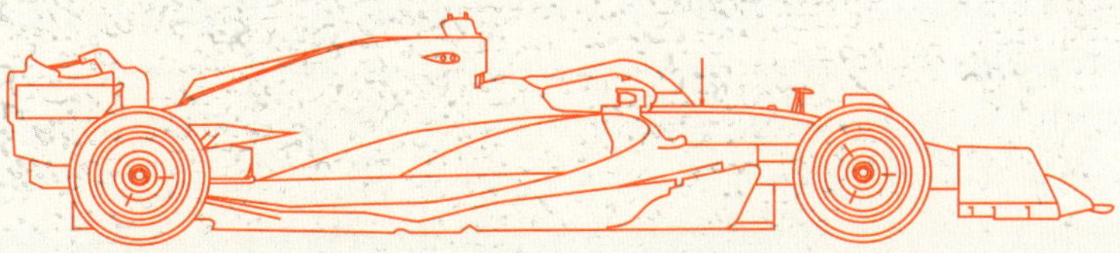

2023

EVOLUCIÓN DEL EQUIPAMIENTO DEL PILOTO

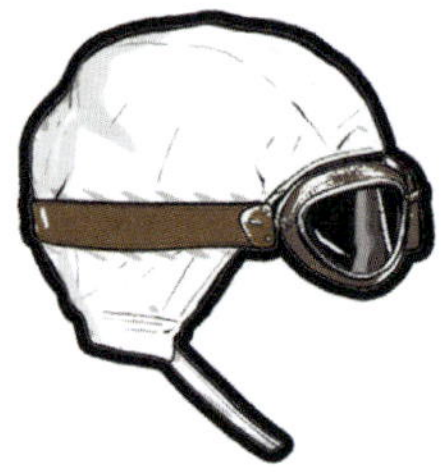

1950
Gorro de tela

1952
El uso del casco se hace obligatorio. El más famoso es el Everoak Corker, que se basa en los cascos del polo

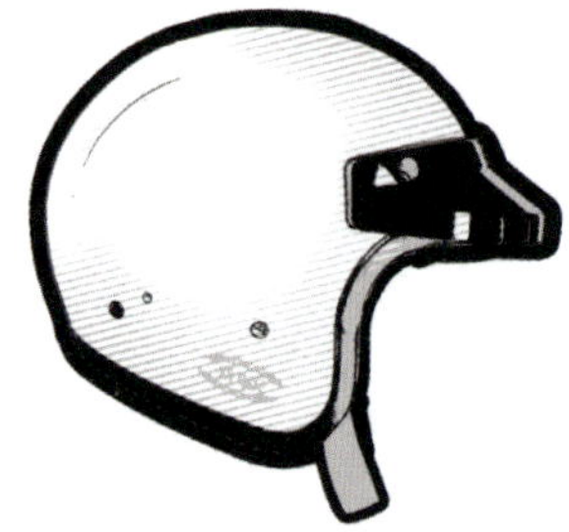

1954
El Bell 500TX se convierte en el primer casco en pasar las pruebas de choque de Snell. Se diseñó a partir de los cascos usados por los pilotos de combate. Estaba cubierto de fibra de vidrio y llevaba un relleno de poliestireno

1966
El Bell Star, un casco integral con forro de nomex

AÑOS 70
La FIA regula la fabricación de los cascos. El tubo de suministro de oxígeno se convierte en obligatorio. El protector del cuello de nomex era opcional

AÑOS 80-90
Se regula más su peso, se hacen obligatorias las hebillas que lo sujetan a la barbilla

AÑOS 2000
Se introduce el HANS y la fibra de carbono permite reducir el peso a 1 kg (0,5 lb)

AÑOS 2010
Tira de zylon en la visera y apéndices aerodinámicos

AÑOS 2020
Apertura más estrecha de la visera, fabricado con fibra de carbono y kevlar

AÑOS 50

No había normativa. Se aceptaba ropa de calle, aunque algunos pilotos preferían usar monos de algodón.

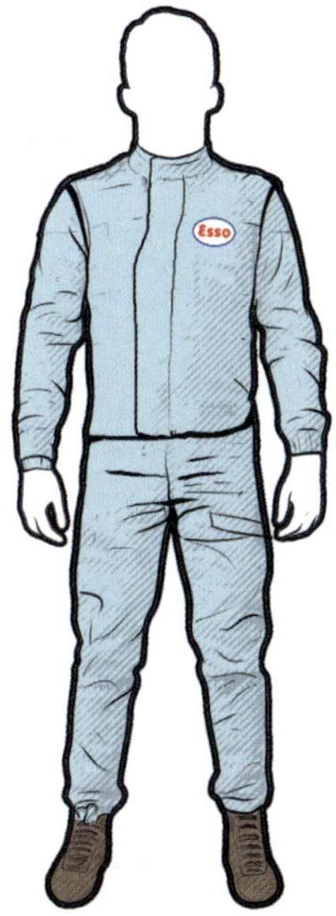

1963

La FIA establece la obligación de usar monos ignífugos.

AÑOS 70

El uso del nomex y del kevlar mejora la protección ante el fuego. Algunos pilotos utilizaban monos de cinco capas hechos de acuerdo con los estándares de la NASA para los de los astronautas.

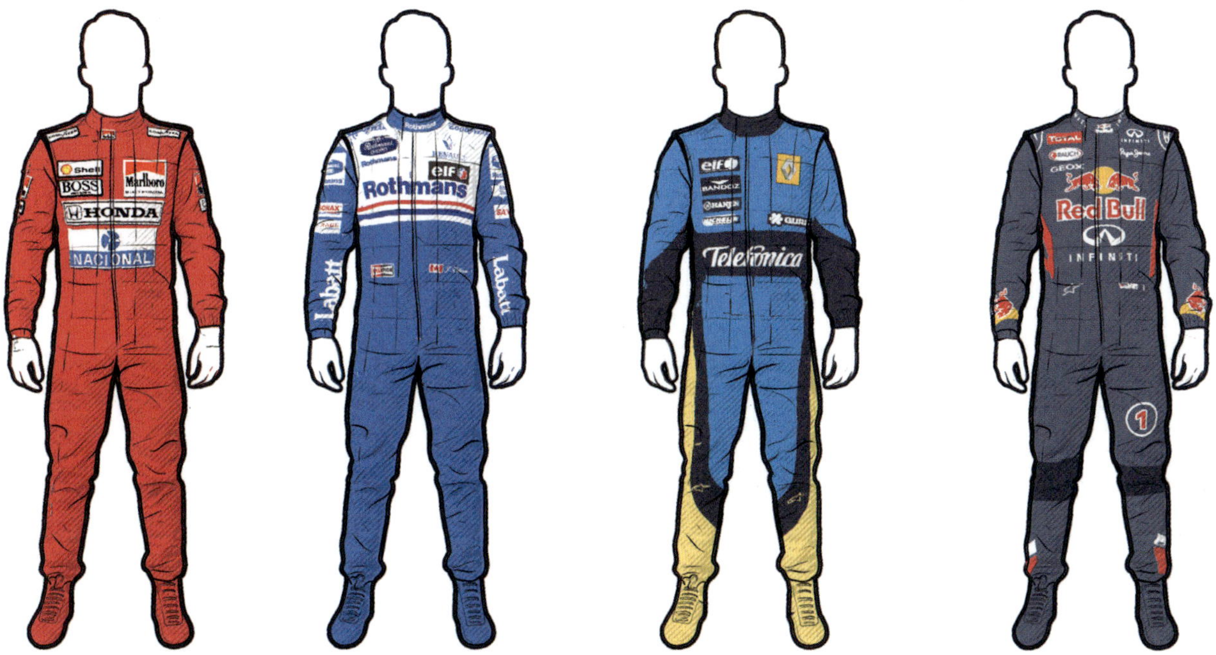

AÑOS 80 - AÑOS 2010

La mejora del nomex permitió crear monos más ligeros y delgados al mismo tiempo que se aumentaba la resistencia al fuego. Las piezas bordadas con los nombres de patrocinadores se reemplazaron por etiquetas pintadas o impresas para que el mono pesara menos y reducir los riesgos en caso de fuego.

AÑOS 50

Gran diámetro, de aluminio y madera, basado de los volantes de automóviles convencionales

AÑOS 60

Volantes más pequeños de cuero para encajarlos en el *cockpit*

AÑOS 70

Acolchado central y con interruptor para apagar el motor

AÑOS 80

Botón para la radio, recubierto de ante y mecanismo de desenganche rápido

AÑOS 90

Levas para cambiar de marcha y embrague manual

FINAL DE LOS AÑOS 90

Fabricados con fibra de carbono. Primeros diales funcionales

AÑOS 2000

Empuñaduras de goma a medida y diseño tipo mariposa. Aumentan las configuraciones (más de 50) disponibles en los diales y botones. Pantalla digital pequeña

AÑOS 2010

Pantallas grandes con abundancia de menús. Diales, interruptores y botones

AÑOS 2020

Cientos de opciones disponibles mediante un gran número de interruptores, conmutadores y menús en pantalla

EVOLUCIÓN DE LOS CIRCUITOS

AÑOS 50

No había ninguna reglamentación en relación con la seguridad del circuito, pero en algunas pistas utilizaban balas de paja como barrera

AÑOS 60

Se prohíben las balas de paja. Los muros de boxes y los arcenes pasan a ser obligatorios. Se empiezan a instalar guardarraíles, vallas antiproyección de restos y de seguridad y escapatorias de arena o grava. Los puestos de comisarios y los viales de acceso también se convierten en obligatorios

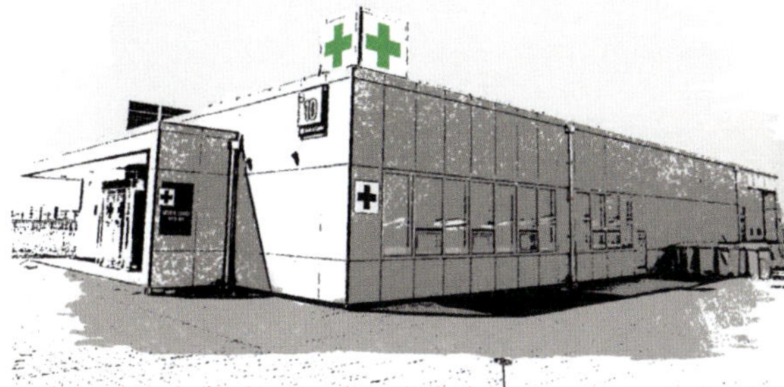

AÑOS 70

La FIA pone en marcha la inspección de la seguridad de los circuitos

1980

Los circuitos permanentes deben disponer de un centro médico

AÑOS 80

Se introducen las barreras de neumáticos con una altura mínima. Los muros de hormigón reemplazan a los guardarraíles y se prohíben las vallas de alambre

AÑOS 90

Se adoptan nuevas normas para las barreras de neumáticos. Se incluyen protecciones contra la proyección de restos en los muros de boxes, se limita la velocidad en el *pit lane* y se estandariza el tipo y la altura de los «pianos»

AÑOS 2000

Se asfaltan las escapatorias y se utilizan barreras Tecpro junto a las de neumáticos

AÑOS 2010

Se mejoran las vallas antiproyección de restos y se implanta una tecnología de prevención de avalanchas

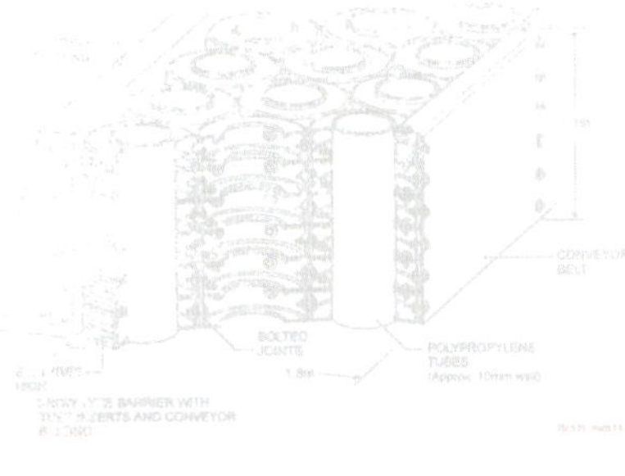

LA DÉCADA DE

19

50

PODRÍA HABERSE llamado Fórmula A, y también se sugirió Fórmula I. En 1946 se estableció el primer reglamento de lo que pasó a llamarse Fórmula 1. Para aumentar el número de participantes y que las carreras tuvieran un buen nivel de competitividad, se optó por la participación conjunta de coches equipados con motores atmosféricos de 4,5 litros contra otros propulsados por motores sobrealimentados de 1,5 litros. Eran coches grandes, pesados y con el motor delantero, que requerían un gran esfuerzo físico y eran difíciles y peligrosos de conducir. Nello Pagani ganó la primera carrera de F1 en 1947 en Pau, Francia, a los mandos de un Maserati 4CL, pero hasta algunos años después no se organizó un campeonato del mundo. El primer Campeonato del Mundo de Fórmula 1 comenzó el 13 de mayo de 1950 en las inmediaciones de un antiguo aeródromo de la Segunda Guerra Mundial en Silverstone, Inglaterra.

El campeonato constaba de siete carreras, seis que se corrían con la reglamentación de la Fórmula 1 más las 500 Millas de Indianápolis, la carrera más famosa e importante de Estados Unidos. La Indy 500 formó parte del calendario de la Fórmula 1 durante los primeros diez años de existencia de este, aunque los pilotos y equipos de Fórmula 1 no tomaban parte en ella. Su inclusión en el calendario se justificaba porque así se corría una carrera en Estados Unidos y daba la impresión de que era un campeonato del mundo de verdad. El resto de carreras eran todas europeas, y se disputaban en algunos de los circuitos más clásicos, como Silverstone, Mónaco, Spa o Monza, que siguen formando parte del calendario. La fascinación por la Fórmula 1 hizo que los aficionados fueran creciendo, al igual que su encanto internacional y el calendario. Argentina se incorporó en 1953 y Marruecos en 1958. Estados Unidos acabó teniendo su propio Gran Premio, además de la Indy 500, en 1959, en una temporada en que se disputaron nueve carreras.

Por aquel entonces, los grandes premios eran largos y duros. Las primeras carreras eran de hasta 500 km (310 millas) por carreteras convencionales en las que apenas había medidas de seguridad. Mucho antes de que se empezaran a utilizar barreras de seguridad, las balas de paja y los montículos de tierra que marcaban el límite de la pista eran los únicos elementos existentes para detener a los coches que se salían de pista. Los repostajes se hacían utilizando unas grandes jarras de metal y embudos abollados, y se utilizaban neumáticos rayados que no eran más anchos que los de una motocicleta. Las ruedas se cambiaban golpeando con un martillo la tuerca central que las sujetaba. Los pilotos llevaban camisetas y zapatos de piel. El uso del casco no fue obligatorio hasta 1952 y los cinturones de seguridad no existían. El peligro acechaba por todas partes.

Solo los cinco primeros clasificados conseguían puntos, y si dos pilotos se turnaban para conducir el mismo coche durante una carrera, algo que estaba permitido en esa época, se dividían los puntos a partes iguales entre ellos.

De cara al campeonato, contaban los cuatro mejores resultados obtenidos durante la temporada. Posteriormente, fueron los cinco mejores y luego seis a medida que el calendario crecía. Hasta 1991 no se empezaron a contar los puntos de toda una temporada.

Al principio, el campeonato del mundo era un título reservado solo a los pilotos. El campeonato de constructores se instauró en 1958. Los pilotos también podían competir en otras categorías y muchas veces las estrellas de la Fórmula 1 competían en carreras de Fórmula 2, Fórmula 3, de prototipos y de la IndyCar. Muchos fueron los que perdieron la vida persiguiendo su sueño de pilotar, haciéndolo como podían, donde podían y cuando podían.

Al igual que pasa hoy en día, para ganar un piloto necesitaba un equipo excelente y el coche más rápido. En 1950, ese equipo fue Alfa Romeo, que se convirtió en intocable, ganando todas las carreras de la primera temporada, excepto en Indianápolis. En 1951, el rival directo de Alfa Romeo, Ferrari, dio un paso adelante y logró tres victorias, pero Alfa Romeo seguía siendo el mejor equipo y sus pilotos acabaron llevándose el título.

Alfa Romeo abandonó la Fórmula 1 en 1952 junto con BRM (British Racing Motors). Como la lista de inscritos no era muy larga, se decidió que los coches de Fórmula 2 pudieran competir durante las dos temporadas siguientes para que aumentara el número de participantes. Ferrari fue el mejor, y su primer piloto ganó dos campeonatos consecutivos. La entrada de los motores atmosféricos de 2,5 litros de acuerdo con la normativa de 1954 atrajo a los equipos grandes, entre ellos a Mercedes, que se impuso en los dos siguientes campeonatos de pilotos.

El año 1955 fue un año negro para las competiciones automovilísticas. Un horrible accidente en las 24 Horas de Le Mans dejó más de ochenta espectadores muertos y cientos de heridos. A consecuencia de ello, los deportes de motor fueron prohibidos en muchos países. De hecho, en Suiza siguen prohibidos con algunas pocas excepciones. Mercedes, uno de cuyos coches fue el causante del terrible accidente se retiró de la Fórmula 1 y de la competición a finales de aquel año. Y no regresó como equipo a la Fórmula 1 hasta el 2010.

A finales de la década, los pequeños equipos británicos empezaron a plantar cara a los grandes equipos continentales que habían dominado los primeros años del campeonato. Su ingenio cambió el aspecto y la orientación técnica para siempre. En 1958 se creó el Campeonato de Constructores que fue ganado por Vanwall, uno de los nuevos equipos procedentes de las islas. La revolución técnica avanzaba a pasos agigantados y Cooper, que tuvo la idea de desarrollar un coche de F3 para que cumpliese las normas de la F1, se convirtió en el primer constructor que ganó grandes premios con el motor colocado detrás del piloto en lugar de delante. Al finalizar la década (1959) Cooper y su piloto Jack Brabham habían conseguido los dos títulos en disputa. Los días de los pesados motores delanteros se habían terminado. La Fórmula 1 dejó atrás sus raíces anteriores a la guerra y la austeridad de la posguerra y encaró una nueva década que se caracterizaría por la innovación y el glamur, que en un panorama de rápida evolución de los medios de comunicación atrajo el interés de todo el mundo.

1950

GIUSEPPE FARINA

«« UN CAMPEONATO »»

El primer campeón de la Fórmula 1 era fiel reflejo de las raíces de clase alta de este deporte. Giuseppe Farina nació en una familia rica y se comportaba con el aire de un hombre que creía estar en la cima. Muchos lo considerarían arrogancia, otros, confianza en sí mismo, pero en combinación con su tremenda valentía era lo que definía un estilo de pilotaje y un enfoque de las carreras que le permitieron hacer historia.

Nino, como le llamaban sus amigos, nació en Turín, capital de la industria del automóvil en Italia. Su padre era dueño de un taller de carrocerías y su tío Pinin fue el fundador de la famosa empresa de diseño Pininfarina, que creó algunos de los coches más elegantes del mundo. Pinin montó de pasajero a su sobrino adolescente en un coche de carreras y le picó el gusanillo. Con diecinueve años debutó en una carrera, en la que acabó teniendo un accidente.

Nino compaginaba su faceta deportiva con la académica y era un jugador decente de fútbol, un esquiador intrépido y un corredor rápido. Terminó un doctorado en derecho, se unió a la caballería italiana y formó parte de un regimiento de tanques, pero su pasión era el automovilismo. En los años treinta corrió para Enzo Ferrari, que vio un diamante en bruto en su rápido compatriota pese a que era propenso a los accidentes. Ferrari lo hizo correr junto a la leyenda de preguerra, Tazio Nuvolari, para que de este modo aprendiera de su maestro. Pese a que maduró y se convirtió en un piloto de éxito, seguía teniendo muchos accidentes, como al principio de su carrera.

Farina tenía un estilo de conducción que castigaba mucho sus coches. Conducía rápido y al máximo, llevándolos muchas veces a su límite mecánico. Si no se accidentaba, sus coches no aguantan el castigo a que los sometía y se rompían. Sin embargo, esa brutalidad mecánica se escondía detrás de una calma externa una vez al volante. Cuando se sentaba en el coche, con los brazos casi extendidos por completo, parecía mucho más tranquilo que muchos de sus rivales, que se peleaban con el volante de sus coches por todos los circuitos.

En 1950, en la primera temporada de Fórmula 1, pilotó para Alfa Romeo el casi imbatible Tipo 158. El coche era un remanente de la época de la preguerra, y dado el conocimiento que Alfa Romeo tenía de su coche y la inherente superioridad del mismo sobre sus rivales, no era descabellado pensar que uno de sus pilotos conseguiría el título. Farina ganó el primer Gran Premio de Fórmula 1 de la historia. Posteriormente se impondría también en Suiza e Italia donde se proclamó primer campeón del mundo de Fórmula 1.

Farina siguió compitiendo, a pesar del deseo de su mujer de que se retirara, hasta 1955, cuando ni siquiera la morfina podía atenuar los dolores que le causaban las lesiones sufridas en todos los accidentes que había tenido. Profundamente religioso, creía que la Virgen María le protegía en las carreras, pero fue en una carretera donde lo abandonó.

En 1966, once años después de haberse retirado de la Fórmula 1, el primer campeón del mundo murió en un accidente de tráfico en los Alpes cuando viajaba para hacer lo que más le gustaba: asistir a un Gran Premio.

1951
1954
1955
1956
1957
32

JUAN MANUEL FANGIO

« CINCO CAMPEONATOS »

Si uno se pregunta si Juan Manuel Fangio era tan buen piloto, debería tener en cuenta que al segundo campeón de la Fórmula 1 todavía se le considera uno de los mejores pilotos de toda la historia. Nacido en la pequeña ciudad de Balcarce, Argentina, en 1911, dejó el colegio con trece años para dedicarse a ser mecánico de coches. Robusto y deportista, era un buen jugador de fútbol y tuvo ofertas para dedicarse profesionalmente, pero su verdadera pasión eran los coches.

Cumplidos los veinte años, abrió su propio taller, donde reparaba los coches con los que competía en eventos locales. Eran carreras muy peligrosas de varios días de duración que recorrían caminos de tierra por las zonas rurales argentinas. Su valentía y su increíble habilidad le permitieron ganar carreras y campeonatos. Sin embargo, en 1948 sufrió un grave accidente en el que falleció su copiloto y Fangio juró que no volvería a competir nunca más.

El gobierno argentino, consciente de lo hábil que era Fangio al volante, se dio cuenta de que su talento podría ser una buena propaganda para el país a nivel internacional, y le convenció para que volviera a competir, pagándole también el viaje a Europa para luchar con los mejores del mundo. Fangio tenía ya casi cuarenta años cuando comenzó el Campeonato del Mundo de Fórmula 1, pero su gran habilidad combinada con una gran resistencia, un buen físico y su astucia le convirtieron en una leyenda. Fangio marcó el camino a seguir por los más jóvenes.

En 1951 obtuvo su primer campeonato del mundo al volante de un Alfa Romeo, pero en 1952 sufrió un grave accidente en el que se rompió el cuello. Tras un año recuperándose, regresó en 1953 y terminó la temporada en segunda posición. El campeonato de 1954 lo inició como piloto de Maserati, pero tras la entrada de Mercedes en la competición a mitad de temporada decidió cambiar de equipo e incorporarse a la escuadra alemana. La combinación Mercedes-Fangio fue tan buena que ganaron dos títulos consecutivos, en 1954 y 1955.

En 1956, tras la retirada de Mercedes de la competición internacional, Fangio fichó por Ferrari y se volvió a coronar campeón del mundo. En 1957 regresó a Maserati, y a pesar de pilotar el mismo coche que en 1954, volvió a proclamarse campeón por quinta vez.

Fangio se retiró en 1958 con un palmarés difícil de superar. Ganó el 47 por ciento de las carreras que disputó, salió en primera posición en el 55 por ciento de las ocasiones y acabó en el podio en el 67 por ciento. También compitió en prototipos, consiguió dos victorias en las 12 Horas de Sebring y acabó en el podio tres veces en las Mille Miglia (Mil Millas) italiana.

Pero Juan Manuel Fangio no era tan solo un titán en la pista. Según contaban personas cercanas a él, era todo un caballero. Sabía perfectamente lo que era luchar por algo y se mantenía humilde y gentil. Sus incalculables habilidades al volante y su deslumbrante personalidad le convirtieron en el mejor piloto de su generación y sigue siendo una inspiración para todo aquel que se ha subido a un coche de carreras. Murió en 1995 con ochenta y cuatro años siendo una leyenda.

1
1
1952 WORLD CHAMPION 1953
26
26

ALBERTO ASCARI

« DOS CAMPEONATOS »

Alberto Ascari no fue el primer piloto en ganar un Gran Premio de Fórmula 1 con un Ferrari, pero sí fue el primer campeón del mundo del equipo. Querido, respetado y venerado por todos, fue uno de los pilotos más seguros y que ejerció un mayor dominio durante los primeros años de la F1, lo cual hizo que su muerte mientras probaba un coche fuera aún más desgarradora e incomprensible.

Alberto nació en Milán, Italia, en 1918, y formaba parte de una familia con una gran implicación en las carreras. Su padre Antonio fue uno de los nombres más destacados en los grandes premios de preguerra, de modo que prácticamente desde la cuna se crio rodeado de velocidad y competición. Pero conoció pronto la crueldad de este deporte con la muerte de su padre en el Gran Premio de Francia de 1925. A pesar de la pérdida y del dolor, nunca tiró la toalla y siguió luchando por seguir con el legado de su progenitor.

Empezó a correr en motos, pero cuando el amigo de su padre, Enzo Ferrari, le invitó a competir en la edición de 1940 de las Mille Miglia, decidió centrarse en las cuatro ruedas. Al término de la Segunda Guerra Mundial, Ferrari y su piloto Luigi Villoresi, que se había convertido en un padre para Alberto tras la muerte de Antonio, lo convencieron para que siguiera compitiendo. Villoresi y Ascari pasaron a ser compañeros de equipo en Ferrari y en 1952 Alberto fue imbatible y ganó seis de las siete pruebas del campeonato, anotándose su primer título. En 1953 ganó otras cinco más para asegurarse el segundo. En el transcurso de los dos años en los que se proclamó campeón ganó nueve carreras consecutivas, un récord que solo Max Verstappen pudo batir en 2023.

La legión de aficionados de Ferrari le apodaba Ciccio, que significa rechoncho, debido a su aspecto. Con su camiseta azul claro ceñida, un casco azul y su cara de tranquilidad mientras pilotaba con destreza las máquinas de color rojo intenso de Enzo Ferrari, se convirtió en la imagen de la tradición automovilística italiana. Era muy supersticioso y no dejaba que nadie se acercara a su famoso kit de la suerte para las carreras.

En la temporada 1954 se fue al equipo Lancia, y en el Gran Premio de Mónaco de 1955 su suerte pareció desvanecerse: cuando iba liderando la carrera, perdió el control en la famosa chicane del puerto, su coche saltó por encima de las barreras y acabó en el Mediterráneo. Todo el mundo temió que se hubiera hundido con su coche, pero salió a la superficie con solo algunas contusiones y una nariz rota.

Unos días más tarde fue a Monza, donde Ferrari estaba llevando a cabo unos tests para una carrera en la que él iba a participar. No estaba previsto que Alberto tomara parte en aquellas pruebas, pero insistió en dar algunas vueltas para olvidar los efectos del accidente de Mónaco a pesar de no llevar su kit de la suerte ni su casco. Nunca volvió al garaje. Tuvo un accidente y falleció en la curva que ahora lleva su nombre. Nunca se supieron las causas del accidente.

Alberto Ascari murió con treinta y seis años, dejando este mundo igual que su padre y con la misma edad. Su funeral congregó a un millón de personas en las calles de Milán, ciudad en la que fue enterrado junto a su padre.

1958
AND PRIX
TERNATIONA
UTOMOBIL
18
ASTRO
OL

45 CARRERAS /// 3 VICTORIAS /// 18 PODIOS /// 4 POLES /// 6 VUELTAS RÁPIDAS

MIKE HAWTHORN

« UN CAMPEONATO »

Mike Hawthorn tenía un carácter fuerte y grandilocuente, era un playboy que vivía la vida al máximo en todos los sentidos. Fue el primer campeón del mundo de Fórmula 1 británico, generó mucha controversia y muchas columnas de opinión y exigía atención en todas las curvas y en todos los giros de su vida personal.

Nació en 1929 en Farnham, una pequeña localidad del sur de Inglaterra, no muy lejos del circuito de Brooklands. Su padre tenía un taller y Mike vivió entre coches y motos desde muy pequeño. Estudió en la escuela técnica para aprender y trabajar con su padre, pero pronto (cuando no estaba aterrorizando a la gente circulando a gran velocidad por los caminos de la zona o cortejando a las chicas en los pubs) se empezó a hacer un hueco en las carreras de la posguerra de Inglaterra.

Hawthorn debutó en pruebas locales de velocidad en 1950, y dos años después se produjo su eclosión en Goodwood. Tras conseguir la *pole position*, ganó la carrera de Fórmula 2, se impuso asimismo en la prueba de Fórmula Libre y quedó segundo en una carrera de Fórmula 1 fuera del campeonato, todo en un fin de semana. Mike compitió el resto de la temporada de F1 con un Cooper privado y terminó en quinta posición. Eso era todo lo que le bastaba a Enzo Ferrari, y en 1953 Mike se incorporó al equipo rojo. Aquel año, ganó una carrera, tras cruzar la línea de meta unos centímetros por delante de Juan Manuel Fangio.

Hawthorn era alto, ancho, rubio e imposible de olvidar. Era el alma de todas las fiestas, con una clase y un estilo únicos, que no le abandonaban en las carreras, en las que se hizo famosa su pajarita sobre el mono. Pero tanta notoriedad dio pie a varios escándalos. Sus relaciones con mujeres de la actualidad del momento ocupaban los titulares. Incluso fue acusado en el Parlamento de haberse librado del servicio militar sin motivo, pero la realidad era que no pudo entrar en las fuerzas armadas por una enfermedad renal incurable y debilitante. Mike era valiente. Sobrevivió a horribles quemaduras en una carrera fuera de campeonato disputada en Sicilia en 1954 y continuó compitiendo a pesar del dolor.

En la pista, la polémica también iba ligada a su nombre. En 1955 muchos le acusaron de causar un accidente entre Lance Macklin y Pierre Levegh en las 24 Horas de Le Mans, las consecuencias del cual fueron ochenta y cuatro fallecidos, la prohibición del automovilismo en bastantes países y el abandono de la competición por parte de Mercedes.

En la Fórmula 1 cambió de equipo varias veces y mantuvo una gran rivalidad con su compatriota Stirling Moss. En 1957 volvió a Ferrari, donde mantuvo una de las relaciones más significativas de su vida con su compañero Peter Collins. Se volvieron inseparables, como dos hermanos.

Hawthorn ganó el campeonato del mundo en 1958 por solo un punto de diferencia con Moss, pero su pasión por el automovilismo se desvaneció tras la muerte de Collins aquel mismo año en Nürburgring. Se retiró en cuanto acabó la temporada y falleció en un accidente de tráfico solo unos meses después. En el momento de su muerte, su enfermedad renal estaba tan avanzada que según los informes le quedaban solo dieciocho meses de vida.

1959
1960
1966

JACK BRABHAM

« TRES CAMPEONATOS »

Jack Brabham mantiene un récord que es poco probable que vuelva a repetirse en la historia de la Fórmula 1: es el único piloto que ha ganado un campeonato corriendo para su propio equipo. Tenía un gran talento para poner a punto los coches y para conducirlos, aparte de ser un astuto hombre de negocios con una gran visión de futuro. En todos los años de historia de la Fórmula 1, han sido muy pocos los que han tenido tanto impacto y tanta influencia en la estructura del campeonato como él.

Nació en 1926 en Hurstville, cerca de Sídney, Australia. Jack aprendió a conducir vehículos de reparto de la tienda de su padre años antes de que pudiera sacarse el carné, aunque su trabajo principal era hacerlos funcionar. Con quince años dejó el colegio para trabajar en un taller y a los dieciocho se unió a las fuerzas aéreas australianas, donde fue mecánico durante la Segunda Guerra Mundial. En los tiempos de paz de los cincuenta, un amigo convenció a Jack para empezar a competir en *midgets*, pequeños coches con el motor delante que corren en óvalos de tierra. Jack preparó sus propios coches y ganó varios campeonatos y carreras de montaña antes de decantarse por las pruebas en circuito, momento en el que se trasladó a Inglaterra.

Allí conoció a los propietarios de Cooper y los convenció para dar el salto y participar en Fórmula 1 con sus revolucionarios coches con motor posterior. Fue un movimiento acertado, y aunque fue Stirling Moss en 1958 quien logró la primera victoria de un F1 con motor trasero al volante de un Cooper privado, en 1959 Jack se convirtió en el último campeón de los años cincuenta tras una gran temporada del equipo oficial Cooper.

Jack volvió a conseguir el título en 1960 tras haber dominado durante toda la temporada, en la que no todos los rivales habían entendido aún el avance técnico que suponía montar el motor en la parte trasera del coche. En 1961, sin embargo, Cooper se vio superado por equipos que disponían de más medios, y en 1962 Jack siguió su andadura con su propio equipo. Fichó a Dan Gurney, un brillante piloto estadounidense, para competir juntos y en la temporada de 1963 el equipo acabó tercero. En 1966, se cambió la normativa de motores y Jack optó por trabajar con la empresa australiana Repco y adaptar un viejo motor a la nueva normativa. Y así, mientras que los motores de otros equipos fallaron, la fiabilidad de los de Jack le permitieron conseguir su tercer campeonato, el primero con su propio equipo.

A medida que pasaban los años, Jack intentó retirarse varias veces, pero en cada ocasión su piloto principal era fichado por otro equipo, de modo que optó por seguir compitiendo hasta encontrar a alguien mejor. Tras la muerte de muchos de sus amigos en los años sesenta a causa de los peligros inherentes de este deporte, empezó a perder interés por seguir compitiendo. Finalmente, se retiró al acabar la temporada de 1970, no sin antes haber logrado una última victoria en el Gran Premio de Sudáfrica, con cuarenta y cuatro años. Una vez retirado, aquel australiano tranquilo que nunca perdió la habilidad aprendida en los circuitos de tierra, decidió vender su equipo. El relevo lo tomaron sus hijos que se embarcaron en sus propias carreras profesionales, y en 1985 la reina Isabel II lo nombró caballero por sus servicios al automovilismo británico. Vivió el resto de su vida en paz, en su casa de Australia, hasta su muerte en 2014 con ochenta y ocho años.

MOSS IN RACE
—TRAPPED
AUSTIN
20
20

STIRLING MOSS

Stirling Moss es considerado el piloto con más calidad que nunca logró ganar un campeonato de Fórmula 1. Era rápido en cualquier coche al que se subía y destacaba en todas las condiciones, todo el mundo lo quería y sus rivales lo veneraban.

Stirling nació en una familia vinculada al mundo de las carreras en 1929. A pesar de sus orígenes privilegiados tuvo una infancia dura, a causa del acoso al que fue sometido en el colegio por su ascendencia judía, hecho que, según admitió más tarde, le dio fuerzas para luchar. A los quince años consiguió el carné de conducir y cuatro después empezó su carrera deportiva, que lo convirtió en un ídolo a nivel mundial. Competía con lo que fuera y donde fuera: en Fórmula 1, con prototipos, con turismos, para conseguir el récord de velocidad o en rallies. Lo llamaban, él aceptaba y había muchas probabilidades de que ganara. En un momento de su vida profesional compitió en sesenta y dos carreras en un solo año.

Su objetivo siempre fue la Fórmula 1 y los grandes nombres de este deporte se dieron cuenta muy pronto de su talento. Moss empezó su andadura en la F1 con un Maserati privado, y aunque su coche no era muy fiable, en algunos momentos logró competir contra los mejores. En el Gran Premio de Italia de 1954 tenía la victoria al alcance de la mano pero su motor se rompió, así que salió del coche y lo empujó hasta la línea de meta. El jefe de equipo de Mercedes, Alfred Neubauer, quedó impresionado y le fichó para la siguiente temporada.

Moss corrió en 1955 con Mercedes junto a Juan Manuel Fangio, y ambos formaron un dúo imparable tanto en Fórmula 1 como en prototipos. Ganó las Mille Miglia en poco más de diez horas a un promedio de unos 160 km/h (100 mph), con una exhibición de pilotaje que muchos consideran la mejor de la historia de la prueba.

Tras la retirada de Mercedes de la competición y tras algunas desavenencias con Ferrari, decidió que solo correría con equipos británicos, así que fichó por Vanwall y más tarde por el equipo privado de Rob Walker. Terminó segundo en el campeonato cuatro veces y tercero otras tres. En 1958, se quedó a las puertas de ganar el campeonato por un solo punto de diferencia tras haberse negado a que los comisarios de carrera penalizaran a su compatriota Mike Hawthorn en el Gran Premio de Portugal. Su honor e integridad eran más importantes para él que la victoria.

No tuvo muchos accidentes, pero en 1962 sufrió uno muy grave en Goodwood, a consecuencia del cual estuvo en coma durante un mes. Cuando se despertó comprobó que había perdido su habilidad innata para pilotar. Su carrera estaba acabada, pero entonces se dedicó a transmitir las carreras y de este modo pudo mantenerse siempre cerca de las pistas. A veces competía en alguna carrera para divertirse un poco y era un habitual de las pruebas de coches históricos. Moss anunció que se retiraba de manera oficial en 2011, con ochenta y un años.

En total, en sus quince años como profesional, participó en 529 carreras oficiales y ganó 212 de ellas, cifras en las que no se incluye las pruebas de velocidad, los rallies, los intentos de récord y las carreras de montaña. Para muchos, Moss era automovilismo, la definición de la valentía y la caballerosidad de este deporte. Murió en 2020 con noventa años.

OTROS PILOTOS DESTACADOS:
LA DÉCADA DE 1950

JOSÉ FROILÁN GONZÁLEZ

Al igual que Juan Manuel Fangio, José Froilán González llegó a Europa con el apoyo del gobierno argentino, y aunque entre ellos mantenían una rivalidad en pista, se alegraban de sus éxitos. Pepe, como le llamaban, también tenía otro apodo, El toro de la pampa, por el trapo rojo que llevaba en los grandes premios. Siempre iba al máximo, tanto sobre asfalto como en el barro o en la hierba, y parecía que nunca levantaba el pie. Sabía cómo dominar sus coches. Su actuación estelar tuvo lugar en 1951, en el Gran Premio de Gran Bretaña, donde rompió todos los pronósticos, batió a los Alfa Romeo y consiguió la primera victoria en la Fórmula 1 de Ferrari.

PETER COLLINS

Peter Collins, atractivo y despreocupado, era relampagueante al volante. Aunque no era muy técnico, sacaba todo el rendimiento posible de cada coche. Su actitud y velocidad llamaron la atención de Enzo Ferrari, que le fichó en 1956. Tras la muerte de su hijo, Enzo le trató como a un miembro más de la familia. Collins le devolvía a Enzo todo su cariño con resultados. Formó un gran equipo con Mike Hawthorn. De hecho, se convirtieron en dos grandes amigos que vivían la vida al máximo, tanto en la pista como fuera de ella. Desafortunadamente murió en el Gran Premio de Alemania de 1958 cuando iba al límite, la única manera en la que sabía competir.

TONY BROOKS

En una época de coches grandes y pesados y de pilotos grandes y corpulentos, Tony Brooks era una excepción. Delgado y de poco peso, transmitía una imagen de calma y serenidad tras el volante y se podría decir que conducía el coche con la punta de los dedos. A pesar de su estilo alternativo, era muy rápido. Ganó varios grandes premios, y logró un subcampeonato del mundo y acabar tercero otro año. Su talento al volante y su caballerosidad le hicieron merecedor de la admiración de todo el *paddock*. Varios accidentes en prototipos le llevaron a decidir que no volvería a subirse a un coche de carreras si no era en perfectas condiciones. Se retiró en 1961.

MARIA TERESA DE FILIPPIS

Maria Teresa de Filippis fue una pionera al convertirse en la primera mujer en competir en la Fórmula 1. Se dio a conocer participando en pruebas de coches sport, quedando segunda en el campeonato de Italia de 1954 y acabando segunda en una carrera celebrada con ocasión del Gran Premio de Nápoles de 1956. Tomó la salida en tres grandes premios y acabó en décima posición en el de Bélgica de 1958. Asimismo participó en dos pruebas no puntuables, logrando acabar quinta el Gran Premio de Siracusa. Con su coraje se ganó la admiración de sus rivales varones, de entre los cuales Juan Manuel Fangio y Stirling Moss destacaban su gran velocidad.

LOS TITANES DE LOS AÑOS 50

ALFA ROMEO

Si el campeonato de constructores hubiera existido cuando comenzó la Fórmula 1, Alfa Romeo habría sido el gran dominador: entre 1950 y 1951 sus coches ganaron todos los grandes premios, excepto tres. Lo más asombroso es que el coche con el que compitieron, el Alfetta 158 y su evolución, el 159, era esencialmente el mismo con el que habían participado a finales de los años treinta. Cuando se inició la Fórmula 1, el 158 ya contaba con dieciocho victorias en su haber, lo cual lo convertía en una opción fiable para los primeros años del campeonato. Además, hacerlo correr era relativamente económico.
Sin embargo, cuando los costes empezaron a aumentar Alfa Romeo pidió infructuosamente apoyo al gobierno italiano para poder seguir compitiendo, ante lo cual la marca se vio forzada a abandonar la Fórmula 1 al finalizar la temporada de 1951.

FERRARI

La Scuderia Ferrari es el único equipo que ha participado en todas las temporadas desde el principio de la Fórmula 1, en 1950. En 1929, año en el que Enzo Ferrari fundó el equipo, la idea de crear sus propios coches era un sueño muy lejano. Empezó con Alfa Romeo, y tuvo tanto éxito que su equipo se convirtió en el oficial de Alfa Romeo desde 1933 hasta el estallido de la Segunda Guerra Mundial. Cuando la Fórmula 1 empezó su andadura, recién cumplidos los veinte años de la creación de la Scuderia, Ferrari ya tenía su propia fábrica y producía sus propios coches de calle y de carreras. El Ferrari 375 iba equipado con un potente motor V12 de 4,5 litros que permitió a sus pilotos obtener las primeras victorias de la marca en F1 en 1951. En 1952 se introdujo una nueva reglamentación y Ferrari fue el único equipo que se preparó adecuadamente, lo cual se tradujo en los dos títulos consecutivos de Ascari con el precioso Ferrari 500, y un total de catorce victorias seguidas logradas entre todos sus pilotos. A pesar de que la normativa cambiaba casi cada año, Ferrari persistió y siguió siendo competitivo durante los primeros diez años de la Fórmula 1. Ganaron carreras en todas las temporadas excepto en 1950 y 1957, y sus pilotos lograron cuatro campeonatos y veintisiete victorias, casi un tercio de los grandes premios que se habían disputado hasta entonces.

VANWALL

El paso de Vanwall por la Fórmula 1 fue corto pero destacado. Fundado por el empresario británico Tony Vandervell, fue el primer equipo británico que ganó un Gran Premio de Fórmula 1 y el primero en conseguir el recién creado campeonato de constructores. Los primeros Vanwall empezaron a competir en 1954, pero no consiguieron buenos resultados hasta 1956 y 1957. Vandervell contaba con un joven y prometedor ingeniero para diseñar los coches, Colin Chapman, y con el aerodinamicista Frank Costin, que crearon el VW5. Su primera victoria llegó en el Gran Premio de Gran Bretaña de 1957, y en 1958 dominó a sus rivales con un total de seis victorias de la mano de Stirling Moss y Tony Brooks y el primer título de campeón de constructores. Tras aquel éxito, sin embargo, Vandervell tuvo problemas de salud y el equipo tan solo volvió a aparecer esporádicamente hasta su retirada total de la competición en 1961.

COOPER

Cooper Car Company empezó a fabricar coches a finales de los años cuarenta y fueron los primeros en colocar el motor detrás del piloto, un concepto que mejoró el balance y la agilidad de los coches de carreras y cambió para siempre la Fórmula 1. Esta idea nació de la necesidad, puesto que los populares Cooper de F3 de 500 cm^3 utilizaban motores de moto, lo que implicaba que la cadena estuviera cerca del eje posterior. Sus coches, pequeños y rápidos, fueron un éxito y creció su demanda. A mediados de los cincuenta, Cooper desarrolló un prototipo con el motor detrás del piloto, y comprendieron lo que podía suponer aplicar aquella revolucionaria idea en la Fórmula 1. En 1957, Jack Brabham, puntuó en Mónaco al volante de uno de esos coches con el motor central. En 1958, Stirling Moss ganó el Gran Premio de Argentina con un Cooper de un equipo privado, y en 1959 Brabham y Cooper se proclamaron campeones del mundo de pilotos y constructores, respectivamente, y todo ello gracias a la idea de montar el motor detrás del piloto. Desde entonces ningún coche con motor delantero volvería a ganar un campeonato del mundo de Fórmula 1.

MASERATI

Al pensar en la Fórmula 1 de los años cincuenta, es inevitable que acuda a la memoria Maserati. Su coche de 1954, el 250F, fue uno de los más populares y de los más usados durante el resto de la década, dando la oportunidad de competir a muchos pilotos y convirtiéndose en el favorito de los equipos privados cuando los coches con motor delantero empezaron a quedar obsoletos. Juan Manuel Fangio logró dos victorias con uno al principio de la temporada de 1954, antes de irse a Mercedes. A su vuelta al equipo en 1957, obtuvo otras cuatro victorias y su quinto y último título de campeón del mundo.

MERCEDES

Las Flechas de Plata de Mercedes participaron en solo doce grandes premios entre 1954 y 1955, pero en ese intervalo consiguieron diecisiete podios y nueve victorias, y permitieron a Juan Manuel Fangio sumar dos títulos mundiales. El W196, que apareció a mediados de la temporada 1954, montaba un motor de inyección directa que había desarrollado la fuerza aérea alemana (Luftwaffe) para los aviones de caza Messerschmitt durante la Segunda Guerra Mundial. Tenía dos carrocerías distintas: una tipo monoplaza y otra optimizada para carreras rápidas, como Monza. En ambas configuraciones, era prácticamente imbatible. El W196 influyó mucho en el Mercedes 300 SLR, que corrió en Le Mans y fue partícipe directo de la tragedia de 1955 que provocó el abandono de la competición por parte de la marca. Mercedes no volvió a la Fórmula 1 como equipo hasta 2010.

1957
DER
NÜRBURG=RIN

LA CARRERA DE LA DÉCADA

GRAN PREMIO DE ALEMANIA DE 1957

Seguramente no sea una sorpresa para nadie que, como piloto más destacado de aquellos años, la mejor carrera de Juan Manuel Fangio sea considerada también la mejor de la década. Y esta no es solo una opinión de los aficionados y expertos, sino que él también consideraba que el Gran Premio de Alemania de 1957 había sido la mejor carrera de su vida.

El trazado original de Nürburgring era un circuito aterrador. Con 22 km (13,7 millas) y más de 160 curvas, estaba construido en medio de la naturaleza, escondido entre las montañas del macizo de Eifel, y era conocido por su clima imprevisible y los peligros que acechaban en cada curva. De hecho, se le empezó a llamar el Infierno verde.

Fangio ya había ganado allí en un par de ocasiones. Pero en 1957, al volante del viejo Maserati 250F, creía que no iba a poder luchar contra los Ferrari. Pese a ser el más rápido a una vuelta, tanto él como su equipo eran conscientes de que Ferrari tenía un mejor ritmo de carrera y serían superiores en tandas largas. Fangio decidió que para tener alguna opción de victoria debía salir con la mitad de combustible y con los neumáticos totalmente desgastados, y parar a mitad de carrera (que tenía veintidós vueltas) para repostar y cambiar los neumáticos.

Al empezar la carrera, Fangio, con un coche ligero que solo llevaba la mitad del combustible necesario, logró distanciarse medio minuto de los Ferrari, lo cual le ofrecía la oportunidad de hacer su parada y reincorporarse a la carrera como líder. Sin embargo, problemas en el repostaje hicieron que regresara a la pista cincuenta segundos por detrás de los coches de la Scuderia a falta de diez vueltas para el final. Todo parecía indicar que la carrera estaba decidida a favor de los Ferrari, pero estamos hablando de Fangio. Impulsado por el deseo de victoria, empezó a batir el récord del circuito en cada vuelta, tomando riesgos como nunca antes lo había hecho, pilotando más rápido en las curvas y usando marchas más largas que habitualmente. Pilotando en un estado de perfección que nunca antes había experimentado, vuelta tras vuelta fue reduciendo la diferencia con los líderes.

A dos vueltas del final, alcanzó a los Ferrari de Peter Collins y de Mike Hawthorn. Se acercó, los adelantó y se puso líder otra vez. Ni siquiera la rotura del asiento en la última vuelta le hizo bajar el ritmo, agarrándose al volante para no caerse mientras seguía trazando a toda velocidad las complicadas curvas de uno de los circuitos más peligrosos y difíciles en los que ha corrido la Fórmula 1.

Finalmente, se impuso por tres segundos y al subir al podio estaba visiblemente emocionado. Los dos días siguientes no pudo dormir, abrumado por la magnitud de la gesta que había protagonizado. Su vuelta más rápida fue más de ocho segundos mejor que la que le había valido la *pole position*. Fue su mejor carrera, en la que pilotó con más valor, y su última victoria en Fórmula 1, que le permitió ganar un asombroso quinto título de campeón del mundo.

LA DÉCADA DE

19

60

LOS AÑOS SESENTA empezaron como habían terminado los cincuenta, con los equipos teniendo que decidir una cuestión clave: si seguir como hasta entonces, es decir, con el motor delante, o bien optar por el camino revolucionario iniciado por los nuevos equipos británicos. Aunque Enzo Ferrari siempre había sostenido que los carros eran tirados por caballos, no empujados, la evidencia acabó imponiéndose en contra de los motores delanteros y ya nunca más un coche con esa configuración volvió a ganar un campeonato.

Cooper siguió donde lo había dejado, ganando ambos títulos de nuevo en 1960, pero en 1961 un cambio en la normativa de los motores abrió las puertas a Ferrari. El cambio a motores atmosféricos de 1,5 litros (o sobrealimentados de 750 cm^3) permitió al equipo italiano empezar de cero para adaptarse a la nueva tendencia y crear su primer coche con motor trasero, una unidad de nuevo diseño y gran potencia. Fue uno de los coches más bonitos e inolvidables de la historia de la F1, el 156, conocido como *Sharknose* (nariz de tiburón).

Los equipos británicos se apresuraron a ponerse al día. Los equipos grandes europeos les apodaron los *garajistas*, ya que no contaban con grandes fábricas como ellos, en las que producían coches de calle y de competición, sino que operaban desde pequeñas instalaciones. Mucho antes de que la normativa determinara que los equipos tenían que ser constructores, los británicos tenían la opción de diseñar su propio chasis o bien comprar uno disponible y montar en él el mejor motor y transmisiones que pudieran adquirir. Durante la mayor parte de la década, este motor fue el Coventry Climax V8. Por su parte, el antiguo proyectista de Vanwall, Colin Chapman, había creado su propio equipo, Lotus, que era sinónimo de invención e innovación. Pronto se convertiría en el equipo a batir.

En 1966 volvió a cambiar la normativa de motores, que doblaron su capacidad: los atmosféricos pasaron a 3 litros y los sobrealimentados o turboalimentados a 1,5. Inexplicablemente, Coventry Climax, en lugar de adaptar sus motores de 1,5 litros, abandonó la competición, y dejó la puerta abierta a la aparición del revolucionario Ford Cosworth DFV, que se convertiría en la elección de los equipos de F1 independientes durante la década siguiente.

Pero no solo cambió el proveedor de motores. El motor Cosworth permitió a los diseñadores anclarlo directamente al chasis detrás del *cockpit* en lugar de montarlo en el interior de un chasis tubular más largo. Este diseño, por el cual el motor pasaba a ser una parte más del coche y no una pieza añadida, ha influido en cada coche de F1 diseñado desde entonces.

La aerodinámica también fue haciéndose más importante en el rendimiento de los coches, y a finales de los sesenta los F1 ya montaban alerones. Esta tendencia la empezó Lotus en 1968, antes de que estos apéndices crecieran en tamaño, multiplicasen sus ubicaciones y se hicieran más sofisticados conforme los diseñadores comprobaban su potencial y la influencia que tenían sobre la velocidad. Pero no eran muy fiables, y después de varios accidentes graves en el Gran Premio de España de 1969 fueron prohibidos inmediatamente. Sin embargo, aquel mismo año se volvió a autorizar su uso, pero con un tamaño reducido y en determinadas posiciones establecidas reglamentariamente.

Junto con el desarrollo de la tecnología y la velocidad también aumentó el riesgo. Catorce pilotos perdieron la vida al volante de un Fórmula 1 en aquella década, y muchos otros lo hicieron corriendo en otras carreras. Para mucha gente, la muerte del campeón de F1 Jim Clark en una carrera de Fórmula 2 marcó un antes y un después. Si el mejor piloto de la época perdía la vida, ¿qué probabilidades tenían los demás de sobrevivir?

Jackie Stewart se convirtió en un firme defensor de la seguridad y organizó boicots por parte de los pilotos además de presionar a los dueños de los circuitos para dar un paso más en seguridad y proteger al máximo la vida de los pilotos en pista. Dan Gurney fue el primer piloto que en 1968 utilizó un casco integral, y poco después se impuso en la normativa.

Los campeonatos eran cada vez más atractivos, con grandes premios más cortos, de 300 km (186 millas) que se corrían en nuevos lugares como Sudáfrica, México o Canadá. Además, un Gran Premio de Estados Unidos reemplazaba a la Indy 500, que dejó de ser puntuable para la F1, y los grandes premios en Europa se multiplicaban. El interés del público creció gracias al aumento de la cobertura televisiva, con información sobre las carreras en los informativos de la noche y la aparición de los pilotos en programas de variedades para ser entrevistados.

La Fórmula 1 también llegó a la gran pantalla en 1966 con la película *Grand Prix*, de John Frankenheimer, un clásico de Hollywood que se rodó durante toda una temporada de Fórmula 1 y en la que aparecen muchos de los pilotos de esa época. La película ganó tres Oscar y es considerada una de las mejores sobre automovilismo.

Muchos famosos comenzaron a asistir a grandes premios como invitados y como espectadores, como los Beatles o Grace Kelly. La Fórmula 1 era un encuentro social, y las grandes empresas no tardaron en darse cuenta y en querer participar. En 1968, la FIA permitió la presencia de un número de patrocinadores ilimitado por primera vez y los equipos lo aprovecharon, sustituyendo los colores nacionales por los de sus patrocinadores.

La Fórmula 1, sus equipos y la nueva generación de pilotos eran ahora un negocio, con sus estrellas brillando en la pista, en la pantalla y en la cobertura de los medios de comunicación de todo el mundo. La Fórmula 1 estaba en proceso de convertirse en un espectáculo a escala mundial, y esto no había hecho más que empezar.

1961
1961 FERRARI F.1.
E. B. Becker
MODEL MAKER PLANS SERVIC
RTINI
MARTI
4
4

PHIL HILL

« UN CAMPEONATO »

La Fórmula 1 intentó durante setenta años introducirse en Estados Unidos. Sin embargo, al inicio de su segunda década ya contaba con un campeón del mundo que además competía para uno de los equipos más famosos, Ferrari. Phil Hill era una persona de polos opuestos: pilotaba con mucha valentía y muy rápido, pero a la vez se sentía abrumado por los nervios y la ansiedad ante los inmensos peligros propios del deporte que conquistó.

Con una gran inteligencia y muy considerado, no tuvo muchos amigos en su juventud, lo que alimentó un sentimiento de insuficiencia durante su infancia en la que no quiso recibir nada de sus padres ricos. Su amor por el automovilismo nació cuando, de pequeño, una tía suya le compró un coche que desmontó y volvió a montar innumerables veces para aprender cómo funcionaba. Abandonó los estudios para ser mecánico, y su pasión por el automovilismo le llevó a comprar, modificar y en algunas ocasiones competir con sus propios coches. Cuando sus padres murieron, heredó una gran fortuna y se compró su primer Ferrari, con el que compitió y ganó.

A mediados de los años cincuenta era la primera opción de los propietarios de coches sport estadounidenses, y ganó tres veces las 24 Horas de Le Mans. Enzo Ferrari vio talento en él, pero creía que era solo especialista en coches sport. Sin embargo, en 1958, tras las muertes de Luigi Musso y Peter Collins, Ferrari le llamó para que pilotara uno de sus coches de Fórmula 1. Hill consiguió dos podios en las dos últimas carreras de 1958 y ayudó a su compañero de equipo, Mike Hawthorn, a ganar el título. De este modo, Hill se aseguró un puesto en la cima de la Fórmula 1.

Pese a que durante las dos temporadas siguientes pilotó coches ya desfasados con motor delantero, seguía impresionando a todo el mundo, y en el Gran Premio de Italia de 1960 consiguió su primera victoria. En 1961, Ferrari desarrolló el famoso y veloz *Sharknose* 156 con el motor detrás del piloto y pudo luchar por el campeonato del mundo.

El espectro de la muerte siempre lo atormentó. Debutó en Le Mans en la fatídica carrera de 1955, y consiguió un asiento en el equipo Ferrari de Fórmula 1 debido a las muertes de los dos pilotos del equipo. Antes de subirse al coche se le veía fumando en la parrilla de salida, andando de un lado a otro tratando de tranquilizarse y lidiar con la agitación emocional ante los riesgos que iba a afrontar, pero una vez que empezaba la carrera, era la viva imagen de la calma y pudo imponerse en algunos de los circuitos más peligrosos del mundo. En 1961, tanto Hill como su compañero Wolfgang von Trips demostraron su valía, pero cuando Hill se impuso en la última carrera del año, el Gran Premio de Italia, y se proclamó campeón del mundo no celebró el título. Von Trips había muerto durante la carrera junto con varios espectadores que se vieron involucrados en el accidente.

Desilusionado con la Fórmula 1 y afectado por la tragedia que acompañaba su título, Hill se retiró de la Fórmula 1 en 1964, aunque siguió corriendo en sport hasta 1967. Regresó a California, se casó, formó una familia y creó su propia empresa de restauración de coches. Para muchos, nunca ha habido un campeón del mundo más inteligente y reflexivo que Phil Hill. Murió en 2008 con ochenta y un años.

1962
1968

GRAHAM HILL

« DOS CAMPEONATOS »

Graham Hill fue la primera estrella de verdad de la Fórmula 1. Peinado hacia atrás y con bigote, era apuesto y elegante, y la velocidad de su pensamiento tan rápida como su pilotaje. A pesar de compartir apellido con el campeón anterior, era totalmente diferente y procedía de un entorno también diferente.

Hill nació en 1929 y creció en una ciudad de Londres devastada por la guerra, donde el racionamiento y las bombas de las fuerzas aéreas alemanas eran el plato de cada día. Hizo el servicio militar en la Marina Real Británica, que odiaba, pero mantuvo su amor por el agua al hacerse miembro del club de remo de Londres, el London Rowing Club. De hecho, más tarde llevaría la insignia de las palas blancas del club en el casco.

En 1953 tuvo la oportunidad de probar un Fórmula 3, y le encantó. El único problema era que no tenía carné de conducir, así que se propuso sacárselo y ahorrar para poder competir.

Se gastó el subsidio del paro en su afición, y acabó trabajando a tiempo parcial como mecánico para Colin Chapman en Lotus. Como recompensa por su gran trabajo, su nuevo jefe le dio la oportunidad ocasional de competir, y se quedó impresionado con lo que vio.

Lotus entró en la Fórmula 1 a finales de los cincuenta y eligió a Hill como uno de sus pilotos. Tras dos años de malos resultados, probó suerte con BRM. Se encontró un equipo de capa caída, pero gracias a sus cualidades de liderazgo los motivó y volvieron a triunfar en 1962, logrando los dos campeonatos del mundo en juego.

Cariñoso, afable y amante de la fiesta fuera del coche, la seriedad y la profesionalidad imperaban en todo lo relacionado con su carrera como piloto. Corría con intensidad y sabía cómo utilizar su talento. Sabía perfectamente los cambios que quería hacerle al coche y se enojaba con aquellos que no le seguían a pie juntillas. En 1967 volvió a Lotus y combinó todas sus habilidades de liderazgo para llevar al equipo hacia el título de 1968 tras la muerte de su piloto principal, Jim Clark.

Ahora era bicampeón y demostraba ser fuerte en todas las pistas, pero en ningún sitio lo era tanto como en Montecarlo. Allí ganó cinco veces y por ello le empezaron a llamar Míster Mónaco. Pero no solo destacaba en Fórmula 1: también ganó la Indy 500 y las 24 Horas de Le Mans, convirtiéndole hasta el momento en el único piloto que ha conseguido la Triple Corona del automovilismo.

En los años setenta, Hill creó su propio equipo, pero tras no clasificarse para el Gran Premio de Mónaco en 1975 decidió retirarse y colgar el casco. A finales de aquel mismo año, regresando de unos tests en Francia, la avioneta que pilotaba el propio Hill en la que viajaban varios miembros de su equipo se estrelló en medio de una niebla muy densa cerca de Londres. Todos los ocupantes del aparato resultaron muertos. Su fallecimiento hizo llorar a toda una nación y a una familia, en especial a su hijo adolescente, Damon.

1963
1965
BELL
JIM CLARK
TEAM LOTUS
5
SHELL
CALTEX

JIM CLARK

«DOS CAMPEONATOS»

El debate sobre quién es el mejor piloto de la historia de la Fórmula 1 no terminará nunca. Hay muchas variables para poder hacer una comparación justa. Se han hecho muchas listas, y en ellas un nombre suele repetirse en las primeras posiciones. Jim Clark no era solo bueno o magnífico, era excepcional.

Nació en 1936 y su familia vivía de la ganadería en Escocia. De pequeño se le podía ver llevando el tractor a toda velocidad por el campo. Lo primero que hizo cuando cumplió diecisiete años fue sacarse el carné de conducir. Empezó su carrera deportiva en secreto, pero acabó convirtiéndose en un secreto a voces. Las victorias llegaban con tanta facilidad que pasó de competir en pequeñas carreras locales en 1956 a debutar en Fórmula 1 en 1960.

Siempre pilotó para el equipo Lotus, lo cual a veces era una bendición y otras, una maldición. Los coches de Colin Chapman siempre estaban a la vanguardia en términos técnicos, pero eran frágiles y poco fiables. Clark podría haber sido campeón en 1962, pero una pérdida de aceite en la última carrera le obligó a abandonar. En 1964 la historia se repitió, pero en 1963 y 1965 fue imbatible, logrando dos campeonatos bien merecidos.

La temporada de 1966 fue bastante frustrante, con un coche que no era competitivo, pero la relación entre Clark y Chapman era prácticamente como la de dos hermanos. El cariñoso y tímido Jim creía totalmente en su amigo, y en 1967 volvieron al frente de la parrilla y al escalón más alto del podio. Juntos ganaron en total veinticinco carreras, un récord en esa época. En 1965 también se impusieron en las 500 Millas de Indianápolis. Clark era un piloto excelente: fue campeón del mundo de F1, ganó la Indy 500, la Tasman Series, el campeonato de Francia de F2 y muchas más carreras.

Se parecía a Stirling Moss porque era rápido en todas las condiciones y tampoco cometía errores. Verle pilotar era como ver ballet, conducía sin esfuerzo, ejecutando una coreografía perfecta. Si no ganaba era porque su coche le había abandonado.

En 1968, tras ganar el primer Gran Premio de la temporada participó en una carrera de Fórmula 2 en Hockenheim, Alemania. En unas condiciones meteorológicas horribles, su coche se salió de la pista en la quinta vuelta y se estrelló contra los árboles. Clark falleció al instante. Aunque no se determinaron las causas del accidente, la más probable podría haber sido un neumático trasero pinchado. Su muerte tuvo un gran impacto en todo el mundo del automovilismo. Clark era considerado, también entre sus rivales, como el mejor de todos.

Fue enterrado cerca de la granja de su familia, en Escocia, y en su lápida se grabó una palabra que refleja su humildad. Esta palabra es «GRANJERO», que precede a las que resumen sus éxitos en el mundo del motor. Para todo el que le vio correr y para todos sus seguidores que no tuvieron la oportunidad de verlo, sigue siendo uno de los mejores pilotos que han existido.

1964
43
2

JOHN SURTEES

《 UN CAMPEONATO 》

El único piloto que ha logrado proclamarse campeón del mundo sobre dos y cuatro ruedas. John Surtees era alguien con quien había que contar tanto dentro como fuera de la pista. Su forma tan intrépida de pilotar y su determinación fueron los dos rasgos que sentaron las bases de su increíble éxito en el mundo del motor, y que le valieron no pocos problemas que le costó sortear.

Surtees nació en 1934 en Londres, en una familia dedicada a la competición. Su padre fue campeón de motos con sidecar, y antes de llegar a la adolescencia, John ya montaba en moto. Empezó a competir a los dieciséis años, ganó su primera carrera con diecisiete y a mediados de 1950 fichó por el equipo Norton, con el que ganó sesenta y ocho de las setenta y seis carreras que disputó con esta marca. De 1956 a 1960 fue piloto del equipo italiano MV Agusta y se coronó campeón siete veces, ganando además seis veces el TT de la Isla de Man en las categorías de 350 cm^3 y 500 cm^3. En 1958 y 1959 ganó todas las carreras en las que participó.

Su coraje y genialidad eran indiscutibles y podría haber seguido compitiendo en motos de haber querido. Sin embargo, necesitaba nuevos retos y se pasó a las cuatro ruedas y el éxito fue inmediato. En su primera carrera de Fórmula 3 en 1960 acabó segundo por detrás de Jim Clark. Rápidamente le dieron la oportunidad de debutar en F1, y aunque consiguió algunos podios, los astros no se alinearon hasta que fichó por el equipo más importante. En 1963, su primer año en Ferrari, se retiró en más carreras de las que acabó, pero en las cuatro en que lo hizo quedó cuarto, tercero, segundo y primero en el circuito de Nürburgring, dejando claro el potencial de su unión con el equipo italiano. La gloria llegó en 1964, temporada en la que consiguió seis podios y logró proclamarse campeón del mundo.

Volvió a ganar con Ferrari en 1966 en Bélgica tras llevar a cabo una de sus mejores actuaciones, pero después de algunas desavenencias con los directivos italianos, decidió dejar el equipo a mitad de temporada. Su carácter directo le hizo ser una persona difícil, y nunca tuvo la actitud ni las formas que se exigían en la Fórmula 1. Era demasiado honesto y franco para seguirles el juego. Ya se había afilado los dientes en un mundo más simple y menos valorado como el de las motos.

Aún obtendría un par de victorias más, con Cooper en 1966 y con Honda en 1967. Subió al podio de nuevo otras dos veces y siguió en la Fórmula 1 cinco años más, llegando a correr para su propio equipo, que había creado en 1970. Se retiró a finales de 1972 para centrarse en la dirección del equipo, pero aquejado de problemas médicos a raíz de un grave accidente sufrido en 1965 finalmente puso punto final a su actividad como constructor.

Ya retirado, se centró en cuidar de su salud y amansó la fiera que llevaba dentro. Con el paso del tiempo se convirtió en un miembro del *paddock* muy querido. Se casó tres veces y tuvo tres hijos. Sus últimos años los dedicó a la fundación que creó en memoria de su hijo Henry, fallecido en 2009 en una carrera de Fórmula 2. John Surtees murió en 2017 con ochenta y tres años.

HULME
1967
Make a good START with—
LUCAS
HULME
2
GOODYEAR

DENNY HULME

« UN CAMPEONATO »

A Denny Hulme se le considera a menudo como el campeón olvidado. Para muchos era antipático y brusco debido, sobre todo, a la poca importancia que daba a aquellos que no habían valorado sus habilidades antes de proclamarse campeón del mundo. En realidad, era una persona modesta a la que nunca le gustó mucho el glamur y la fama y le hacían sentir incómodo. Odiaba las apariciones públicas, prefería hablar en la pista y en su momento álgido no tenía nada que envidiar a sus mejores rivales y gozó del respeto de todos ellos, especialmente de aquellos con nombres que hoy son más recordados que el suyo.

Nació en Nueva Zelanda en 1936 y con seis años ya conducía los camiones de su padre. Como muchos otros jóvenes de su generación, se hizo mecánico y conductor de camiones. Hulme soñaba con llegar a ser un día como sus ídolos europeos, aquellos pilotos de los que había escuchado historias de cuando competían en la Tasman Series. Tuvo actuaciones prometedoras en carreras locales, y en 1959 le concedieron una ayuda para competir en el extranjero. Su talento llamó la atención de Jack Brabham, para quien trabajaba como mecánico. Hulme ganó siete carreras de Fórmula Júnior en 1963, y la siguiente temporada ayudó a su jefe a ganar el Campeonato de Fórmula 2. En 1965 y 1966 compitió con Brabham en Fórmula 1.

Su mejor año fue 1967, en que se proclamó campeón del mundo tras dos magníficas victorias en Mónaco y Nürburgring y otros seis podios. Su reputación de ser brusco se acrecentó cuando reprochó e ignoró a todos aquellos que antes de convertirse en campeón no se habían interesado por él. Los que lo descubrían en el momento del éxito no merecían ni su tiempo ni su esfuerzo.

En 1968 fichó por el equipo de Bruce McLaren y siguió en él hasta que terminó su carrera en Fórmula 1, incluso después de la muerte de McLaren en 1970. Hulme ganó seis grandes premios con McLaren y dos títulos de la Can-Am (Canadian-American Challenge Cup). En 1966 participó en las 24 Horas de Le Mans con un Ford GT40 MKII formando equipo con Ken Miles. Los dos coches del equipo entraron emparejados en la línea de meta a fin de conseguir una victoria *ex aequo*, pero los comisarios decidieron que el ganador solo podía ser uno de ellos y proclamaron vencedores a Amon/McLaren. La película *Le Mans '66* trata sobre esta historia.

Se retiró de la competición a finales de 1974, tras la trágica muerte de su amigo Peter Revson en unos entrenamientos. Fue una pérdida de la que no se recuperó. Volvió a Nueva Zelanda después de haber visto desaparecer a bastantes amigos y tener que lidiar con sus propias lesiones.

Sin embargo, el piloto que llevaba dentro de él seguía vivo y siguió compitiendo en carreras históricas y tomando parte regularmente en una de sus pruebas más queridas, los famosos 1000 Km de Bathurst (621 millas).

En 1992, dieciocho años después de retirarse de la Fórmula 1, mientras participaba en Bathurst, su coche se apartó de la pista y se paró. El campeón del mundo de 1967 había sufrido un infarto y murió haciendo lo que más le gustaba y lo que más quería: pilotando al máximo en un circuito que adoraba.

1969
1971
1973
GOODYEAR
elf
elf
GOODYEAR
5
elf
elf 5
Ford
GOODYEAR

JACKIE STEWART

« TRES CAMPEONATOS »

La infancia de Jackie Stewart no fue muy feliz. En el colegio se burlaban de él y le acosaban, no era bueno en los estudios y los profesores le auguraban una vida que tan solo le ofrecería decepciones. Sin embargo, a pesar de tan duros comienzos, la historia le vio convertirse en el rey de la pista, en tricampeón del mundo de Fórmula 1, en propietario de un equipo y en uno de los pilotos más importantes de la historia de este deporte. Su cruzada por una Fórmula 1 más segura cambió las competiciones de motor y mejoró la seguridad en los circuitos de todo el mundo.

Nacido en Escocia en 1939, era disléxico, aunque no se lo diagnosticaron y ello le hizo ser un incomprendido. Incapaz de leer y escribir, dejó de estudiar a los quince años para ayudar en el taller de su padre. Allí descubrió que era muy bueno trabajando con las manos, lo que mejoró su confianza y le ayudó a probar suerte en el tiro al plato, especialidad en la que demostró que tenía talento.

Su trabajo como mecánico le llevó a participar en carreras, en las que demostró un gran potencial que llamó la atención de Ken Tyrrell, quien le ofreció un volante para correr en Fórmula 3. En 1964 ganó siete carreras y se proclamó campeón. Aquel triunfo le abrió las puertas de varios equipos de Fórmula 1. Pese a los avances técnicos del equipo, decidió rechazar la oferta de Lotus e irse a BRM, convencido de que tendría más oportunidades de luchar con Graham Hill que siendo el escudero de Jim Clark.

Los hechos demostraron que su seguridad y una mente reflexiva le habían permitido tomar una buena decisión, y ese mismo año ganó su primera carrera en Monza. En 1968 se fue a Matra, donde se reencontró con Ken Tyrrell como jefe de equipo y terminó segundo en el campeonato tras ganar tres carreras. Al año siguiente logró seis victorias y consiguió su primer campeonato del mundo.

Ken Tyrrell fundó su propio equipo en 1970 y el fiel Stewart se fue con él para quedarse. La asociación entre ambos consiguió dieciséis victorias y dos campeonatos más, en 1971 y 1973. Decidió no participar en la que habría sido su carrera número cien y última tras el accidente sufrido el día antes por su compañero y amigo François Cevert en el que perdió la vida. La muerte acompañó siempre a Stewart durante su vida profesional, y después de sufrir él mismo varios accidentes y de perder a muchos amigos a lo largo de los años, entre ellos a Cevert, abogó por la mejora de la seguridad en la Fórmula 1. En ocasiones se quedó solo y en algunos círculos tenía mala reputación por organizar boicots para que los circuitos cambiaran o se mejorasen las instalaciones médicas.

Tras retirarse se convirtió en un experto comentarista de televisión. Pero en 1977 volvió a la Fórmula 1, esta vez como propietario de un equipo, junto con su hijo Paul. Gracias a la financiación de Ford, Stewart Grand Prix vio la luz y compitió durante tres años, logrando imponerse en el Gran Premio de Europa de 1999. El año siguiente, Ford compró el equipo y lo convirtió en Jaguar, antes de vendérselo al magnate de las bebidas energéticas, Dietrich Mateschitz, que fundó Red Bull Racing.

Jackie Stewart sigue asistiendo a algunos grandes premios como una leyenda de este deporte. Su lucha por la seguridad en las carreras continúa, y además trabaja en su organización benéfica Race Against Dementia, que creó para ayudar a encontrar una cura a la enfermedad que padece su mujer y amor de la infancia, Helen.

DAN GURNEY

Dan Gurney solo ganó cuatro grandes premios en toda su carrera y su mejor clasificación en una temporada fue cuarto, pero está considerado como uno de los mejores pilotos estadounidenses con un coche de carreras entre las manos y uno de los más rápidos y que más talento tenía en la Fórmula 1 de los años sesenta. Su talento no solo era impresionante en la Fórmula 1, sino que lo demostró en otras categorías en las que también tuvo éxito: la NASCAR, IndyCar, en turismos y en Le Mans. Fundó su propio equipo y fue un ingeniero excelente. Fue el primer piloto de F1 que utilizó un casco integral e inventó la celebración del champán, que ahora se repite en los podios de todas las carreras.

Nacido en 1931, tenía la edad perfecta para integrarse en la emergente cultura *hot-rod* de 1940 y 1950 de Estados Unidos. Después de servir en el ejército como mecánico durante la guerra de Corea, se convirtió en un gran experto en montar sus propios coches. Participó en pruebas de velocidad, carreras de aceleración y en competiciones de coches sport. Sus actuaciones fueron tan impresionantes que le dieron la oportunidad de correr en Le Mans en 1958. Su gran actuación en dicha carrera hizo que Enzo Ferrari se fijara en él y le ofreciera correr para la Scuderia en F1 en la segunda mitad de la temporada de 1959, logrando subir dos veces al podio. Sin embargo, pronto se dio cuenta de que no le gustaba la política del equipo y lo abandonó.

En 1960 se fue a BRM, pero la temporada fue un desastre que se agravó con un terrible accidente en el Gran Premio de los Países Bajos, en que tras un fallo en los frenos se fue directo contra los espectadores, uno de los cuales falleció, mientras que él se rompió un brazo.

En 1961 volvió a cambiar de aires y ficho por el nuevo equipo Porsche, con el que en 1962 consiguió su primera victoria en un Gran Premio, que también fue la primera del equipo y sigue siendo la única en F1 de la marca alemana. En 1964 y 1965 corrió para Jack Brabham y también consiguió la primera victoria del equipo. Los diez podios que obtuvo en esos dos años evidencian la consistencia de aquel joven estadounidense. Pero nada de esto era suficiente para él.

En 1965 cumplió el pacto que había hecho con el diseñador, piloto y leyenda estadounidense Carroll Shelby y fundaron su propio equipo, All American Racers. En 1966 entraron en la Fórmula 1 con el motorista británico Weslake y pasaron a llamarse Anglo American Racers, con un coche muy bonito, el Eagle Mk1. En 1967 obtuvieron su primera victoria en el Gran Premio de Bélgica, en el que Gurney le sacó más de un minuto a Jackie Stewart.

Gurney se retiró de la Fórmula 1 en 1970 para centrarse en su equipo, All American Racers, que seguía compitiendo en Estados Unidos. En total ganaron setenta y ocho carreras, entre las que se incluyen las 500 Millas de Indianápolis, las 24 Horas de Daytona y las 12 Horas de Sebring. Dan Gurney vivió hasta los ochenta y seis años y dejó el mundo con una sonrisa en su cara en 2018. Aunque no fue campeón del mundo de Fórmula 1, su gran talento le coloca junto a los que lo fueron. A fin de cuentas, Gurney era el único rival al que temía Jim Clark.

OTROS PILOTOS DESTACADOS:
LA DÉCADA DE 1960

BRUCE McLAREN

En 1959, el neozelandés Bruce McLaren se convirtió en el piloto más joven en ganar un Gran Premio de Fórmula 1, un récord que se mantuvo durante 40 años. Fue piloto de Cooper durante siete temporadas, quedando tercero en el campeonato de 1962, y después, en 1966, fundó su propia escudería. Él mismo consiguió la primera victoria del equipo McLaren, que hoy en día sigue llevando su nombre, en el Gran Premio de Bélgica de 1968. Fue un pionero en el diseño y desarrollo de coches muy avanzados cuyo impacto tuvo repercusión en todo el mundo de las carreras y estableció una marca que definió el futuro del deporte. Murió en 1970, a los treinta y dos años, mientras probaba uno de sus coches en Goodwood.

PEDRO RODRÍGUEZ

Se le considera el mejor piloto sobre suelo mojado de la época. Pedro Rodríguez unía la precisión, el compromiso y un tacto muy sensible que le hacían ser muy rápido en las peores condiciones. Se hizo un nombre en las carreras de prototipos, ganando en Le Mans, Daytona y en otros muchos circuitos. Los aficionados de Porsche, Ferrari y Ford lo adoraban por igual. Pero su mejor victoria la consiguió en 1970 al volante de un BRM de F1 en Spa, con la pista mojada. Perdió la vida compitiendo en 1971, nueve años después de la muerte de su hermano pequeño, Ricardo, también mientras pilotaba. Hoy en día el circuito del Gran Premio de México lleva el nombre de los dos pilotos más queridos de su país, el Autódromo Hermanos Rodríguez.

JO SIFFERT

Hijo de un humilde ganadero suizo, Jo Siffert hizo que cada oportunidad valiera la pena. Pocos pilotos en su época se entregaron tanto a su profesión como él. Siempre rodando al límite, era un artista a los mandos de un coche. También era rápido y ganó muchas carreras de F1 no puntuables, además de dos grandes premios, la Targa Florio, las 24 Horas de Daytona y dos ediciones de Le Mans. Tras la muerte de Pedro Rodríguez, pasó a liderar el equipo BRM de Fórmula 1, hasta que también perdió la vida en un terrible accidente en el circuito de Brands Hatch aquel mismo año, a los treinta y cinco años.

CHRIS AMON

A pesar de no haber ganado ningún Gran Premio de Fórmula 1, se le considera uno de los pilotos con mayor calidad de la época. Ironías de la vida, se impuso en muchos otros campeonatos y carreras: en Le Mans, en el Campeonato del Mundo de Prototipos, en la Tasman Series, en turismos y en la Can-Am. Consiguió muchas *pole positions* y muchos podios en Fórmula 1 y ganó ocho carreras de F1 no puntuables. Pero cuando participaba en las pruebas que contaban para el título la suerte no acompañaba a su enorme talento. 1968 debería haber sido su año, pero una fiabilidad mecánica terrible les robó la posibilidad, tanto a él como a Ferrari, de conseguir el título. Chris Amon fue un caballero y uno de los mejores pilotos de su generación. Cuando se retiró regresó a Nueva Zelanda y vivió hasta los setenta y tres años.

LOS TITANES DE LOS AÑOS 60

LOTUS

El equipo Lotus fue una creación del diseñador e ingeniero Colin Chapman, las ideas del cual marcaron la Fórmula 1 de los años sesenta y setenta. Los innovadores diseños de Lotus conseguían que sus coches ocuparan las primeras posiciones, pero conforme Chapman iba fabricando coches más ligeros para lograr una mayor velocidad, más frágiles eran, lo que causaba muchos accidentes y que muchos pilotos perdieran la fe en sus creaciones. La primera victoria de la marca vino de la mano de un equipo privado: Stirling Moss ganó el Gran Premio de Mónaco de 1960 con un Lotus 18 de Rob Walker. La primera victoria del equipo oficial la logró Innes Ireland. En 1963, el brillante Lotus 25, el primer coche de F1 con chasis monocasco, llevó a Jim Clark hasta su primer título, gesta que casi repitió un año más tarde para perderlo en la última carrera. En 1965, el nuevo Lotus 33 le dio a Clark su segundo título, el mismo año en que él y Lotus se impusieron en las 500 Millas de Indianápolis. En 1968, el Lotus 49 fue de nuevo el coche que todos deseaban, pero la muerte de Clark afectó bastante al equipo. Graham Hill pasó a ser el primer piloto del equipo y consiguió otro campeonato. Con tres títulos de pilotos y tres de constructores, Lotus se convirtió en el equipo a batir en los años sesenta.

FERRARI

Ferrari empezó los años sesenta con el pie izquierdo, pero el cambio de la reglamentación de los motores en 1961 les dio la oportunidad de diseñar un coche con motor trasero, el *Sharknose* 156, equipado con un V6 a 120 grados, que resultó un gran coche. Aquel año el título se lo disputaban los pilotos de Ferrari, Wolfgang von Trips y Phil Hill. Von Trips falleció en Monza y Hill se llevó la corona tras ganar la carrera. El 156 continuó compitiendo sin su llamativa «nariz de tiburón» y le dio a la Scuderia otro título en 1964 con John Surtees al volante. En la última mitad de la década, Ferrari tan solo gano tres carreras más. El auge de los *garajistas* británicos, de los que Enzo Ferrari se burlaba y a los que odiaba, obligaron al equipo italiano a cambiar su estrategia. Pero tras el campeonato de Surtees en 1964, tuvieron que pasar más de diez años para volver a ver a Ferrari en lo más alto.

BRM

BRM (British Racing Motors) se fundó en 1945 y entró en la Fórmula 1 con sus propios diseños de coches y motores bajo el estandarte de Owen Racing Organisation, nombre de uno de sus benefactores más importantes. El equipo no tuvo demasiado éxito hasta 1960, año en el que el antiguo ingeniero de Rolls-Royce, Tony Rudd, pasó a responsabilizarse de todos los aspectos técnicos. En 1962, su coche, el P57, ya era fiable y rápido, y le dio a Graham Hill la oportunidad de ser campeón del mundo. BRM acabó segundo en el campeonato de constructores tres veces en los años sesenta y una en los setenta, y muchos equipos decidieron utilizar sus motores en la nueva década.

BRABHAM

El campeón del mundo de Fórmula 1 Jack Brabham creó su propio equipo en 1960, y en 1966 se convirtió en el primer piloto que lograba ganar los campeonatos de pilotos y constructores con su propio coche. En los sesenta, junto con el diseñador Ron Tauranac, Brabham se convirtió en el primer proveedor de monoplazas del mundo para equipos privados. Fabricaron más de quinientos coches de carreras para Fórmula 1, Fórmula 2, Fórmula 3, Fórmula 5000 e Indianápolis. Brabham empezó a triunfar en Fórmula 1 con la llegada de los motores de 3 litros en 1966 y con la colaboración establecida con la empresa de ingeniería australiana Repco, con la que adaptó antiguos motores V8 de American Oldsmobile para su uso en Fórmula 1. Gracias a esto, el equipo consiguió dos títulos consecutivos en 1966 y 1967 con los ágiles BT19 y BT20.

MATRA

Matra era un equipo francés que había triunfado en Fórmula 3 y Fórmula 2. En 1967 se permitió que un coche de F2 de Matra participase en el Gran Premio de Alemania y para sorpresa de todo el mundo marcó el tercer mejor tiempo de entrenamientos. Su primer coche de Fórmula 1 se presentó en 1968, una de cuyas principales características era el uso de depósitos de combustible con una estructura revolucionaria que se inspiraba en los de aviación. Esta tecnología fue prohibida en 1970, de modo que 1969 fue el último año en el que compitieron. Pero lo hicieron bajo la dirección de Ken Tyrrell, proclamándose tanto Matra como Jackie Stewart campeones del mundo con el espectacular MS80, que ganó cinco de las once carreras de la temporada.

HONDA

La complicada relación entre la empresa japonesa y la Fórmula 1 comenzó en 1964, cuatro años después de que Honda crease su primer coche de calle. Dejó al mundo del motor anonadado al conseguir su primera victoria en F1 en su segunda temporada en el campeonato. En 1966, con la normativa de los motores de 3 litros, diseñaron un motor V12, que en 1967 se montó en un chasis de la compañía británica Lola. El «Hondola» RA300 ganó el Gran Premio de Italia de ese año y acabó cuarto en el mundial de constructores a pesar de contar únicamente con un piloto, John Surtees. Tras sufrir problemas de fiabilidad en 1968, la muerte de su piloto Jo Schlesser llevó a Honda a retirarse de la Fórmula 1 para centrarse en el mercado estadounidense.

1967
16
14
HONDA

LA CARRERA DE LA DÉCADA

GRAN PREMIO DE ITALIA DE 1967

Esta fue una carrera para la historia: había bastante igualdad entre los pilotos –algunos de los cuales ya eran campeones y otros lo serían en años venideros–, las posiciones cambiaron constantemente, hubo una larga y épica lucha por la victoria y fue una de las mejores carreras de la corta vida de Jim Clark.

Las primeras posiciones de la parrilla estaban ocupadas por pilotos de cinco equipos distintos. Clark, con su Lotus 49, tenía la *pole*; Jack Brabham ocupaba la segunda posición con su Brabham BT24; Bruce McLaren era tercero con su McLaren BRM M5A; Chris Amon era cuarto con el Ferrari 312 y Dan Gurney quinto al volante del bonito Eagle Mk1. Graham Hill salía octavo con su Lotus, justo por delante de John Surtees con el Honda RA300.

En la salida hubo mucha confusión y algunos pilotos creyeron que la carrera no había empezado. En medio del caos, Gurney aprovechó para colocarse primero, por delante de Brabham, Hill y Clark. Este logró situarse en cabeza al cabo de pocas vueltas seguido muy de cerca por su compañero Hill. Pero el Lotus de Clark empezó a tener problemas de estabilidad. Levantándose un poco para mirar hacia atrás vio que un neumático trasero estaba pinchado, lo cual le obligó a entrar en boxes en la vuelta trece. Cuando regresó a la pista con neumáticos nuevos, había perdido una vuelta.

Esta situación permitió que se pudiera ver una de las actuaciones más electrizantes de Jim Clark en su intento de recuperar la vuelta perdida. Giro tras giro hacía volar su Lotus en el Templo de la Velocidad de Monza. Tras adelantar a los líderes y desdoblarse, Hill aprovechó para colocarse en la aspiración de su compañero y aumentar así la diferencia con sus perseguidores. Clark siguió su feroz remontada, pese a que la carrera estaba siendo muy disputada en todas las posiciones y los cambios en la clasificación eran constantes. Pero el escocés parecía estar en otro planeta y siguió recortando tiempo hasta colocarse en cuarta posición.

Esa cuarta posición se convirtió en tercera tras la rotura del motor de Hill, y la tercera en segunda después de adelantar a Surtees. Luego, en la vuelta sesenta y uno se deshizo de Brabham y recuperó el liderato de la prueba. Parecía que era el día de Clark, que encabezaba la carrera cómodamente, pero su motor empezó a fallar en la última vuelta a causa de la bomba de gasolina.

Surtees y Brabham le adelantaron y lucharon entre ellos durante toda la última vuelta. Finalmente, la victoria fue para Surtees por 0,2 segundos. Esta fue la última victoria de Honda en Fórmula 1 como equipo hasta 2006. Los aficionados italianos se volvieron locos con el triunfo del antiguo piloto de Ferrari, pero también aplaudieron a Clark, cuyo Lotus cruzó la línea de meta en tercera posición. A pesar de esa última vuelta de infarto, Jim Clark protagonizó el que seguramente fue su mejor Gran Premio de F1.

LA DÉCADA DE 19

70

CON UNA NORMATIVA TÉCNICA en cuanto a motores bastante estable durante los años setenta, la década se caracterizó por las grandes innovaciones aerodinámicas, lideradas por las mentes más creativas de la Fórmula 1. Los sencillos coches con forma de cigarrillo de los años sesenta dieron paso a monoplazas más complejos que utilizaban el flujo de aire para conseguir adherencia y velocidad. La adherencia se había incrementado notablemente al inicio de la década con la introducción de los neumáticos lisos. La gran superficie de contacto conseguida con una goma lisa y blanda hizo que la potencia de los motores pudiera ser aprovechada en su totalidad. Desde entonces y con excepción de un corto periodo en los años 2000, los neumáticos con dibujo ya solo se utilizaron para condiciones de lluvia.

Lotus siguió en la vanguardia de la revolución técnica. El Lotus 72 se convirtió en el primer F1 que utilizaba todo el coche como si fuera un ala. Durante los setenta se siguieron desarrollando nuevos conceptos, como la suspensión variable flexible, los frenos *inboard* y los radiadores laterales. Se introdujeron las cajas de cambios transversales para mejorar la distribución del peso y aparecieron enormes tomas de aire por encima de los cascos de los pilotos para dirigir el aire a los motores y mejorar su refrigeración. Pero las mayores novedades aparecieron en la segunda mitad de la década. Ken Tyrrell, que entonces encabezaba su propio equipo, sorprendió al mundo con su radical e innovador P34 de seis ruedas, dos detrás y cuatro delante. Aunque esta configuración no implicó la superioridad sobre el resto de coches, su cenit se produjo en el Gran Premio de Suecia de 1976, que ganó.

Lotus, por su parte, experimentaba con faldones de plástico en los bordes de la carrocería que serían la precuela de un desarrollo que cambiaría totalmente la F1 y otras categorías. En 1977 presentaron el Lotus 78, un coche llamativo equipado con pontones laterales que actuaban como alerones, túneles de flujo de aire bajo el coche y faldillas deslizantes para crear una depresión y conseguir lo que se llamó el «efecto suelo». La unión de la fuerza del flujo del aire, que empujaba el coche hacia abajo, y la depresión, que lo pegaba al suelo, permitió conseguir una adherencia nunca antes vista. En 1978, Lotus y Brabham llevaron esta filosofía al extremo. En el caso de Brabham, su diseñador, Gordon Murray, creó el llamado *Fan Car* (coche ventilador). Este coche, el BT46B, disponía de un ventilador enorme en la parte trasera que literalmente pegaba el coche al asfalto. Ganó la primera y única carrera en que participó, pero fue abandonado antes de que lo prohibieran.

Como presagio de la tecnología que llegaría a la F1 en la década siguiente, Renault empezó a participar en la F1 a finales de los setenta con un motor turboalimentado de 1,5 litros que fue desarrollando. Durante más de diez años, la normativa permitió la convivencia de motores sobrealimentados de menor cilindrada junto con las unidades atmosféricas de 3 litros que se habían convertido en la norma, pero nadie se había planteado usarlos porque no parecían aportar ninguna ventaja competitiva. Tras muchos fallos y problemas, Renault consiguió que esta tecnología funcionase lo cual acabó desencadenando una guerra tecnológica y política entre los equipos de fábrica, que podían permitirse invertir dinero y tiempo en desarrollar la tecnología turbo, y los equipos independientes, que creían que la aerodinámica y el efecto suelo eran el camino a seguir.

La lucha política la desencadenó el papel cada vez más activo de la Asociación de Constructores de Fórmula 1 (Formula One Constructor's Association, FOCA), dirigida por el nuevo propietario de Brabham, Bernie Ecclestone. Este representaba los intereses de los equipos privados, como Lotus, Tyrrell o McLaren, que tenían la percepción de que el órgano federativo, la FIA, favorecía a los equipos de fábrica, como Ferrari, Renault y Alfa Romeo. A medida que la FOCA presionaba para conseguir mejores condiciones financieras para sus miembros, más seguridad y mejores condiciones en pista, en las que se incluían instalaciones médicas para sus pilotos y una mejor organización de las carreras y del campeonato, se fueron diseñando las líneas maestras de una batalla que estalló a finales de la década por la propiedad comercial y regulatoria.

Aunque la intención era cambiar, la Fórmula 1 seguía estando muy desorganizada. Por increíble que parezca, no había ningún contrato que obligara a los equipos a participar en las carreras, y muchos de ellos decidieron no hacerlo en varios grandes premios por temas de coste y logística. A pesar de estar ya en su tercera década, no se había reglamentado nada sobre su promoción, y los equipos mismos negociaban con los circuitos una compensación económica. Ecclestone convenció a los jefes de equipo de que juntos serían más fuertes, sobre todo si había dinero de por medio.

La seguridad siguió siendo un aspecto fundamental. En 1970 se dio el primer caso de un campeón del mundo a título póstumo (Jochen Rindt), y aunque el número de tragedias descendía, en los años setenta volvieron a superar la decena. La Fórmula 1 tuvo suerte de no perder a Niki Lauda a consecuencia del accidente sufrido en el Gran Premio de Alemania de 1976. Su increíble regreso a la competición pocas semanas después permitió asistir a un duelo por el campeonato en Fuji. Dramas aparte, aquel Gran Premio fue el primero que se televisó en directo a nivel mundial.

Ecclestone, más que nadie en la Fórmula 1, tuvo la visión de lo que esta podría llegar a ser y adónde podría llegar. Alentado por el éxito de la retransmisión televisiva del Gran Premio de Japón de 1976 y habiendo invertido su propio dinero para asegurar la celebración de algunas carreras, tenía claro el camino que debía seguirse para revolucionar la organización de la Fórmula 1.

Cuando la década de los setenta llegó a su fin, la Fórmula 1 se encontraba en una encrucijada. Todo estaba a punto de cambiar.

RINDT
Ford
Firestone
JOCHEN RINDT
2
LEAF
Shell
LOTUS
FORD
Shell

JOCHEN RINDT

« UN CAMPEONATO »

Tenía un talento como nadie en su generación. Jochen Rindt era un piloto que te dejaba sin aliento y que hacía posible lo imposible. Nació con dotes para ser piloto, aunque tuvo poco tiempo para mostrarlo. Que pudiese brillar tan poco en la Fórmula 1 es una de las tragedias más grandes del deporte.

De madre austriaca y padre alemán, Rindt nació en Mainz, Alemania, en 1942. Sus padres murieron a causa de un bombardeo británico durante la Segunda Guerra Mundial cuando solo tenía quince meses. Fue criado por sus abuelos en Graz, Austria, donde su educación fue problemática. Siempre se metía en líos, tanto en el colegio como con la policía. Era el gracioso del grupo, hacía de todo para impresionar a sus amigos y no tenía miedo al peligro (se rompió varios huesos y también el cuello debido a sus locuras).

Tras acudir al Gran Premio de Alemania en 1961 decidió que estaba hecho para el mundo del motor, y su coraje y temeridad le hicieron ir dando tumbos. Le descalificaron en su primera carrera, en la que compitió con el coche de su abuela y un carné de conducir austriaco. Dos años después comenzó en la Fórmula Júnior, en la que destacó por su valentía. Pero fueron las carreras de Fórmula 2 las que le permitieron darse a conocer, y en las que siguió compitiendo tras haber dado el salto a la Fórmula 1.

Debutó en F1 con el equipo privado de Rob Walker, en el Gran Premio de Austria de 1964, y en 1965 ficho por el equipo Cooper. Pese a que se le auguraba un gran futuro, en sus tres primeras temporadas completas solo logró tres podios. En 1968 fichó por BRM y tan solo acabó dos carreras, aunque ambas en el podio. Fue a partir de 1969, con Lotus, cuando empezó a brillar. Logró puntos, podios y su primera victoria en el Gran Premio de Estados Unidos.

En 1970, Colin Chapman, el patrón de Lotus, le prometió que le daría el mejor coche y lo cumplió. De las seis primeras carreras de la temporada, Rindt ganó cuatro y se retiró en las otras dos, y empezó a pensar que todo estaba siendo demasiado fácil y que quizá no se llevaría el título, pero lo consiguió. Sin embargo, Jochen Rindt nunca levantó su trofeo ni supo que lo había logrado. En la clasificación para el Gran Premio de Italia, algo se rompió en su Lotus. La parte frontal se desplomó bajo el coche y Rindt se abalanzó hacia delante y los cinturones de seguridad que debían protegerlo le causaron la muerte.

Jochen Rindt fue uno de los pilotos más electrizantes que han participado en la Fórmula 1. En 1970, tras haber sumado una cantidad de puntos antes de su muerte que ningún otro piloto pudo superar, se convirtió en el único campeón de Fórmula 1 a título póstumo.

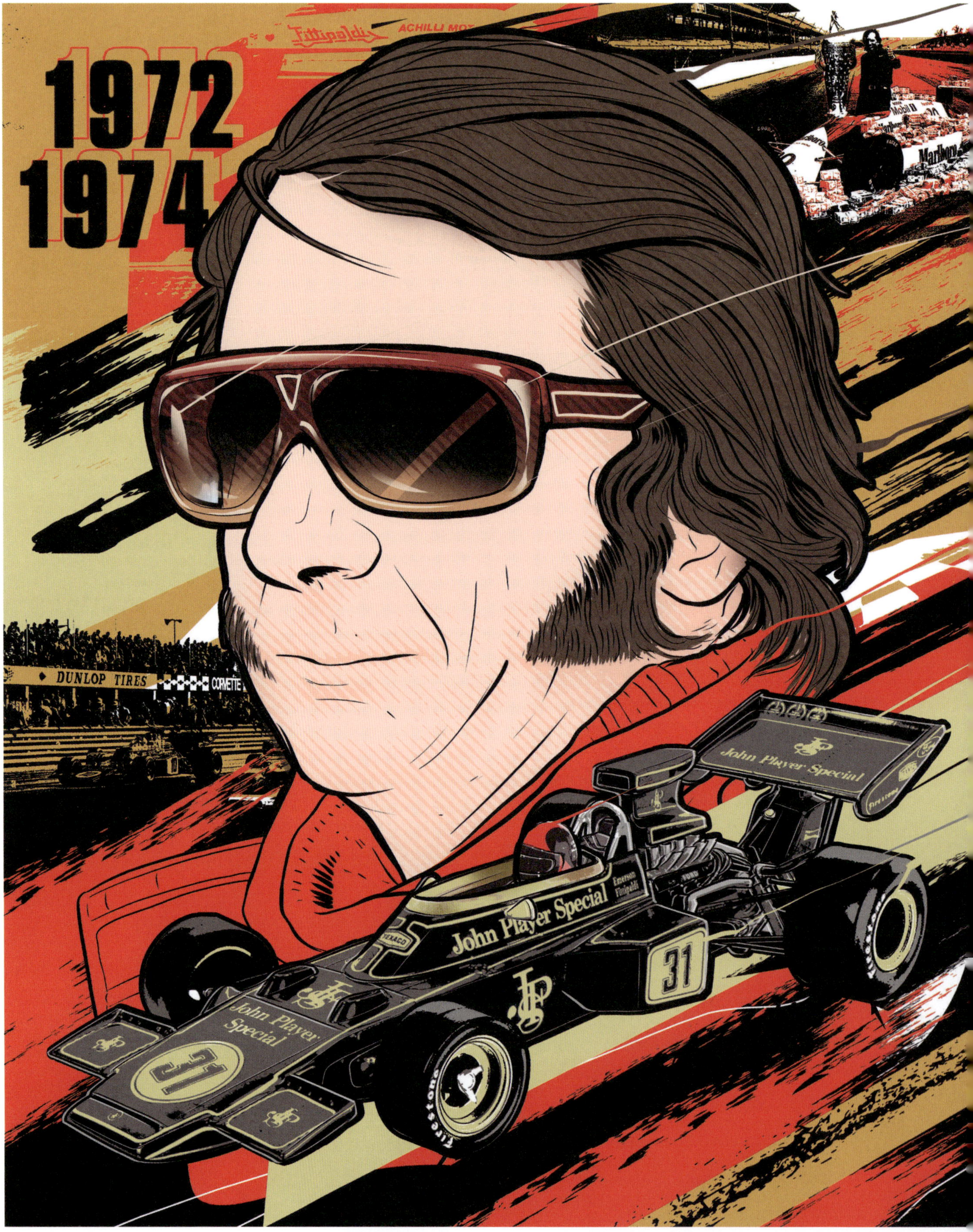
1972
1974
DUNLOP TIRES
CORVETTE
John Player Special
31
John Player Special
John Player Special
Firestone

EMERSON FITTIPALDI

« DOS CAMPEONATOS »

Emerson Fittipaldi fue el poseedor del récord como campeón del mundo de Fórmula 1 más joven de la historia durante treinta y tres años. Ascendió a la cumbre de este deporte como un meteorito y su carrera en Fórmula 1 marcó una década casi perfecta. Tras una retirada temporal, siguió su andadura en Estados Unidos, donde los aficionados de la IndyCar le apreciaban tanto como los de la Fórmula 1. Su nombre es sinónimo de una manera de competir meticulosa y atenta, combinada con una pasión contagiosa y verdadera hacia este deporte.

Su padre era un periodista y comentarista del mundo del motor brasileño, así que la gasolina corría por sus venas desde muy pequeño. Tanto él como su hermano mayor, Wilson, encauzaron su vida hacia la competición. Empezaron con dos ruedas y después pasaron a las carreras de barcos de velocidad. Sin embargo, después de que Wilson sufriera un accidente, decidieron cambiarse al asfalto y a las cuatro ruedas.

En 1968, con veintiún años, Fittipaldi ganó la Fórmula Vee brasileña, un campeonato de monoplazas pequeños y asequibles con motor Volkswagen. En 1969, animado por sus éxitos en su país, viajó a Europa para convencer al mundo del motor de que su talento le permitiría ganar campeonatos. Y así fue, aquel mismo año se proclamó campeón de Fórmula 3 sin demasiados problemas.

En 1970 dio el paso a la Fórmula 2 con Lotus y, como era de esperar, pronto acaparó la mirada de Colin Chapman, que le ofreció correr con el tercer coche del equipo algunas carreras de Fórmula 1. El joven brasileño compitió bajo la protección de Jochen Rindt, su ídolo. Cuando el austriaco murió y John Miles, su compañero en Lotus, profundamente afectado decidió abandonar la Fórmula 1, a Chapman no le quedaba otra opción que no fuera promover al brasileño como primer piloto del equipo.

En la primera carrera después de la pérdida de Rindt, Fittipaldi consiguió llevar a Lotus al cajón más alto del podio. En 1972 ganaron juntos el campeonato del mundo con una actuación fascinante a los mandos del magnífico Lotus 72. En 1973 acabó segundo y en 1974 abandonó Lotus para irse a McLaren, equipo con el que consiguió su segundo título. En 1975 acabó segundo. En aquel momento seguía estando muy solicitado, era muy respetado y el mundo seguía rendido a sus pies.

Sin embargo, en 1976 decidió embarcarse junto a su hermano en un equipo propio, y ya no volvió a ganar ningún Gran Premio, tan solo visitó el podio dos veces más. Se retiró sin haber conseguido lo que merecía, pero tres años después volvió a ponerse detrás de un volante para embarcarse en una segunda carrera de trece años de duración en Estados Unidos, en los que ganó dos veces las 500 Millas de Indianápolis y el campeonato de la IndyCar en 1989.

Es uno de los campeones más importantes y uno de los mejores embajadores de la Fórmula 1, que aún asiste a numerosas carreras en todo el mundo, especialmente a aquellas en las que compiten sus hijos, sobrinos y nietos.

1975
1977
1984
Niki Lauda
MICHELIN
Niki Lauda
GOODYEAR
GOODYEAR
CHAMPION

NIKI LAUDA

« TRES CAMPEONATOS »

Hollywood buscaba una historia real de la Fórmula 1 para llevarla a la gran pantalla, y la encontró en Niki Lauda. El astuto austriaco de lengua afilada era una persona a la que te dirigías por tu cuenta y riesgo. Implacablemente decidido y extremadamente resiliente, su destino le llevó hasta el mundo del motor, que casi le quita la vida, pero que le otorgó un lugar entre los mejores de todos los tiempos.

Lauda nació en Austria en 1949 en el seno de una familia rica. Su pasión por el mundo del motor no era del agrado de sus padres y no le ayudaron de manera económica en su carrera profesional, así que Lauda utilizó sus dotes de persuasión para obtener préstamos bancarios temporada tras temporada.

Empezó su camino en la Fórmula 1 siendo lo que hoy llamamos un piloto de pago, es decir, que el piloto paga a los equipos para pilotar para ellos. Aunque al principio estuvo en los equipos equivocados en el momento equivocado, nadie podía negar que su ritmo era excelente. Su sensatez molestaba a algunos e impresionaba a otros. Cuando Ferrari le llamó para participar en unas pruebas, le dijo al gran Enzo Ferrari que su coche era una mierda. Al todopoderoso italiano le encantó su actitud, y en 1974 ganaron dos grandes premios juntos. En 1975, Lauda y Ferrari fueron imbatibles con el fantástico 312T. Ganaron cinco carreras y subieron al podio en otras tres, lo que les llevó a conseguir el campeonato del mundo, el primero de Ferrari desde el de John Surtees once años antes.

1976 empezó bien para Lauda: obtuvo cinco victorias en nueve carreras, tres podios y un abandono. Solo el McLaren de James Hunt parecía capaz de poder pararle los pies y evitar que se anotara su segundo título. Pero entonces sufrió el terrorífico accidente en la segunda vuelta del Gran Premio de Alemania en Nürburgring. La brutalidad del impacto le arrancó el casco y su coche quedó envuelto en llamas. Cuando entre varios pilotos le sacaron de lo que quedaba del coche, sus heridas eran tan graves que un cura le dio la extremaunción.

Pero Lauda sobrevivió, y seis semanas después estaba subido otra vez en su Ferrari, con el que acabó cuarto en Monza mientras sus heridas sangraban debajo de las vendas y de su casco. A pesar de que Ferrari dudaba de su rendimiento tras el accidente, Lauda ganó el campeonato por segunda vez en 1977, abandonando el equipo una vez asegurado matemáticamente el título en desquite por su desconfianza. Fichó por Brabham, ganó un par de carreras y antes del final de la temporada de 1979 se retiró. No obstante, sus ganas de competir seguían intactas y regresó en 1982 con McLaren. Tras conseguir un tercer título en 1984 se retiró definitivamente en 1985.

Lauda se convirtió en una voz muy respetada en la Fórmula 1 y trabajó para Ferrari y Jaguar como asesor principal. Pero si hay un equipo en el que dejó huella, fue en Mercedes, donde sus dotes de liderazgo pusieron las bases de la década de dominio del equipo.

Niki Lauda murió en 2019 a los setenta años, llorado por una nación y un deporte al que hizo más grande curva tras curva.

1976
JAMES HUNT
The thing about motor racing is to be stupid enoug
is to be stupid enoug
to do it in the first pl
LAUDA-HUNT
UN "DUEL
APASION
Sunday Mirror
AMES HUNT
RIVES INTO
IGHT SPOT
JAMES HUNT
24
HESKETH
24

JAMES HUNT

«UN CAMPEONATO»

Si el héroe de Hollywood fue Niki Lauda, el villano fue James Hunt. Ruidoso, sin complejos y bullicioso, se divertía a lo grande y corría aún más. Era el favorito de los tabloides y una pesadilla para la prensa especializada, pero lo cierto es que las carreras le aterrorizaban. Sin embargo, si tenía un buen día podía batir a los mejores de su generación.

Nacido en Surrey, Inglaterra, en 1947, recibió educación privada y al parecer era muy revoltoso. Su naturaleza rebelde hacía imposible poder domarlo, y su aspecto fuerte unido al pelo rubio y largo que le hacían parecer una estrella del cine, le daban una imagen de chico malo que era irresistible para las mujeres. Empezó practicando con buenos resultados deportes de raqueta, pero le invitaron a ver a un amigo correr en Silverstone y le picó el gusanillo.

Era un piloto muy nervioso que solía vomitar antes de las carreras, pero cuando empezaba la acción, era valiente, rápido y, en muchas ocasiones, salvaje, lo que le hizo ganarse el apodo de *Hunt the shunt*, algo así como «Hunt el accidentes», debido a todos los que tuvo. La polémica y Hunt siempre fueron de la mano, y aunque ganó muchas carreras, consiguió varios récords de vuelta rápida y ascendió los escalones del automovilismo británico hasta llegar a la Fórmula 3, la Fórmula 1 parecía quedar muy lejos.

De hecho, sus posibilidades hubieran sido casi nulas de no haber sido por el equipo Hesketh Racing. Su fundador fue lord Alexander Hesketh, un joven aristócrata inglés que había heredado una gran fortuna y parecía querer despilfarrarla toda. Daba la impresión de que el equipo solo buscaba la diversión, y a muchos les parecía una broma que gastaran más dinero en champán que en gasolina o que las mujeres invitadas a las carreras superara en número a los miembros del equipo. En 1972, Hunt corrió con Hesketh algunas carreras de Fórmula 2, y en 1973, cuando entraron en F1, les acompañó. Pese a que en el ambiente de la F1 eran muchos los que miraban con desdén a Hesketh, lo cierto es que el equipo creó un aura de diversión excéntrica que sigue siendo recordada. Pese a no contar con el presupuesto ni la experiencia de los grandes equipos, Hunt y Hesketh consiguieron imponerse en el Gran Premio de los Países Bajos de 1975, tras mantener una lucha directa con Niki Lauda y su Ferrari. Al final de la temporada Hesketh se quedó sin dinero, pero Hunt tenía una oferta de McLaren sobre la mesa.

Los astros se alinearon y en 1976 Hunt y McLaren fueron los únicos que plantaron cara durante toda la temporada a Lauda. Su batalla con el austriaco pasó a formar parte de la leyenda de la Fórmula 1, sobre todo después del horrible accidente de Lauda en Nürburgring. La lucha por el campeonato debía resolverse en la última carrera, en Japón, que se disputó bajo unas condiciones meteorológicas terribles. Dado el estado de la pista, Lauda consideró que continuar era muy peligroso y abandonó. Hunt, por su parte, siguió en carrera y consiguió los puntos que necesitaba para coronarse campeón del mundo.

Tras un par de temporadas más, Hunt se retiró y se convirtió en un respetado y popular comentarista de televisión. Después de haberse calmado un poco y de dos matrimonios fallidos, se dedicó en cuerpo y alma a su vida como padre, la cual adoraba.

Pero en 1993, en el momento más feliz de su vida, sufrió un ataque al corazón y falleció a los cuarenta y cinco años.

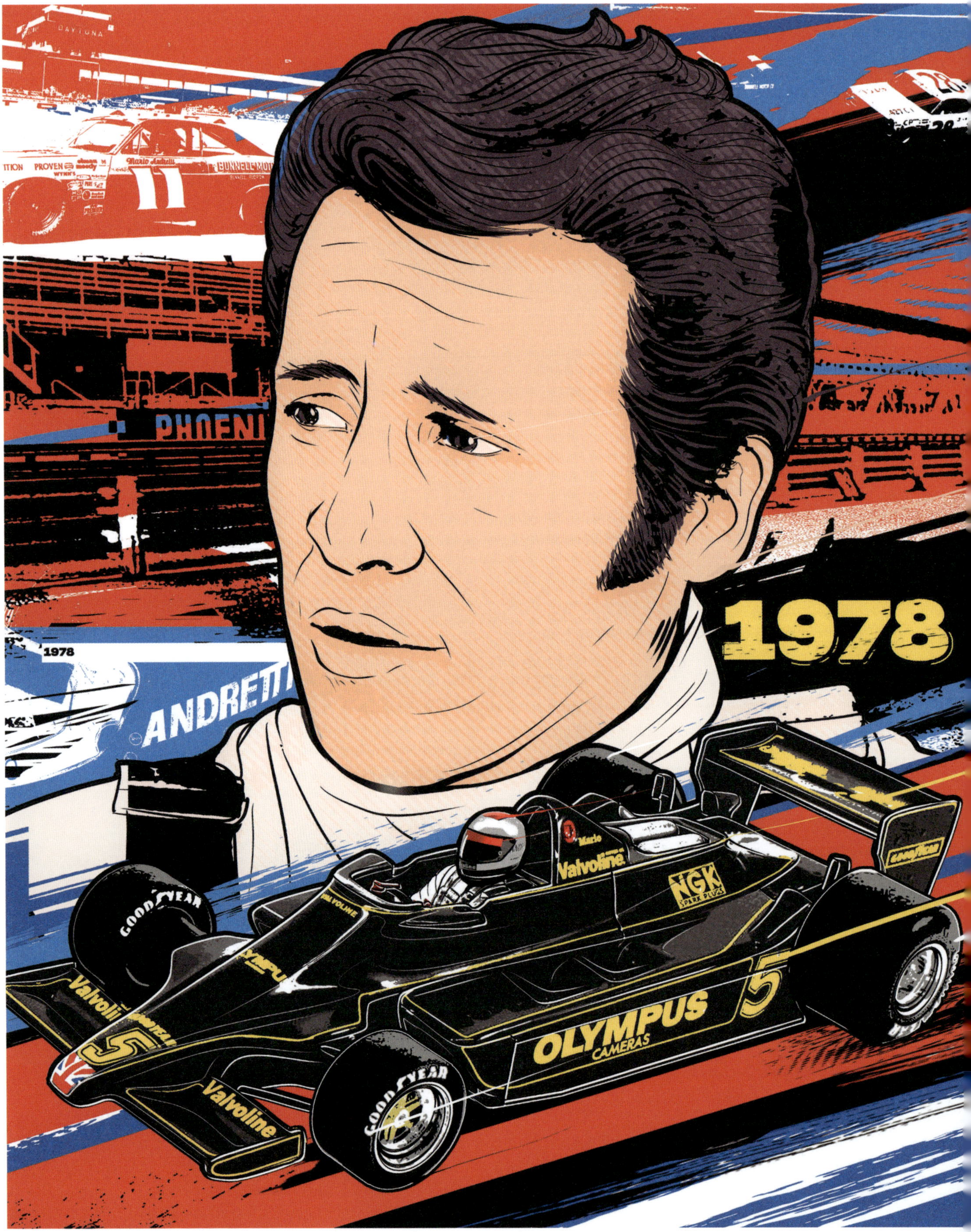
1978
ANDRETTI
PHOENI
DAYTONA
OLYMPUS
CAMERAS
Valvoline
NGK
GOODYEAR

MARIO ANDRETTI

« UN CAMPEONATO »

Algunos deportistas son tan venerados, conectan tanto con lo que representa su deporte que se convierten en figuras indiscutibles cuyos nombres pasan a ser sinónimo del mismo deporte. Algunos ejemplos son Michael Jordan en el baloncesto, Pelé en fútbol o Tom Brady en fútbol americano. En el mundo del motor, ese nombre es Mario Andretti.

Mario y su hermano Aldo nacieron en Italia en 1940 en medio de la Segunda Guerra Mundial. La familia Andretti vivió más de diez años en campos de refugiados, puesto que su zona natal pasó a formar parte de Yugoslavia. Los dos hermanos, que eran gemelos, se enamoraron de las carreras cuando todavía eran niños, vislumbrando las Mille Miglia y tras acudir al Gran Premio de Italia de 1954, en Monza, donde Mario pudo ver en persona a su ídolo, Alberto Ascari.

En 1955, la familia emigró a Estados Unidos, y allí, tras falsificar sus carnés para parecer que eran mayores, empezaron a competir con un Hudson Hornet en circuitos de tierra. Los dos eran muy rápidos, pero Aldo sufrió un terrible accidente que lo alejó de la competición. Mario, sin embargo, siguió, y demostró que además de ir muy rápido era tenaz y tenía mucha capacidad de adaptación. Ganó en *midgets*, en carreras *sprint*, en la NASCAR, las 500 Millas de Daytona, en carreras de *dragsters* y en la subida a Pikes Peak. En cualquier carrera en la que participaba, era candidato a la victoria.

Mario sintió la llamada de los monoplazas y entró en la IndyCar. En 1969 ganó la Indy 500 y en 1965, 1966 y 1969 se llevó el campeonato. Pero el sueño de Mario siempre había sido la Fórmula 1, y tras impresionar a Colin Chapman en las 500 Millas de Indianápolis de 1965, este le ofreció un asiento en el equipo Lotus cuando quisiera. En 1968 debutó con Lotus en el Gran Premio de Estados Unidos y consiguió la *pole position*, pero en carrera tuvo que abandonar por un problema de embrague. En los años siguientes solo apareció de forma esporádica con March, Parnelli y Ferrari, logrando su primera victoria en el Gran Premio de Sudáfrica de 1971 con uno de los coches de la Scuderia. Años más tarde, en 1976, Chapman le convenció para dejar atrás la IndyCar y que se dedicase a tiempo completo a la Fórmula 1.

Andretti y Chapman trabajaron mano a mano para convertir el Lotus en el coche a batir. En 1977 acabaron terceros, y en 1978 (al volante de un Lotus 79) nadie pudo oponérsele y se convirtió en campeón del mundo. Siguieron dos temporadas decepcionantes y en 1981 fichó por Alfa Romeo. Pese a que en 1982 regresó al campeonato IndyCar, aún corrió una carrera con el equipo Williams y un par con Ferrari, una de ellas en Monza, donde logró la *pole position* y acabar en el podio para delirio de los *tifosi*. En Estados Unidos siguió corriendo hasta más allá de los cincuenta años y en 1984 volvió a proclamarse campeón de la IndyCar.

De entre todos los pilotos, Mario fue el que más cerca se quedó de conseguir igualar la Triple Corona de Graham Hill. En 1995, a los cincuenta y cinco años, terminó segundo en las 24 Horas de Le Mans. Hoy en día, ya octogenario, sigue siendo feliz a los mandos de un coche y se encarga de conducir en los circuitos de la IndyCar un monoplaza adaptado para llevar a dos personas, en el que los afortunados que se suben a él experimentan la sensación de ir a más de 300 km/h. Se le considera uno de los mejores pilotos que ha existido.

1979
MICHELIN
Agip
MICHELIN
Jody Scheckter
FIAT
11
CHAMPION
brembo
arexons
SKF
HEUER

JODY SCHECKTER

« UN CAMPEONATO »

No eran muchos los que creían que Jody Scheckter podía llegar a ganar un campeonato de Fórmula 1. En sus inicios era un piloto temerario, y al final de su carrera era poco agresivo. Aun así, contra todo pronóstico, una última partida con el equipo más importante le dio la oportunidad de conseguir el título. Su carrera en F1 duró menos de una década, pero en ese tiempo se ganó un puesto fijo en la historia como un campeón inolvidable e implacable.

Nació en 1950 en East London, Sudáfrica. De joven trabajó como aprendiz en el concesionario de Renault de su padre, donde aprendió a conducir. La competición corría por sus venas, pero en su primera carrera de turismos le descalificaron por conducción temeraria. Scheckter solo sabía pilotar de esa manera, con un estilo salvaje y peligroso, pero a la vez muy rápido. Así lo demostró en Fórmula Ford y Fórmula 3, donde su reputación en pista se convirtió en la aliada de una personalidad sincera y sin remordimientos que podía llegar a molestar.

A pesar de que Scheckter causaba temor por su tendencia a cruzar los límites, McLaren le fichó para correr ocasionalmente entre 1972 y 1973. Se vio involucrado en varios incidentes graves, entre ellos uno con el vigente campeón, Emerson Fittipaldi, y otro al inicio del Gran Premio de Gran Bretaña de 1973, en que provocó uno de los accidentes más importantes de la Fórmula 1 que afectó a buena parte de los participantes. Todos los pilotos estaban de acuerdo en que Scheckter era un peligro y que debían prohibirle participar, pero McLaren prefirió no llegar a ese extremo y le bajó del coche durante algunas carreras.

En 1973 fichó por Tyrrell para la temporada de 1974, pero la muerte de François Cevert, que habría sido su compañero, en el Gran Premio de Estados Unidos, tuvo un gran efecto en él. Scheckter fue el primero en llegar al lugar del accidente, y la violencia con la que murió Cevert cambió su manera de pilotar para siempre. Nunca más volvió a tomar tantos riesgos. Gracias a la ayuda de Ken Tyrrell, aprendió a dominar su agresividad sin perder por ello su buen control del coche y el ritmo electrizante que le caracterizaban y que le permitieron ganar sus dos primeros grandes premios. En 1974 y 1976 acabó tercero en el campeonato, y en 1977 cambió de equipo, se fue a Walter Wolf Racing y acabó segundo tras luchar con Lauda y su Ferrari por el título. De hecho, sus actuaciones llamaron la atención de Ferrari y le ofrecieron un asiento para la temporada de 1979.

Aunque eran muchos los que pensaban que el carácter explosivo y directo del sudafricano no encajaría en Ferrari, lo cierto es que formaron una pareja perfecta. Scheckter ganó el campeonato del mundo de Fórmula 1 de 1979 y su compañero Gilles Villeneuve quedó segundo. Aquel fue el último título de Ferrari durante veinte años.

A la finalización de su contrato una vez concluida la temporada de 1980, Scheckter decidió retirarse. Hoy en día vive en Inglaterra y dirige una granja biodinámica que ha sido premiada por su labor, famosa por su carne y sus productos lácteos de búfalo.

Super
Swed
Valvoline
John Player Special
6
OLYMPUS
CAMERAS
Valvoline
6
Valvoline

RONNIE PETERSON

Ronnie Peterson fue uno de los pilotos más rápidos de los años setenta. Era un piloto muy hábil y con una forma de ser tan encantadora que era apreciado por todo el mundo. Fascinante en la pista y encantador fuera de ella, tenía todo lo que había que tener para ser campeón, excepto tiempo. Su muerte en el Gran Premio de Italia de 1978 dejó al mundo del motor en estado de *shock*.

Nació cerca de Örebro, Suecia, en 1944, empezó a competir siguiendo el camino ahora habitual de las carreras de karts. Destacó desde sus inicios y pronto pasó a la Fórmula 3, donde ganó en 1968 y 1969 con un coche que había diseñado con su padre, que era panadero. La siguiente temporada, la de 1970, rompió todos los esquemas y llegó a la Fórmula 2, pero tenía tanto talento que también debutó en Fórmula 1.

El rapidísimo «Superswede» (supersueco en español) impresionó tanto que en 1971 fue fichado por el equipo oficial March para competir tanto en Fórmula 2 como en Fórmula 1. Peterson conquistó el título de Fórmula 2 y quedó segundo en la Fórmula 1. En esa época una hazaña así era impresionante, y más todavía teniendo en cuenta su inexperiencia comparada con el resto de sus rivales.

En 1973 fichó por Lotus y se convirtió en compañero de Emerson Fittipaldi, logrando su primera victoria en el Gran Premio de Francia. Aquel año aún ganaría otras tres carreras, pero después Lotus entró en una fase de declive. De hecho, en 1974, el Lotus 76 era tan poco competitivo que hubo que volver a utilizar el coche de 1973, el Lotus 72, con el que corrieron hasta 1975. Sin visos de mejora, Peterson regresó a March tras la primera carrera de 1976, y en 1977 se fue a Tyrrell.

En 1978, Colin Chapman convenció a Peterson de que el rumbo había cambiado y de que Lotus volvería a estar en la cima. Y estaba en lo cierto, pero como parte del acuerdo, Peterson debía respaldar a Mario Andretti como segundo piloto, y en caso de que los dos coches se encontrasen liderando la carrera, debería dejar ganar a Andretti. Peterson accedió y acabó varias veces pisándole los talones a su compañero para mostrar su velocidad y a la vez respetar las órdenes establecidas. Al final ganó dos carreras, una en la que el coche de Andretti tuvo problemas y otra en la que fue tan rápido que dobló al otro Lotus.

Peterson creía que tras aceptar y respetar las órdenes del equipo, él sería el siguiente en luchar por el mundial, pero no tuvo tiempo. Un accidente en la salida del Gran Premio de Italia de 1978 le dejó múltiples fracturas y quemaduras en las piernas. Sus heridas no parecían ser letales, pero durante la noche sufrió algunas complicaciones y falleció. Los titulares del lunes informaban de que Ronnie Peterson, uno de los pilotos con más talento de su generación, había muerto. Su nombre quedó grabado en la memoria como un piloto que podría y debería haber sido campeón del mundo de Fórmula 1.

OTROS PILOTOS DESTACADOS:
LA DÉCADA DE 1970

JACKY ICKX

Encantador, atractivo y siempre con sus gafas de sol como las de Elvis, Jacky Ickx destacó en la glamurosa F1 de los setenta, pero también fue quizá el pilotos más completo de la época. Ganador de múltiples carreras, era capaz de hacer bailar a sus coches en las peores condiciones. Brilló con luz propia en Le Mans, carrera que ganó seis veces. El piloto belga consiguió ganar ocho grandes premios y subió veinticinco veces al podio durante su carrera en la Fórmula 1, que se extendió de 1966 a 1979 y en la cual compitió para todos los equipos más grandes, de Lotus a Ferrari y de McLaren a Williams, en este caso en los inicios del equipo.

CLAY REGAZZONI

No es frecuente que un piloto debute en Fórmula 1 con Ferrari, y más difícil aún que consiga su primera victoria en el Gran Premio de Italia, en Monza, pero así es como comenzó el piloto suizo Clay Regazzoni en la Fórmula 1 en 1970, temporada que acabó en tercera posición. Cuatro de sus cinco victorias en F1 las logró con Ferrari y acabó segundo en la lucha por el título de 1974. Su última victoria fue la primera del equipo Williams, en 1979. Un accidente en Long Beach en 1980 le dejó paralítico de cintura para abajo, pero siguió compitiendo con controles manuales y promoviendo la igualdad de oportunidades para pilotos con discapacidad. Murió en 2006 en un accidente de tráfico a los sesenta y siete años.

CARLOS REUTEMANN

Carlos Reutemann, con su aspecto elegante y su amplia sonrisa fue uno de los mejores pilotos de Fórmula 1 de los años setenta. El argentino ganó carreras con Brabham, Ferrari y Williams, y se quedó a un punto del campeonato en su penúltima temporada, en 1981. Durante treinta años fue el único piloto de Fórmula 1 que también había subido a un podio en el Campeonato del Mundo de Rallies, ejemplo perfecto de su versatilidad. Tras retirarse, se dedicó a la política en la que gozó de gran popularidad, llegando a ocupar diversos cargos de responsabilidad en la administración argentina. Murió aún en el ejercicio de su cargo en 2021 con setenta y nueve años a causa de una hemorragia intestinal.

LELLA LOMBARDI

Lella Lombardi es la única mujer hasta ahora que ha logrado puntuar en una carrera de Fórmula 1, concretamente en el Gran Premio de España de 1975. Fue piloto de March, Williams y Brabham, y se convirtió en una inspiración para innumerables mujeres y pilotos del colectivo LGTBIQ+ de todo el mundo.

DIVINA GALICA

Divina Galica lideró el equipo de esquí femenino de Gran Bretaña en dos Juegos Olímpicos, pero se enamoró del automovilismo tras participar en una carrera de celebridades. Intentó clasificarse en tres grandes premios, pero donde de verdad tuvo éxito fue en el campeonato Aurora AFX o Fórmula 1 británica, en la cual subió al podio muchas veces.

LOS TITANES DE LOS AÑOS 70

LOTUS

Lotus continuó mostrando una gran forma en los años setenta, en los que ganó cuatro campeonatos. Sin embargo, al mismo tiempo que sus innovadores coches continuaban marcando tendencia, su década de dominio terminó con una tragedia. La experiencia combinada de Colin Chapman y Tony Rudd aprovechó el efecto suelo para convertir todo el coche en un alerón, utilizando faldillas para reducir prácticamente a cero la distancia entre el suelo del coche y la pista y generar así adherencia. El Lotus 72 fue una obra de arte en cuanto a innovación y le dio al equipo treinta y nueve podios, veinte victorias y tres campeonatos de constructores. Pero Jochen Rindt falleció al volante de uno y se convirtió así en el único campeón a título póstumo. El Lotus 78 y su sucesor, el 79, ayudaron al equipo y a Mario Andretti a ganar los títulos de 1978, pero la temporada y la década finalizaron de la peor manera posible con la terrible pérdida de Ronnie Peterson.

FERRARI

Ferrari comenzó bien la década con el 312B, pero de 1971 a 1973 vivieron un periodo de vacas flacas que dio lugar a un cambio en la directiva. Contrataron los servicios del joven y brillante empresario Luca di Montezemolo para dirigir sus actividades en F1, y junto a Mauro Forghieri como responsable del departamento técnico, desarrollaron el 312 B3-74 y con Niki Lauda al volante, construyeron la base de lo que iba a ser un periodo de grandes éxitos en aquella década. A partir de 1975, el equipo ganó cuatro campeonatos del mundo de constructores, el primero en 1975 con el 312T. El 312 T2 le dio el relevo en 1976 a pesar del enorme accidente de Lauda en Nürburgring, y en 1977 repitieron doblete, quedando primeros en el mundial de pilotos y de constructores. Lauda dejó el equipo y su asiento lo ocupó Gilles Villeneuve. Jody Scheckter cerró la década con su título en 1979, el cuarto de Ferrari en los años setenta.

TYRRELL

El pequeño equipo británico de Ken Tyrrell hizo lo imposible en Fórmula 1 y reinó algunos años desde un humilde cobertizo en la Inglaterra rural. Al principio de los años setenta y tras haber dirigido al equipo francés Matra hacia el éxito, Tyrrell decidió participar con un chasis March equipado con un motor Ford Cosworth DFV, mientras desarrollaba su propio coche para dar el salto en la temporada de 1971. El primer Tyrrell empezó a rodar a finales de 1970, y gracias a lo aprendido en aquellas primeras carreras lo desarrollaron y lo convirtieron en el coche con el que Stewart logró su segundo título mundial en 1971 y Tyrrell el de constructores. En 1972 Stewart tuvo problemas de salud pero aun así acabó subcampeón. Al año siguiente, ya recuperado, el equipo volvió a rendir al máximo y el piloto escocés se anotó su tercer y último título. Sin embargo, tras la muerte de su querido segundo piloto, François Cevert, en la última carrera del campeonato, Tyrrell no participó en ella y Lotus se hizo con el campeonato de constructores. Stewart se retiró y el equipo siguió sumando victorias a su palmarés durante esta época, pero ya no volvió a ser lo que fue.

McLAREN

Bruce McLaren creó su equipo de Fórmula 1 en 1966 y en 1968 consiguió su primera victoria en Bélgica. Pero no pudo disfrutar de los triunfos que le depararía su equipo porque perdió la vida en un accidente durante unas pruebas en 1970. El estadounidense Teddy Mayer tomó las riendas de McLaren, y su participación en los campeonatos de Fórmula 1, IndyCar y Can-Am lo convirtieron en un equipo muy fuerte a nivel internacional, que ganó las 500 Millas de Indianápolis en 1972 y 1974. El año 1974 fue histórico para McLaren pues Emerson Fittipaldi, al volante del magnífico M23, se proclamó campeón del mundo de Fórmula 1 y el equipo campeón del mundial de constructores. El coche siguió en uso algunos años más, y a pesar de no conseguir más títulos de constructores permitió a James Hunt proclamarse campeón del mundo en 1976.

WILLIAMS

Frank Williams era un apasionado de las carreras que se asoció con su amigo, el piloto Piers Courage, y juntos entraron como equipo privado en la Fórmula 1 en 1969 con un Brabham. En 1970 Williams fundó su propia escudería, comprando chasis y motores para montar sus coches hasta que se asociaron con Walter Wolf, el cual cambió el nombre del equipo y se deshizo de Williams. Este puso en pie entonces Williams Grand Prix Engineering en 1977. Con Patrick Head como responsable de diseño, el equipo fue progresando, y en 1978 apareció el primer coche totalmente proyectado y construido por Williams. En 1979, Head diseñó un coche que ya explotaba al máximo el efecto suelo y que se impuso por primera vez en casa, en el circuito en Silverstone. Williams terminó los años setenta como un equipo puntero, en la cresta de la ola.

BRABHAM

Para el equipo Brabham, la década se inició a partir de 1972, cuando fue adquirido por Bernie Ecclestone por 100.000 libras. El nuevo propietario puso a Gordon Murray como responsable del diseño, y la creatividad de este empezó a fluir y a crear coches ganadores. En ocasiones, su genialidad era fruto de la necesidad, como cuando Ecclestone negoció un acuerdo para disponer de motores de 12 cilindros Alfa Romeo gratuitos, que aunque eran muy potentes también pesaban mucho. Murray tuvo, pues, que inventarse soluciones ingeniosas para paliar el déficit de peso del coche. Mientras experimentaba con el efecto suelo y el controvertido *Fan Car*, él y Ecclestone colocaron a Brabham de nuevo en la lucha por las primeras posiciones en los años ochenta.

MARCH

March existió como equipo menos de diez años, pero fue bastante importante. En 1970, después de crear en 1969 un coche de F3, la marca decidió apostar por vender coches de F1, F2, F3, Fórmula Ford y Can-Am al mismo tiempo que participaba con sus propios equipos en las tres primeras categorías. Sus coches se hicieron muy conocidos en los años setenta pese a que el equipo oficial solo consiguió dos victorias en Fórmula 1 en toda su historia. Abandonaron la Fórmula 1 en 1977, aunque volvieron esporádicamente en las siguientes décadas. En los años noventa, bajo el nombre de Leyton House, el equipo le dio una oportunidad a la joven promesa del diseño, Adrian Newey.

1971
MONZA

LA CARRERA DE LA DÉCADA

GRAN PREMIO DE ITALIA DE 1971

Este fue el último Gran Premio que se corrió en el trazado original de Monza, antes de que se le añadieran chicanes. El Gran Premio de Italia de 1971 ofreció una batalla increíble, en la que un grupo de pilotos que nunca habían ganado una carrera de F1 se pelearon por la gloria. El final fue el más ajustado de toda la historia de la Fórmula 1, y la carrera forma parte de las que tienen la consideración de mítica.

Chris Amon se llevó la *pole* con su Matra, arrebatándosela a los *tifosi* de Ferrari, pero por lo menos Jacky Ickx, piloto del equipo italiano, salía en primera línea. Su compañero, Clay Regazzoni, solo pudo ser octavo, pero gracias a una espectacular salida se colocó líder por delante del BRM de su compatriota, Jo Siffert. Jackie Stewart también estaba en la pelea con su Tyrrell, al igual que su compañero François Cevert, Ronnie Peterson con el March y los BRM de Howden Ganley y Peter Gethin. Al cabo de unas cuantas vueltas, se les unió el Surtees de Mike Hailwood, antigua estrella del motociclismo.

En esa época nadie pensaba en conservar neumáticos o en bajar el ritmo. El grupo de los líderes iba al límite, adelantándose una y otra vez entre ellos y usando el rebufo para zigzaguear y lanzarse de cabeza para avanzar al rival a escasos milímetros de distancia entre unos y otros, y ofreciendo una gloriosa demostración de lo que son las carreras. Stewart se puso primero, y Peterson también. Pero la locura se desató en las gradas cuando el Ferrari de Regazzoni consiguió ponerse de nuevo en cabeza. Ickx y Siffert tuvieron problemas y quedaron rezagados, y Stewart rompió el motor, con lo cual solo quedó un Tyrrell en carrera, el de Cevert. Cuando el propulsor de Regazzoni también expiró, hubiera sido lógico esperar un abandono masivo de Monza por parte de los aficionados italianos, pero no fue así y permanecieron en el circuito hipnotizados por el espectáculo del que estaban siendo testigos.

En la vuelta veinticinco, Hailwood lideraba la carrera. Siffert, cuyos problemas parecían haberse solucionado, volvió a la carga y se colocó primero, pero finalmente la cuarta marcha de su coche se quedó bloqueada y no pudo seguir en la batalla. Ahora esta se libraba entre Cevert, Hailwood, Peterson y Amon, que había conseguido unirse al grupo. Sin embargo, cuando este último intentó quitarse una de las tiras de plástico de la visera, esta se desprendió totalmente del casco. Casi sin poder ver nada, el neozelandés no aflojó el ritmo hasta que su motor empezó a fallar y se vio relegado a la sexta posición. Mientras tanto, Peter Gethin se había acercado al grupo, y en la vuelta cincuenta y dos se puso primero, siendo esta la primera vez que lideraba la carrera. Al iniciarse la última vuelta, la cincuenta y cinco, cuatro pilotos que nunca habían ganado un Gran Premio luchaban entre ellos por la victoria: Gethin, Peterson, Hailwood y Cevert. Cualquiera de ellos podía ganar.

Cevert lideraba antes de la Parabólica, pero saliendo de su rebufo y apurando la frenada Peterson le adelantó. Los espectadores esperaban ansiosos para ver quién salía primero de entre los árboles. Para sorpresa de todos, fue Gethin quien lo hizo y cruzó la línea de meta 0,01 segundos por delante de Peterson, mientras Cevert acababa tercero a 0,08 segundos de distancia. Hailwood fue cuarto a menos de 0,2 segundos del líder y Ganley quinto, a 0,4 segundos del Surtees. Nunca había habido una carrera como esta y nunca la habrá.

LA DÉCADA DE

19

80

LA FÓRMULA 1 EMPEZÓ la década de los ochenta envuelta en una pelea sobre su futuro, en la cual los dos organismos con más poder político se enfrentaban por controlarla. El órgano de gobierno de la F1, la FIA, intentaba desesperadamente seguir vinculado a la Fórmula 1 y su controvertido líder, Jean-Marie Balestre, intentaba por todos los medios desestabilizar y generar la división interna en el seno de la FOCA (Formula One Constructors Association).

Balestre instauró nuevas reglas que ayudaban a los equipos que eran leales a la FIA y dejaba en desventaja a los que apoyaban a la FOCA, lo que dio lugar a que la presión política aumentase y hubiera amenazas de boicot por parte de los equipos y los pilotos. Al Gran Premio de España de 1980 solo asistieron los equipos que estaban de parte de la FOCA y la FIA declaró aquella carrera como ilegal. Mientras las negociaciones seguían su curso, Balestre anunció que, a partir de 1981, el campeonato pasaría a celebrarse bajo la tutela de la FIA. Esto significaba que los organizadores estaban obligados a firmar las condiciones de la FIA para ser incluidos en el calendario y que todos los equipos debían aceptar su participación durante toda la temporada bajo la normativa de la FIA.

El periodo estuvo marcado, por un lado, por Balestre y, por otro, por el líder de la FOCA, Bernie Ecclestone, y su asesor legal, Max Mosley, expiloto y uno de los socios fundadores del equipo March. Cuando a mediados de 1980 se presentaron las nuevas propuestas a la FOCA, la organización anunció su intención de abandonar la Fórmula 1 y crear su propio campeonato mundial, bajo el control y dirección de la World Federation of Motor Sport (Federación Mundial de Automovilismo). Sin embargo, cuando los patrocinadores y proveedores empezaron a abandonar a los equipos de ambos bandos, la FIA y la FOCA comprendieron que la única manera de salvar el campeonato y también a ellos mismos era llegar a un acuerdo.

Las negociaciones trajeron consigo la elaboración de un acuerdo de organización y reglamentación llamado Pacto de la Concordia, que se firmó por primera vez en 1981 y que desde entonces regula el funcionamiento de la Fórmula 1 en diferentes actualizaciones. Un aspecto importante de aquel pacto inicial era que solo los circuitos aprobados por la FOCA podrían organizar pruebas para el campeonato, lo que le otorgaba a Ecclestone un gran poder. El pacto también autorizaba a los equipos a intervenir en el diseño de la normativa técnica, pues se establecieron plazos mínimos para introducir modificaciones y se exigía la unanimidad de todos los equipos para su aplicación. La nueva reglamentación también estipulaba que todos los equipos deberían ser constructores y fabricar sus propios coches, lo cual supuso el final de los equipos privados que participaban con coches comprados de otras marcas. A pesar de que en los primeros años no faltaron los problemas, el acuerdo se mantuvo y se declaró una paz relativa.

El efecto suelo fue prohibido por razones de seguridad, y como resultado, se entró en la era turbo. En los años ochenta la Fórmula 1 vivió la década con los coches más potentes de su historia. A modo de ejemplo, el motor BMW llegó a los 1300 CV de potencia durante la sesión de clasificación del Gran Premio de Italia de 1986. Además de los avances en la tecnología de los motores, otra vía de desarrolló vino de la mano de la electrónica.

Lotus fue el equipo pionero en usar la suspensión activa, que subía y bajaba el coche automáticamente curva tras curva para conseguir el máximo rendimiento aerodinámico. También se introdujeron las cajas de cambios semiautomáticas y se desarrolló el control de tracción. La tracción a las cuatro ruedas y el repostaje de combustible durante la carrera quedaron prohibidos.

La construcción de los coches también evolucionó. Después de que el Lotus 88 (que no llegó a competir) mostrara la fortaleza y ligereza de la fibra de carbono, McLaren, con su diseñador John Barnard al frente, construyó el MP4/1, el primer coche de Fórmula 1 con un chasis monocasco hecho en su totalidad de fibra de carbono. La nueva normativa exigía que debía haber una célula de supervivencia alrededor del piloto, con lo cual el uso de la fibra de carbono se convirtió en poco tiempo en la norma, puesto que era fina, pero muy resistente, y mejoraba la seguridad del piloto a la vez que permitía que los coches fueran más ligeros y, por lo tanto, más rápidos.

McLaren, Williams y Brabham fueron los equipos a batir de los años ochenta, y entre ellos ganaron todos los campeonatos de pilotos y constructores, excepto dos de constructores, que fueron para Ferrari, en 1982 y 1983. Fue una época de campeonatos y carreras fantásticas. Las dos estrellas de McLaren, Alain Prost y Ayrton Senna, ocupaban todos los titulares de la prensa como los rivales más famosos de la Fórmula 1. Sus batallas, tanto dentro como fuera de la pista, centraron la atención del mundo entero.

El calendario de entonces incluía alrededor de dieciséis carreras, y aunque la mayoría seguían siendo en Europa, también se corría en Australia, Brasil, Japón, Estados Unidos, México y Canadá. En 1980 se hizo obligatorio que los circuitos tuvieran instalaciones médicas, y aunque seguía siendo un deporte peligroso, a lo largo de la década solo se registraron cuatro muertes: dos durante unos entrenamientos privados en 1980 y 1986 y dos en el transcurso de sendos grandes premios, ambas en 1982. La Fórmula 1 era ahora un deporte que se televisaba en todo el mundo y comercializable, y gracias a su desarrollo constante ofrecía carreras apasionantes, ya que se extendió la idea de que se había alcanzado un alto grado de seguridad.

Cerca del final de la década, se prohibieron los cada vez más rápidos motores turbo, y empezaron a surgir voces que abogaban por la restricción del uso de ayudas electrónicas a la conducción. Políticamente, Balestre se vio cada vez más marginado. Mosley había sido elegido como responsable de la Comisión de Constructores de la FIA y empezó a tener más influencia en el órgano de dirección de la Fórmula 1.

Por su parte, Ecclestone vendió el equipo Brabham hacia el final de la década porque fue nombrado vicepresidente de la FIA para encargarse de los aspectos promocionales. Creó la Formula One Promotions and Administration, FOPA, y en el Pacto de la Concordia de 1987 se acordó que este organismo controlaría los derechos televisivos en nombre de la FIA así como la distribución de los premios económicos de los equipos.

Al cabo de unos pocos años, Mosley fue nombrado presidente de la FIA y Ecclestone controlaba todos los aspectos comerciales de la Fórmula 1. Los años ochenta fueron unos años de cambio que debían preparar el terreno para que la década siguiente fuera un periodo de crecimiento y optimismo ilimitados.

1980
KURVE B
JONES
AUS
FLY saudia
saudia
GOODYEAR
Mobil
Alan Jones
ALBILAD
dallah AVCO
TAG
Techniques d'Avant Garde
27
BAROOM
BIN LADEN

ALAN JONES

« UN CAMPEONATO »

Alan Jones fue el primer campeón del mundo del equipo Williams de Fórmula 1, y se convirtió en el barómetro con el que todos los pilotos siguientes de Williams se comparaban. Muchos le veían como un piloto de la zona media, pero su tenacidad y fuerza de voluntad dejó huella.

Nacido en Melbourne, Australia, en 1946, siempre quiso seguir los pasos de su padre, un piloto que ganó el Gran Premio de Australia de la Fórmula Libre en 1959. Jones comprendió que si quería progresar como piloto debía irse a Europa, y se fue a Inglaterra. No tenía mucho dinero pues su padre se había arruinado, así que para cumplir su sueño empezó compitiendo con viejos modelos de Fórmula Ford y Fórmula 3.

Finalmente, en 1973, logró acabar segundo el campeonato británico de F3, pero fue un año duro para él por el fallecimiento de su padre. En 1974 fue segundo en el campeonato de Fórmula Atlantic, y gracias a ello pudo dar el salto a la Fórmula 1 el año siguiente. Pero sin haber brillado especialmente, tuvo que conformarse con ofertas de equipos en declive. Pilotó para Hesketh, luego para Graham Hill y después para John Surtees. Pero en 1977 todo cambió para él. Después de la trágica muerte de Tom Pryce, el equipo Shadow le abrió sus puertas y pudo agradecerles la confianza que le habían demostrado con su primera victoria en Austria.

Sus actuaciones provocaron el interés de Ferrari para 1978, pero Enzo decidió fichar a Gilles Villeneuve, y Jones acabó en Williams. Se convirtieron en el tándem perfecto, que compartía una actitud ante la competición basada en una determinación tenaz y en el trabajo duro. A finales de 1978 lograron subir a un podio, y a mediados de 1979, con el nuevo FW07, Jones y Williams eran el piloto y el coche a batir. Ganaron cuatro de las últimas seis carreras de la temporada y comenzaron 1980 como favoritos para conseguir el título.

De las catorce carreras de la temporada 1980, cruzó la meta en once, de las cuales cinco fueron victorias y en otras cinco subió al podio. Jones y Williams se proclamaron campeones del mundo, y en la siguiente temporada, 1981, acabaron en tercera posición.

Retirado tras la última carrera de 1981, Jones echaba de menos las carreras, y participó en algunos grandes premios en 1983 y 1985. Ese mismo año 1985, corrió por primera y única vez una prueba de la IndyCar que acabó en tercera posición. En 1986 regresó a tiempo completo a la Fórmula 1, pero solo puntuó dos veces.

Después de su segunda aventura en Fórmula 1, regresó a Australia para dedicarse a su granja, pero quien tuvo retuvo, y compitió varios años en el campeonato australiano de turismos. Alan Jones no será un campeón recordado por su elegancia y habilidad al volante, pero compensaba esas carencias con muchas agallas y un gran instinto de lucha que le llevaron hasta lo más alto.

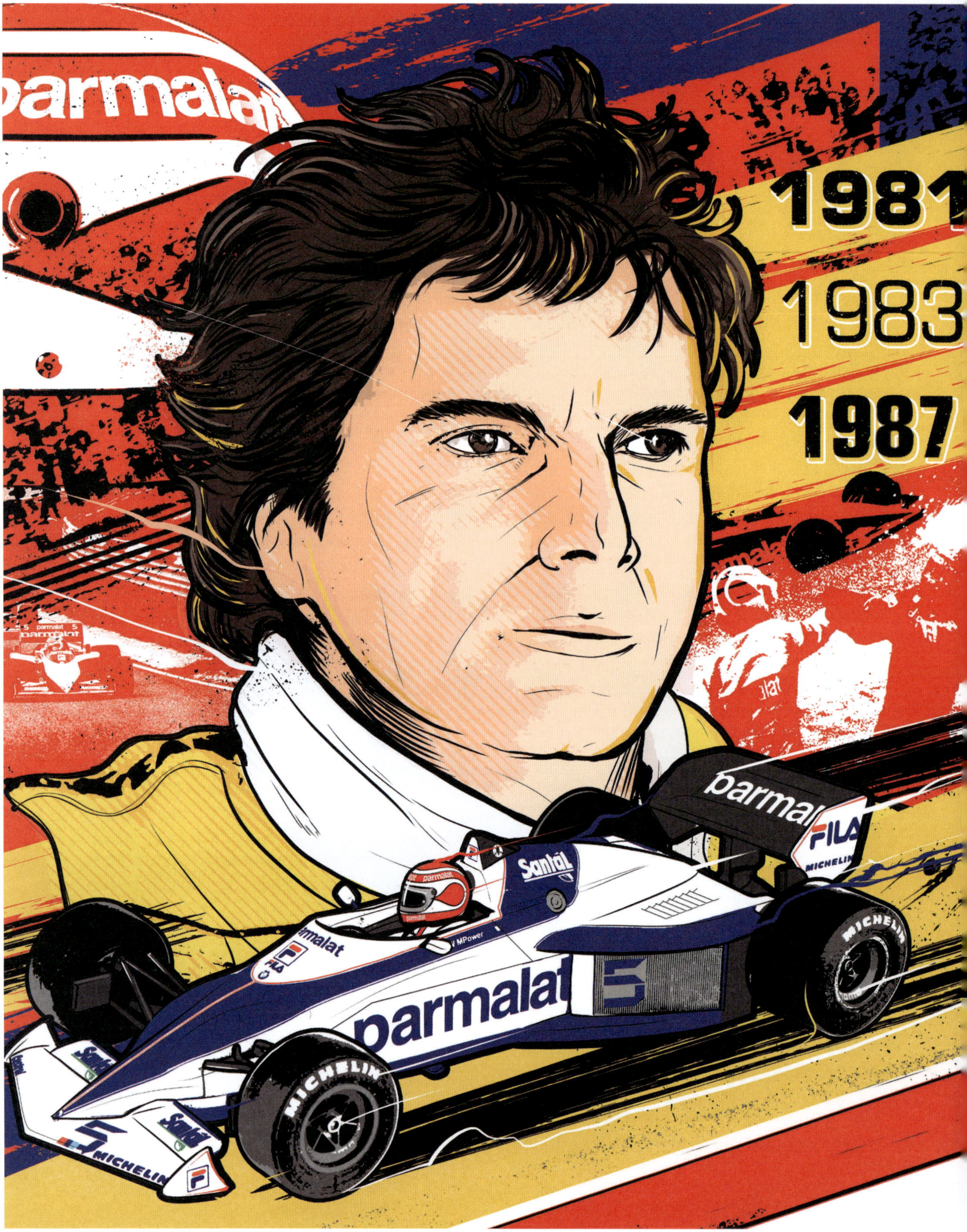
parmalat
1981
1983
1987
parmal
FILA
MICHELIN
Santal
parmalat
parmalat
MICHELIN
MICHELIN

NELSON PIQUET

«TRES CAMPEONATOS»

A Nelson Piquet solo le importaba una cosa: ganar carreras. Aunque reconocía que era algo perezoso, trabajaba bien con los ingenieros y mecánicos y competía con la inteligencia y una velocidad suficientes para proclamarse tres veces campeón del mundo de Fórmula 1. Siempre fue muy provocativo, y en los últimos años su legado se ha visto salpicado por polémicas de su vida personal.

Nacido en Río de Janeiro, Brasil, en 1952, podría haber sido jugador de tenis profesional, pero tras años de entrenamiento, finalmente decidió dejar la raqueta para perseguir su sueño de ser piloto. Y lo hizo utilizando su apellido materno para que sus padres no descubrieran lo que estaba haciendo. Antes de llegar a Europa en 1977 con fama de prodigio, ganó campeonatos de karting y de Fórmula Vee. En 1978 hizo honor a su reputación y batió el récord de Jackie Stewart de más victorias en una temporada en la Fórmula 3 británica.

Bernie Ecclestone, por aquel entonces dueño del equipo Brabham de F1, vio algo en él que le gustó y lo fichó en 1979 para que aprendiera de Niki Lauda. Cuando Lauda se retiró a finales de la temporada, Piquet se convirtió en el primer piloto del equipo, en el que trabajaba junto con el mítico diseñador Gordon Murray para hacer del BT49 un coche campeón. En 1980 ganó varias carreras, y en 1981 dominó toda la temporada y se proclamó campeón del mundo por primera vez, título que repetiría dos años después al volante del BT52.

Tras sus éxitos, Piquet creía que debía ganar más de lo que Ecclestone le pagaba y pidió que le doblara el sueldo. Ecclestone se negó, pero Frank Williams le ofreció el triple, y de este modo empezaron unos años turbulentos entre el brasileño y su nuevo compañero de equipo, Nigel Mansell. Los dos se odiaban mutuamente y la consecuencia de ello fue que dejaron escapar el campeonato de 1986.

En 1987 Piquet consiguió su tercera corona. Después, decidió cambiar de equipo y fichar por Lotus y más tarde por Benetton, y aunque aún lograría tres victorias más, nunca volvió a ganar títulos. Dejó la Fórmula 1 en 1991 y se retiró en 1992 después de un grave accidente tratando de clasificarse para las 500 Millas de Indianápolis. Su palmarés en la Fórmula 1 es de los más destacados: veintitrés victorias, veintitrés vueltas rápidas, veinticuatro *poles* y sesenta podios en una carrera profesional que duró poco más de diez años.

Tras dejar la competición, se convirtió en un empresario de éxito, pero la polémica nunca le abandonó. Tras haber difamado a la mujer de su compañero de equipo, Nigel Mansell, dijo que Ayrton Senna no era más que un taxista de São Paulo y se burló públicamente de su muerte. En los últimos años ha sido polémico por ser partidario del expresidente de derechas brasileño, Jair Bolsonaro, mientras que su burla sobre el taxista se le volvió en contra, cuando muchos brasileños empezaron a referirse a él como el «Conductor de Uber de Bolsonaro». Sin embargo, lo peor se produjo el año 2021, cuando en una entrevista utilizó expresiones racistas y homofóbicas hablando sobre Lewis Hamilton. Sus comentarios le valieron recibir una multa de un millón de dólares y la prohibición de volver a un *paddock* de Fórmula 1, aunque estuvo presente en el Gran Premio de Brasil de 2024.

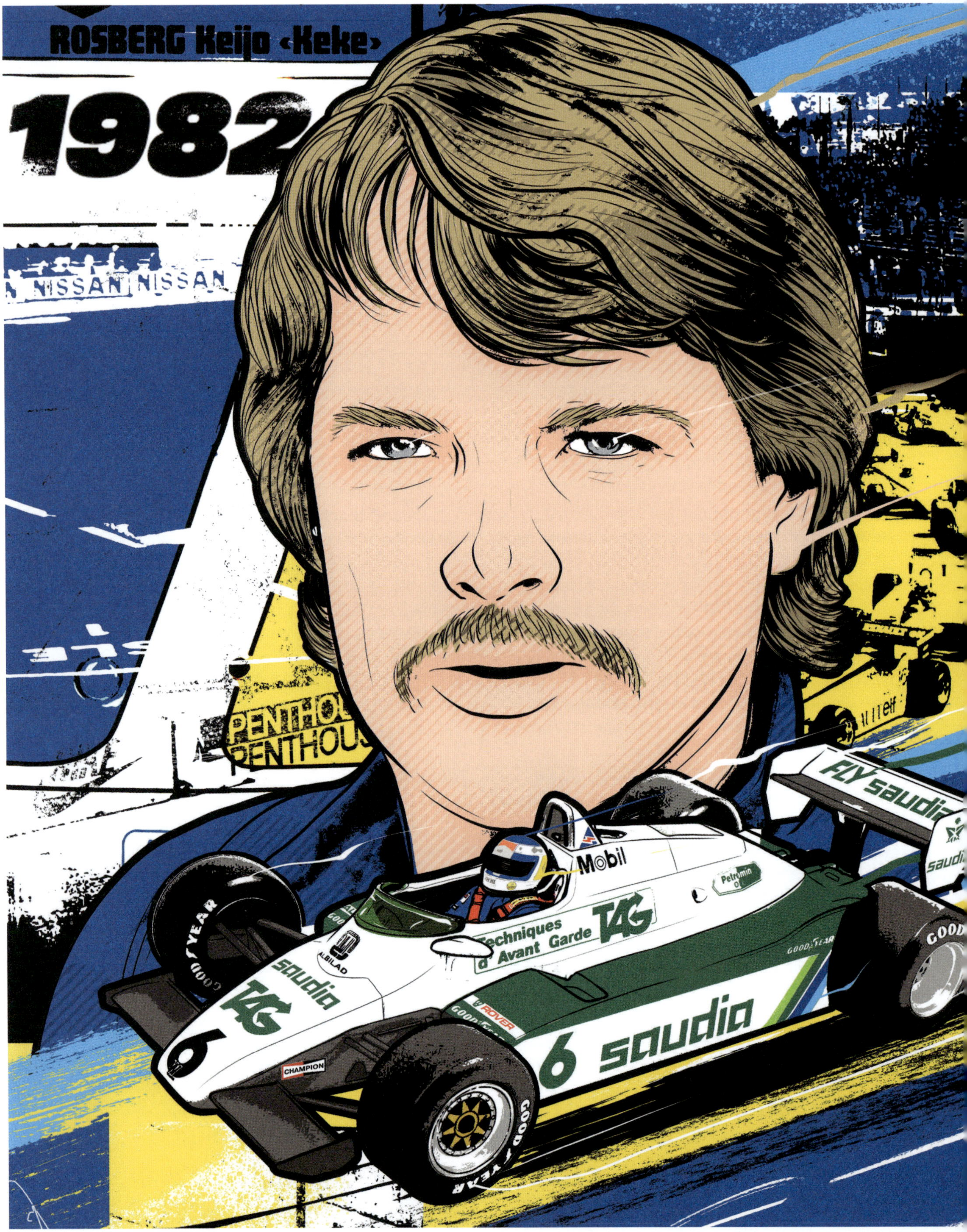
ROSBERG Keijo ‹Keke›
1982
NISSAN NISSAN
PENTHOU
PENTHOU
FLY saudia
Mobil
Techniques d'Avant Garde TAG
saudia
TAG
6 saudia
CHAMPION
GOODYEAR

KEKE ROSBERG

« UN CAMPEONATO »

Nacido en Suecia, pero criado en Finlandia, por su apariencia Keke Rosberg podría haber sido bajista de una banda de música disco de Eurovisión, pero su estilo de pilotaje era más bien punk rock. Espectacular, salvaje, siempre al límite y arriesgando mucho, era el ejemplo perfecto de un fumador empedernido que competía al límite. Aunque no ganó demasiados grandes premios, son muchos los pilotos que consiguieron más victorias pero no un campeonato del mundo como él. Verlo pilotar era excitante, fue el piloto perfecto para unir el glamur de los años setenta con la cultura de las carreras de fuerza bruta de los ochenta.

Keijo Erik Rosberg nació en 1948. Le empezaron a gustar los coches muy pronto y comenzó a competir en karts siendo un niño muy pequeño. Pronto se convirtió en campeón de Finlandia, Escandinavia y Europa. Pese a su talento, el reconocimiento tardó en llegarle. Ganó los campeonatos de Fórmula Vee y Super Vee con más de veinte años y debutó en Fórmula 1 tras correr algunas carreras de Fórmula 2 casi con treinta. Sus primeras temporadas en la cima del automovilismo fueron regulares y poco impresionantes, al volante de coches poco competitivos de equipos que solo llenaban parrillas o que se quedaban sin dinero y sin tiempo. En la temporada 1981, parecía que Rosberg estaba destinado a correr el mismo destino de los equipos para los que corría, pero tras la retirada de Alan Jones al acabar el año, Williams se quedó con un asiento vacío y sin muchas opciones, de modo que optaron por el único piloto que parecía prometedor y, sobre todo, que no les supondría problemas contractuales.

Y así fue como, pese a no haber ganado nunca un Gran Premio, Keke Rosberg se convirtió en piloto de Williams en 1982. La temporada fue trágica, pero también destacó por la competitividad entre más de seis pilotos que tenían opciones de ganar el campeonato. Rosberg solo logró un triunfo, el primero que conseguía en Fórmula 1, en el Gran Premio de Suiza (que, ironías de la vida, se llevó a cabo en Dijon, Francia). Pero su regularidad durante toda la temporada, mientras sus rivales se quitaban puntos unos a otros y la fiabilidad de sus coches no era la del Williams, aquella única victoria fue suficiente para acabar proclamándose, tal vez un poco por sorpresa, campeón del mundo.

Cuando la época de los motores turbo entró en pleno apogeo, Williams aún no disponía de uno pero Rosberg siguió siendo competitivo, logrando unos tiempos extraordinarios con un coche que no podía luchar con sus rivales. Pero cuando Frank Williams cerró un acuerdo para montar motores turbo, Rosberg iba tan rápido con ellos que incluso lograba asustarse a sí mismo. En el Gran Premio de Gran Bretaña de 1985 que tuvo lugar en Silverstone, por ejemplo, logró la *pole* a una velocidad media de casi 260 km/h (160,9 mph), que durante muchos años fue la vuelta más rápida dada en toda la historia de la Fórmula 1.

Aunque nadie excepto Rosberg lo sabía, 1986 iba a ser su último año en Fórmula 1, y eligió despedirse en McLaren. Aquella temporada solo consiguió un podio, pero ya tenía suficiente con todo lo demás. Se retiró para centrarse en dirigir equipos de categorías inferiores y supervisar la evolución de las futuras generaciones de pilotos finlandeses, entre los que se incluían Mika Häkkinen o su propio hijo, Nico Rosberg, ambos futuros campeones del mundo de Fórmula 1.

alain PROST
1985,
1986
1989,
1993
Marlboro
Shell
Marlboro
Marlboro
Shell
Shell
PROST

ALAIN PROST

« CUATRO CAMPEONATOS »

Aunque se inició en el mundo de la competición relativamente tarde (con catorce años), Alain Prost se convirtió en uno de los más grandes campeones de la Fórmula 1, con cuatro títulos en su palmarés. Era un piloto muy técnico, que nunca forzaba la mecánica y combinaba una gran visión táctica con un estilo elegante. Pero su incapacidad para contemporizar (no aceptaba ningún punto de vista que no fuera el suyo) le provocó más de un problema a lo largo de su carrera.

Nació en Francia en 1955 y empezó a competir «en serio» casi con veinte años. En 1975 fue campeón de karting de Francia y se ganó el pase a la Fórmula Renault. En esa categoría ganó varios títulos, y después siguió cosechando éxitos en la Fórmula 3 francesa y europea. En 1980 eran muchos los equipos de Fórmula 1 que le querían en sus filas, y se decantó por McLaren. La relación con el equipo, sin embargo, se deterioró y, después de sumar muy pocos puntos, la combinación de baja fiabilidad, falta de fe en la escudería y desacuerdos con sus responsables le llevó a cancelar su contrato y fichar por Renault.

Prost, un piloto francés en un equipo francés, obtuvo su primera victoria en el Gran Premio de Francia de 1981. Podría haber sido el comienzo de algo mágico, pero su relación con el equipo se torció de nuevo. Tras tres años con Renault, volvió a un equipo McLaren revitalizado y que tenía muy poco que ver con el que había conocido.

Fue el inicio de una época de grandes éxitos y brillantez. En las seis temporadas siguientes ganó treinta grandes premios y tres campeonatos del mundo, lo cual lo convertía en uno de los grandes de todos los tiempos. En 1988 compartió equipo con Ayrton Senna, una relación que empezó siendo de admiración y que terminó siendo muy áspera. Su estilo de pilotaje era completamente distinto, así como su personalidad. Senna ganó el campeonato en su primera temporada como compañeros, en la que McLaren ganó todas las carreras excepto una. En 1989, ambos eran los claros favoritos para ganar el título. Este se decidió a favor de Prost en medio de una gran polémica, cuando el francés cerró la puerta a su compañero en un adelantamiento durante el Gran Premio de Japón.

Para entonces Prost ya había decidido que no podía seguir formando equipo con Senna y dejó McLaren para irse a Ferrari. Sin embargo, en 1990 y en equipos diferentes, volvieron a encontrarse en la lucha por el título, y de nuevo con un cara a cara en Japón. Esta vez fue Senna el que de modo expeditivo no cedió y se proclamó campeón.

Prost perdió la fe en Ferrari y fue despedido después de criticar en público sus coches. Tras un año sabático, regresó con fuerza en 1993 de la mano de Williams y consiguió su cuarto y último campeonato del mundo. En el momento de su retirada a finales de 1993, sus cincuenta y una victorias lo convertían en el piloto con más triunfos de todos los tiempos.

Una vez que hubo colgado el casco, hizo las paces con Senna y fue uno de los portadores del féretro del piloto brasileño en su funeral. Como muchos otros campeones, probó a dirigir un equipo y para ello compró Ligier, que rebautizó como ProstGP. Más tarde se convirtió en asesor de Renault en Fórmula 1, quizá más por el orgullo de ser francés que por temas empresariales. Ambos proyectos fueron un fracaso, y pusieron un triste final a la historia de Prost en la Fórmula 1.

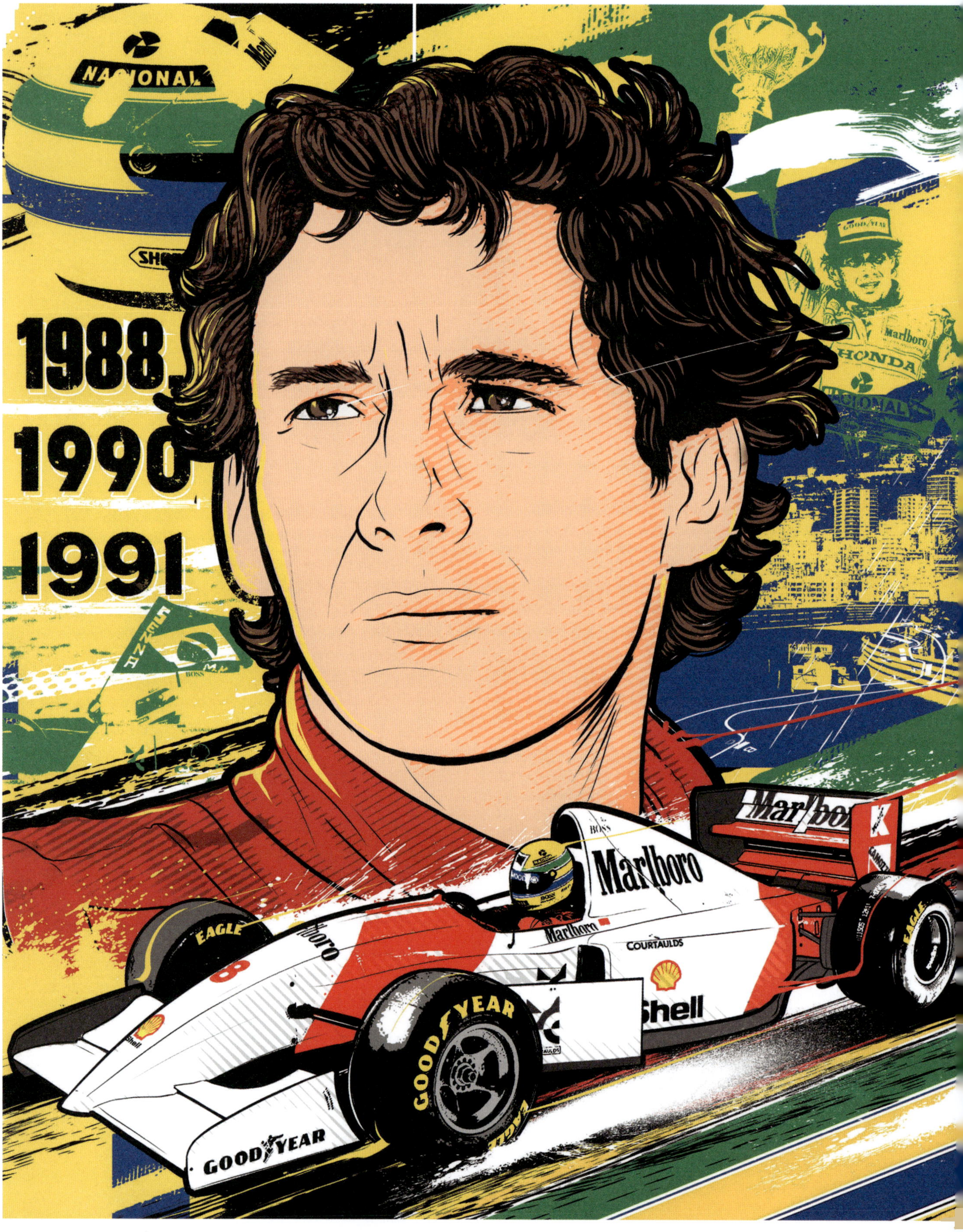
1988
1990
1991
Marlboro
Shell
GOODYEAR
EAGLE
COURTAULDS

AYRTON SENNA

« TRES CAMPEONATOS »

Considerado uno de los mejores pilotos de la historia, Ayrton Senna era un maestro y un verdadero artista con unas habilidades que dejaban sin aliento. Al igual que pasó en su momento con Jim Clark, sus rivales eran conscientes de que era un genio, lo que hizo que su camino hacia la cima fuera mucho más difícil de comprender.

Nacido en el seno de una familia rica en São Paulo, Brasil, en 1960, no empezó a competir en karts hasta que entró en la adolescencia, pero su ritmo y su talento fueron evidentes desde el principio. Con veintiún años se trasladó a Inglaterra, donde se forjó una reputación de piloto muy rápido y que asumía grandes riesgos. En sus dos primeros años en Europa ganó cuatro campeonatos de Fórmula Ford, al que sumó el británico de Fórmula 3 en 1983.

Cuando llegó a la Fórmula 1 al año siguiente, todo el mundo ya hablaba de él. Ese mismo año casi ganó el Gran Premio de Mónaco. En 1985 fichó por Lotus y logró su primera victoria. En tres años consiguió seis victorias, unas asombrosas dieciséis *poles* y, en 1987, quedó tercero en el campeonato de pilotos. En 1988 fichó por McLaren, en un movimiento más que acertado.

McLaren le permitió alcanzar la excelencia. Mimado por el jefe del equipo, Ron Dennis, el afecto entre los dos era recíproco, y Ayrton le tenía mucho aprecio tanto a él como al equipo. También creó un vínculo muy grande con sus ingenieros y mecánicos. Esta cercanía, sin duda, contribuyó a aumentar la animosidad que sentía su compañero de equipo, Alain Prost. Pero ambos pilotos estaban destinados a llevarse mal porque los dos creían ser el mejor. Su relación empeoró y los títulos de 1989 y 1990 se decidieron tras sendos choques entre ellos.

Su ritmo en clasificación era de otro mundo, y su pilotaje parecía de otra galaxia. El mismo Senna admitió que experimentaba sensaciones paranormales dentro del coche. Al finalizar la temporada de 1993, acumulaba tres títulos mundiales y se le consideraba el mejor piloto del mundo. Pero tras un año luchando con un McLaren inferior a los coches de sus rivales, pese a lo cual fue subcampeón del mundo, en 1994 fichó por Williams, equipo que había perfeccionado el arte de la electrónica moderna. La temporada no empezó muy bien para él, y se vio superado por el Benetton de Michael Schumacher.

En el tercer Gran Premio de la temporada, mientras rodaba en cabeza para mantener a raya a su máximo rival, el coche de Senna se salió de la pista y se fue directo contra un muro. Cuando el coche se detuvo tras salir rebotado, todo el mundo pudo ver que el célebre casco amarillo no se movía y que Senna no salía del monoplaza, y con perplejidad y estupor al mundo del automovilismo no le quedó más remedio que asumir lo que parecía incomprensible: Ayrton Senna había muerto.

Brasil declaró un periodo de luto nacional, y más de tres millones de personas asistieron en directo al recorrido por las calles de São Paulo del ataúd de Senna. En cuanto a la Fórmula 1, el hecho de que el mejor piloto del mundo hubiera fallecido en un accidente hizo reaccionar a todas las partes implicadas de manera inmediata y puso en marcha un proceso para mejorar la seguridad, que ha influido en todas las decisiones técnicas y reglamentarias que se han tomado desde entonces hasta hoy.

Ayrton Senna está considerado como uno de los mejores campeones de toda la historia. Nadie más ha ganado seis veces en el complicado circuito de Mónaco hasta ahora. Para muchas personas sigue siendo uno de los pilotos con más talento de todos los tiempos.

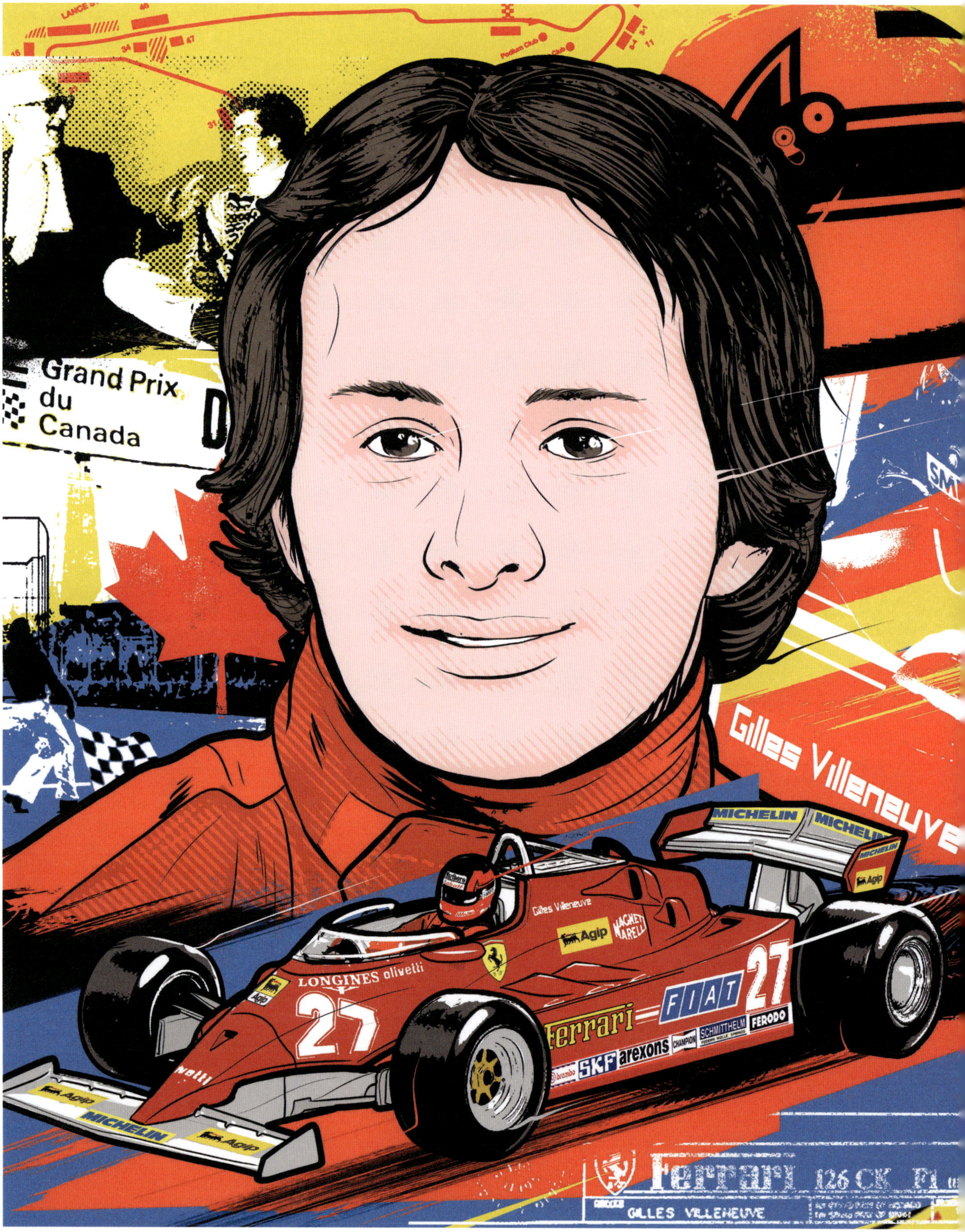
Grand Prix
du
Canada
Gilles Villeneuve
MICHELIN
Agip
LONGINES olivetti
27
FIAT
Ferrari
SKF arexons
CHAMPION
SCHMITTHELM
FERODO
Gilles Villeneuve
MAGNETI MARELLI
Ferrari 126 CK F1
GILLES VILLENEUVE

GILLES VILLENEUVE

Al igual que Ronnie Peterson, Gilles Villeneuve fue un campeón en potencia. Su coraje, su manera de competir y su negativa a admitir la derrota lo convirtieron en un piloto muy querido, casi un hijo para Enzo Ferrari y un héroe para los aficionados de todo el mundo. Pero Villeneuve, como Peterson, no solo no ganó ningún campeonato, sino que también falleció al volante.

Nacido en Quebec, Canadá, en 1950, Gilles no siguió el camino habitual para llegar a la Fórmula 1. Sus primeros triunfos los obtuvo encima de una moto de nieve. Era un feroz competidor en nieve y hielo, y cuando empezó a correr en monoplazas, sus cruzadas, que se convirtieron en su seña personal de identidad, parecían una herencia de su pasado sobre el hielo. Tres títulos de Fórmula Atlantic dejaron claro a todo el mundo que no tenía nada que envidiar a cualquiera de sus rivales.

Tras dejar impresionado a James Hunt en una carrera de Fórmula Atlantic en 1976, empezó su andadura en la Fórmula 1 de la mano de McLaren en el Gran Premio de Gran Bretaña de 1977, pero como el equipo británico no tenía intención de hacerlo correr el resto de la temporada, Enzo Ferrari se les adelantó y le fichó para que terminara con ellos el resto de aquel año. En 1978 corrió la temporada entera con la Scuderia. Fue un año duro, y la prensa italiana empezó a pedir que le echaran del equipo, pero Enzo Ferrari veía algo en él y Villeneuve se lo agradeció ganando el Gran Premio de Canadá.

En 1979, Villeneuve y su compañero de equipo Jody Scheckter eran los favoritos para conseguir el título, y el canadiense hizo disfrutar a todo el mundo con unas actuaciones que aún se recuerdan, como su famosa lucha rodando en paralelo y adelantándose repetidas veces con René Arnoux en Dijon, o su vuelta en el circuito de Zandvoort con un neumático pinchado. Villeneuve era un buen piloto de equipo, y cuando le pidieron que protegiera a Scheckter en Monza, obedeció y echó una mano a su compañero para que se convirtiera en campeón del mundo. En la siguiente carrera, el canadiense rodó once segundos más rápido que el resto en los entrenamientos, demostrando que él era el más veloz.

En 1980 y 1981 la ventaja de Ferrari se desvaneció con el comienzo de la era turbo, pero Villeneuve fue capaz de extraer todo el potencial de su mecánica y paliar sus carencias, logrando varias victorias que parecían imposibles. Su compañero Didier Pironi no pudo igualar sus resultados.

En 1982, Villeneuve pudo haberse ido a McLaren pero optó por quedarse en Ferrari, y a pesar de un comienzo de año complicado, estaba convencido de que volvía a tener un coche competitivo. Pero las cosas se torcieron en el Gran Premio de San Marino. Cuando Villeneuve lideraba la carrera seguido por su compañero, Pironi ignoró las órdenes de equipo y le adelantó para conseguir la victoria. Traicionado por su amigo, el canadiense encaró la siguiente carrera, en Bélgica, dispuesto a superar a su compañero, pero se vio envuelto en un accidente que lanzó su coche por los aires. A causa de la violencia del impacto con el suelo, salió propulsado contra las vallas de la pista, rompiéndose el cuello y la médula espinal. Gilles Villeneuve murió con treinta y dos años.

Su pérdida fue un duro golpe para Enzo Ferrari. En Canadá, el circuito de Montreal donde ganó su primer Gran Premio cambió su nombre por el del primer héroe nacional de la Fórmula 1. Su nombre siempre será sinónimo de valentía, lealtad y un talento asombroso para la competición.

OTROS PILOTOS DESTACADOS:
LA DÉCADA DE 1980

ELIO DE ANGELIS

Virtuoso del piano, se encargó en más de una ocasión de entretener a sus compañeros mientras permanecían encerrados en el hotel con motivo de alguna protesta o negociación. Elio de Angelis era un magnífico piloto y un miembro muy querido del *paddock*. Aunque solo ganó dos carreras, demostró su valía con un ritmo que no tenía nada que envidiar al de sus compañeros de equipo Andretti, Mansell y Senna, todos ellos campeones del mundo. Desafortunadamente, murió en 1986 durante unos entrenamientos privados en Francia sin haber podido exprimir todo su potencial.

JOHN WATSON

Hoy en día es más conocido por ser comentarista, pero en los años ochenta fue uno de los pilotos más correosos de la Fórmula 1. Debutó en los años setenta y en 1976 logró la única victoria en F1 del equipo Penske. Pero su madurez como piloto se produjo en los años ochenta formando parte de McLaren. En 1982 acabó tercero en el campeonato, y en 1983 estableció un récord que todavía sigue vigente en la Fórmula 1: ganar en Long Beach saliendo desde la vigesimosegunda posición de la parrilla. Ningún piloto ha ganado saliendo desde tan atrás.

DIDIER PIRONI, RENÉ ARNOUX Y PATRICK TAMBAY

En los años ochenta hubo tanto talento en la Fórmula 1 que ha sido necesario recordar a estos tres pilotos en un único párrafo por cuestiones de espacio. Junto con Alain Prost, Didier Pironi, René Arnoux y Patrick Tambay eran los franceses que obsequiaban a todo el país con carreras fascinantes e increíbles. Arnoux tenía un gran control del coche y se convirtió en el piloto predilecto tanto de Renault como de Ferrari. Logró siete victorias y veintidós podios. Tambay también tenía mucho talento, y de hecho en su día era imbatible, pero era tan buena persona que muchas veces le faltaba ese punto necesario de agresividad. Su segunda y última victoria fue especial: al volante de un Ferrari, en Imola, el circuito de casa, y con el número 27, que era el que llevaba Gilles Villeneuve cuando perdió la vida un año antes. Pironi, por su parte, era brillante, atractivo y un piloto duro que ganó tres grandes premios. Tras la muerte de Villeneuve también se vio envuelto en un terrible accidente cuando parecía destinado a conseguir el título de campeón. Pese a que pudo salvar la vida, sus piernas quedaron destrozadas. Con su carrera en F1 acabada, pasó a competir en motonáutica, pero murió en 1987 tras sufrir un accidente.

DESIRÉ WILSON

Desiré Wilson es la única mujer que ha ganado una carrera de Fórmula 1, hito que consiguió en Brands Hatch en 1980 en el campeonato Aurora AFX de Fórmula 1. Aunque no era una prueba puntuable para el campeonato del mundo, su logro fue igualmente impresionante si se tienen en cuenta los coches con los que se competía y el carácter altamente competitivo de la parrilla en aquel momento. Además, subió al podio otras siete veces. También participó en carreras de la IndyCar, en prototipos y en Le Mans.

LOS TITANES DE LOS AÑOS 80

McLAREN

Los años ochenta se iniciaron con la fusión de McLaren con el equipo de Fórmula 2 Project 4, cuyo propietario y director era Ron Dennis, un antiguo mecánico de Brabham. Dennis consiguió hacerse con los servicios del gran diseñador John Barnard, cuyo McLaren MP4/1 fue una auténtica revolución pues disponía de un chasis monocasco totalmente fabricado en fibra de carbono. En 1984, equipado con un motor turbo de la marca TAG Porsche, McLaren logró el título de constructores con doce victorias, mientras que Niki Lauda superaba a su compañero Alain Prost por medio punto en el mundial de pilotos. Prost ganó el título en 1985 y 1986, y McLaren sumó también el de constructores en 1985. En 1988 McLaren inició su relación con Honda y con el piloto de moda del momento, Ayrton Senna, lo que dio lugar a una rivalidad con Prost que marcó el final de la década. Senna y McLaren ganaron los títulos de 1988 con quince victorias en dieciséis carreras, y un año más tarde, Prost y McLaren se llevaron de nuevo ambos títulos con el nuevo Honda V10 de 3,5 litros atmosférico. Cuando la relación entre Prost y Senna empeoró, Prost se marchó a Ferrari y se llevó con él algunas de las personas más destacadas de McLaren, Barnard entre ellos.

WILLIAMS

El equipo de Frank Williams empezó la década de los ochenta como el equipo a batir, y durante las dos décadas siguientes siguió luchando por el campeonato del mundo. En 1980, Alan Jones consiguió el campeonato de pilotos y ayudó a su equipo a ganar el de constructores, gesta que repetirían en 1981 pese a que Nelson Piquet no dio opciones a sus pilotos de adjudicarse el título. En 1982, una de las temporadas más abiertas de la Fórmula 1, Keke Rosberg, que no había conseguido ni un punto en 1981, se proclamó campeón con Williams pese a haber ganado tan solo una carrera durante toda la temporada. El cambio de Ford a Honda le dio competitividad al equipo de cara a la segunda mitad de los ochenta, pero el accidente de tráfico de Frank Williams los dejó en *shock*. Pese a todo, Frank siguió al frente del equipo durante toda su vida y se convirtió todavía más en un ejemplo a seguir por la fortaleza con la que hizo frente a sus lesiones. Williams ganó el mundial de constructores en 1986 y el de pilotos y constructores en 1987.

BRABHAM

En medio del debate sobre el uso o no del efecto suelo, Brabham aprovecho los últimos años en que fue legal al máximo. El BT49, diseñado por Gordon Murray, y Piquet le dieron muchas victorias al equipo. En 1981 Piquet ganó el título pese a las sospechas de que Brabham utilizaba combustible ilegal (acusaciones a las que se opuso Jean-Marie Balestre, pese al conflicto que mantenía con los equipos de la FOCA). Una vez finalizada la época del efecto suelo, Brabham se asoció con BMW para disponer de sus motores turbo. En 1983, Piquet volvió a llevarse el mundial de pilotos con el magnífico BT52, pero pese a que en 1984 y 1985 siguió ganando carreras, los equipos rivales los fueron superando. Con Ecclestone más centrado en su trabajo en la FOCA, Murray dejó el equipo para irse a McLaren. En 1988, Brabham no se inscribió en el campeonato a tiempo, anunció su retirada y, posteriormente, se puso en venta. Aunque el equipo siguió existiendo durante algunos años más con diferentes propietarios, a todos los efectos estaba acabado.

FERRARI

A pesar de que Ferrari ganó el campeonato de constructores de 1982 y 1983 y quedó segundo en los de 1984 y 1985, los años ochenta fueron un periodo muy malo para el equipo. La muerte de Gilles Villeneuve y la retirada forzosa de Didier Pironi de la Fórmula 1 tras su accidente en 1982 tocaron de lleno la estructura de la Scuderia. La era turbo no fue tan bien como esperaban y amenazaron con dejar la Fórmula 1 e irse a la IndyCar si la normativa de motores no les permitía montar unidades V12 cuando los turbos fueran prohibidos. Incluso llegaron a trabajar en un coche para la IndyCar, pero nunca llegaron a participar porque a finales de los ochenta el equipo resurgió. Enzo Ferrari falleció en 1988 a los noventa años, y menos de un mes después, la Scuderia se imponía en el Gran Premio de Italia y le arrebataba a McLaren la oportunidad de ganar todas las carreras de la temporada.

LOTUS

Pese a ser los primeros en crear un coche de F1 hecho completamente de fibra de carbono, nunca pudieron ver rodar su creación porque su concepto de doble chasis fue prohibido. Sin embargo, aquel revés no fue suficiente para que el equipo más innovador cesara en su búsqueda de los límites de la Fórmula 1 y se convirtieron en los primeros en probar la suspensión activa. El fundador del equipo, Colin Chapman, nunca llegó a ver aquella nueva genialidad porque murió de un infarto en 1982 a los cincuenta y dos años. Bajo el mando de Peter Warr y contando con Gérard Ducarouge como diseñador y con Elio de Angelis, Nigel Mansell y Ayrton Senna al volante, Lotus volvió a triunfar con su 94T con motor Renault y con sus sucesores con motor Honda, el 97T y el 98T.

RENAULT

Como equipo pionero en la implantación de los motores turboalimentados que definieron la década, empezaron los ochenta en una buena situación, pero nunca llegaron a conseguir el éxito que esperaban por problemas de fiabilidad. Pese a haber ganado de manera majestuosa y merecida varias carreras, tan solo pudieron alcanzar la segunda posición como mejor resultado en el mundial de constructores. Ante los problemas económicos que afectaban a la empresa matriz, Renault no podía dedicar más fondos para seguir participando como equipo, por lo que a finales de 1985 se decidió abandonar la competición y continuar tan solo como suministrador de motores.

BENETTON

La empresa textil Benetton entró en la Fórmula 1 como patrocinador de los equipos Alfa Romeo y Toleman, pero cuando este último empezó a tener problemas financieros, lo compraron. En su primera temporada, 1986, utilizaron motores BMW y consiguieron varias *poles* y Gerard Berger logró la victoria en México. En 1987 tras montar un motor Ford tuvieron problemas de fiabilidad, pero acabaron subiendo al podio en varias ocasiones. En 1988 volvieron a la zona alta de la parrilla y se clasificaron terceros en el campeonato de constructores. El empresario Flavio Briatore se convirtió en el jefe del equipo en 1989 y fichó a Nelson Piquet.

1984
GITANES
Marlboro
19
N
Casino
Segafredo
Massenet
mônaco

LA CARRERA DE LA DÉCADA

GRAN PREMIO DE MÓNACO DE 1984

Las carreras en Montecarlo suelen ser aburridas. Su estrecho trazado y el hecho de que cualquier pequeño error se paga con un abandono casi seguro hacen que adelantar sea muy difícil y rara vez se puede asistir a duelos tan espectaculares como los que muchas veces se desarrollan en otros circuitos considerados clásicos. Eso sí, todo cambia si llueve y entonces todo es posible en el trazado monegasco. El Gran Premio de Mónaco de 1972 fue una de esas carreras, al igual que la de 1982 y la de 1996, con resultados totalmente inesperados, pero es la edición de 1984 la que más se recuerda, gracias en gran medida a la rivalidad que empezó a generarse ese día entre los pilotos que subieron a los dos escalones más altos del podio.

Mónaco puede ser un trazado muy traicionero en mojado debido a que se corre por las calles de la ciudad, lo cual significa que es una de las pistas con menos agarre del calendario, incluso en condiciones de seco. Si a esto le añadimos las marcas en el asfalto, que actúan casi como una placa de hielo, la ausencia de escapatorias y la presencia de los guardarraíles a escasos centímetros de la pista, tenemos el cóctel perfecto.

En la carrera de 1984 llovía a mares. Los abandonos empezaron poco después de darse la salida cuando los Renault de Derek Warwick y Patrick Tambay quedaban eliminados en la primera curva; en la vuelta 15, Nelson Piquet hacía un trompo y su motor se calaba; Nigel Mansell se estrellaba contra las barreras y abandonaba una vuelta más tarde con el alerón trasero dañado. Incluso el gran Niki Lauda hizo un trompo a causa de un problema de frenos y también abandonó en medio de un diluvio monstruoso.

Alain Prost encabezaba la carrera con su McLaren MP4/2 con un pilotaje casi perfecto. Tras arrancar primero, y a excepción de algunas vueltas en las que Mansell le superó, lideraba sin grandes problemas la prueba. Esta continuaba pero las condiciones empeoraban y el francés empezó a sufrir los mismos problemas de frenos que su compañero Lauda. Pese a que pudo continuar, sus perseguidores se iban acercando vuelta tras vuelta.

El debutante Ayrton Senna, que pilotaba un poco competitivo Toleman, le pisaba los talones, pues en aquellas condiciones las diferencias entre los coches quedaban reducidas a nada y el brasileño pronto consiguió atraparle. Aunque más adelante se le consideraría un especialista en lluvia, en ese momento Senna todavía no era muy conocido en el mundo de la Fórmula 1. Prost notaba su presencia cada vez más cercana y a cada paso por delante de boxes pedía que se detuviera la carrera, como así fue finalmente. Cuando sacaron la bandera roja, Senna tenía en el punto de mira al McLaren y estaba a punto de adelantarlo

Pese a estar convencido de que le habían arrebatado la victoria, lo cierto es que en las vueltas iniciales Senna había golpeado las barreras y no está claro si su suspensión habría aguantado hasta el final de haber continuado la carrera. Lo que sí sabemos es que el héroe de ese día fue el desconocido Stefan Bellof, que pilotaba un modesto Tyrrell 012. Tras arrancar el último rodaba más rápido que Senna y Prost y cabe la posibilidad de que si el Gran Premio no se hubiera acabado antes de lo previsto la victoria hubiera sido para él. Por desgracia, nunca lo sabremos.

Bellof nunca subió al escalón más alto de un podio como su talento merecía. Murió un año después mientras participaba en una carrera de resistencia en Spa. Para Senna y Prost, el Gran Premio de Mónaco fue el prólogo de una época marcada por su rivalidad.

LA DÉCADA DE

19

90

EN 1994 LA FÓRMULA 1 llevaba más de diez años sin ningún accidente mortal en un Gran Premio, pero la buena racha se rompió con uno de los fines de semana más trágicos de su historia. La eliminación de las ayudas electrónicas a la conducción preocupaba a muchos pilotos, que temían que los potentes y delicados coches fueran difíciles de controlar. Sus miedos se hicieron realidad con un gran número de accidentes serios en entrenamientos privados. Y la peor de las predicciones se hizo realidad en la tercera carrera de la temporada, en Imola. El viernes, Rubens Barrichello sufrió un accidente espantoso debido al cual acabó en el hospital, y el sábado el piloto austriaco Roland Ratzenberger, que había debutado aquella misma temporada, chocó contra las protecciones en la curva Villeneuve y murió al instante.

El domingo, tanto los pilotos como los equipos y los aficionados encararon la carrera en un ambiente muy lúgubre. Ayrton Senna, que aquel año había abandonado McLaren para fichar por Williams, metió una bandera austriaca en su *cockpit* para ondearla cuando acabara el Gran Premio en honor a Ratzenberger. Sin embargo, no tuvo la oportunidad de hacerlo. El tricampeón mundial, uno de los más grandes talentos de la Fórmula 1 de todos los tiempos, tuvo un grave accidente en la vuelta siete y fue declarado muerto al llegar al hospital. La conmoción por su pérdida cambió la Fórmula 1 para siempre.

La seguridad era una de las prioridades a principios de los noventa: los volantes de extracción rápida pasaron a ser obligatorios, así como los tests de choque muy estrictos, que se centraban en las células de supervivencia, los depósitos de combustible y los cinturones. Aun así, la prohibición de las ayudas electrónicas y la reincorporación de los repostajes en carrera parecían indicar que potencialmente se había dado un paso atrás. Tras el fin de semana de Imola se introdujo el límite de velocidad en el *pit lane* y se modificaron al menos treinta curvas muy peligrosas en diversos circuitos, añadiendo chicanes o directamente eliminándolas del trazado.

En los años posteriores se redujo la cilindrada de los motores para que los coches fueran menos rápidos y se modificó la normativa sobre el *cockpit* para que estos fueran más altos y largos y así proteger mejor la cabeza del piloto. También se endurecieron las pruebas de choque, se mejoraron las vallas de protección y la FIA se responsabilizó de la aprobación y convalidación de todos los equipos médicos presentes en cada circuito, además de empezar a utilizar modelos más rápidos y representativos como coches de seguridad, vehículos de intervención médica y el coche médico de la FIA. Al final de la década, los coches eran más delgados, los neumáticos *slicks* dejaron paso a gomas con ranuras para reducir la superficie de contacto y, en consecuencia, la adherencia, se introdujeron los enganches de las ruedas al coche para que, en caso de accidente, no se soltaran y salieran despedidas y se prohibieron los alerones flexibles.

Durante los últimos seis años de la década, prácticamente todos los cambios importantes introducidos en la reglamentación técnica fueron el resultado de cuestiones de seguridad, ya fuera para aumentar la solidez de los coches, o bien para intentar controlar su velocidad. Bajo la dirección de Max Mosley, la FIA insistió en aumentar la seguridad de los circuitos al mismo tiempo que lo hacía también la de los monoplazas, progreso que tuvo su reflejo en la industria del automóvil, puesto que muchas de las innovaciones introducidas se adaptaron para su uso en los vehículos de calle. Tras la muerte de Senna, la Grand Prix Driver's Association (la Asociación de Pilotos de Grandes Premios, GPDA por sus siglas en inglés) se unió y dio más peso a la voz de los propios pilotos. Muchos de los cambios implementados no surgieron solo de la cooperación entre la FIA y los equipos, sino que la GPDA también estuvo involucrada en ellos.

Los años noventa empezaron con Ayrton Senna y Alain Prost como los pilotos a batir, pero la pérdida de Senna y la retirada de Prost allanaron el camino a una nueva generación de grandes pilotos. Dos de los que más destacaron fueron Michael Schumacher y Mika Häkkinen, que consiguieron dos campeonatos cada uno en esta época. Williams y McLaren siguieron siendo los equipos punteros, a los que se les uniría Benetton con Schumacher al volante. Sin embargo, el piloto alemán y el equipo británico estuvieron envueltos siempre en polémica. Todavía hoy existen sospechas de que Benetton pudo haber utilizado ayudas electrónicas a la conducción en 1994, cuando ya estaban prohibidas. Por su parte, Schumacher se vio envuelto en varios incidentes en pista con sus rivales. Su fichaje por Ferrari en 1996, después de conseguir su segundo título de pilotos, marcó la segunda mitad de la década. Fichado para llevar de nuevo a la Scuderia a la primera posición, finalmente, en 1999 Ferrari conseguía su primer campeonato en más de una década al anotarse el título de constructores. Aquel primer título sentó las bases de la que sería la próxima etapa de dominación del equipo italiano y de Schumacher.

Mientras algunos grandes equipos de épocas anteriores, como Lotus, Brabham y Tyrrell, abandonaban la Fórmula 1 por la puerta de atrás, otros nuevos tomaban el relevo. Jordan se convirtió en uno de los más queridos entre los aficionados; el equipo suizo de Peter Sauber, pese a no ganar ninguna carrera, tuvo mucha repercusión; y Jackie Stewart y Alain Prost, los dos campeones del mundo, pusieron en pie sus propios equipos con diferente éxito. En cuanto al calendario, las temporadas fueron casi todas de dieciséis carreras, siendo Malasia la incorporación más importante. Además, a partir de 1991 todos los puntos que se acumulaban a lo largo de la temporada contaban para el campeonato por primera vez, aunque solo puntuaban los seis primeros clasificados.

Pese a que la década estuvo marcada por la tragedia, fueron unos años en los que el número de nuevos aficionados aumentó gracias a que las retransmisiones televisivas crecieron. El mundo entero empezó a conocer más este deporte y algunas superestrellas del momento como Schumacher llevaron la Fórmula 1 a lo más alto. Un nuevo milenio se acercaba.

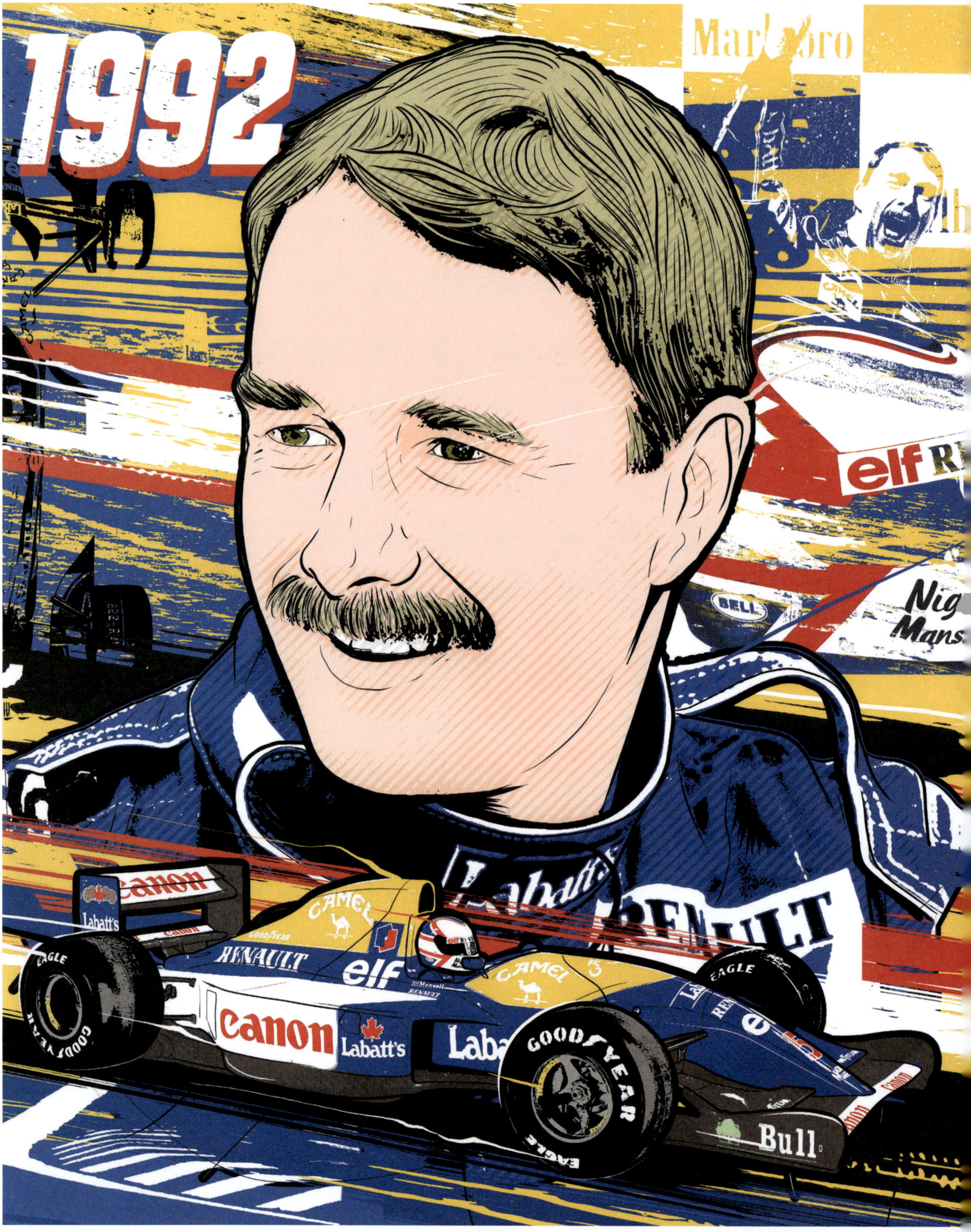
1992
canon
Labatt's
RENAULT
elf
CAMEL
GOODYEAR
EAGLE
Bull

NIGEL MANSELL

« UN CAMPEONATO »

La carrera de Nigel Mansell en Fórmula 1 destacó tanto por su perseverancia como por su velocidad. Su estilo de pilotaje se caracterizaba por un ataque constante y una entrega absoluta. A pesar de su a veces difícil personalidad, era querido, en ocasiones a regañadientes, por los miembros de su equipo. Su espíritu tenaz y trabajador, que de algún modo se asociaba a su mostacho y a la característica gorra plana con la que se cubría, le convirtieron en uno de los pilotos favoritos de los aficionados en todo el mundo.

Nacido en Birmingham, Inglaterra, en 1953, la llegada de Mansell a la Fórmula 1 se puede considerar casi un milagro. No tenía ni dinero ni suerte, y en sus inicios sufrió varios accidentes graves, a consecuencia de los cuales se rompió el cuello y la espalda. Pese a todo, en 1976 y 1977 dominó la Fórmula Ford británica, pero sus resultados en Fórmula 3 no fueron muy brillantes, de modo que necesitaba que alguien confiara en él para llegar a la Fórmula 1.

Ese alguien fue Colin Chapman, que lo fichó como piloto de pruebas de Lotus en 1980. Su contribución al desarrollo del monoplaza le hizo merecedor de poder participar en algunas carreras. En su debut, una fuga de combustible le causó quemaduras de primer y segundo grado, pero siguió en pista aguantando el dolor hasta que se tuvo que retirar. Participó en alguna carrera más, pero sin resultados destacables, por lo que fue una sorpresa que Chapman anunciara que en 1981 sería piloto oficial del equipo.

La muerte de Chapman le dejó devastado y marginado por los nuevos responsables de Lotus. Cuando las relaciones entre piloto y equipo ya eran muy tensas, en 1985 se fue a Williams. Antes, sin embargo, protagonizó una acción muy recordada en el Gran Premio de Dallas al empujar su Lotus, que se había parado a escasos metros de la meta. Pese a que no pudo cruzarla al caer al suelo tras sufrir un colapso debido al calor y al esfuerzo, acabó sexto. Sus primeras victorias en F1 las logró al volante del Williams conocido como *red five* (cinco rojo) y en 1986 estuvo a punto de ganar el título que se le escapó en la última carrera al estallarle un neumático. En 1987 volvió a terminar en segunda posición.

Mansell fue piloto de Ferrari dos años, pero cuando en 1990 los italianos ficharon a Alain Prost, dijo que prefería retirarse a ser compañero del francés. Gracias a una oferta de Williams continuó en la Fórmula 1, y tras una temporada un poco pobre en 1991, volvió a las primeras posiciones con el invencible FW14B. En 1992, tras ganar nueve de las dieciséis carreras de la temporada, Mansell se proclamó campeón del mundo. Tan pronto como acabaron las celebraciones anunció que dejaba la Fórmula 1 para irse a la IndyCar, furioso por el fichaje de Prost por Williams para 1993.

Aunque eran muchos los que creían que Mansell no se adaptaría bien a las exigencias de la IndyCar, él demostró justo lo contrario y se proclamó campeón. El año 1994 no pudo repetir sus éxitos y al finalizar la temporada decidió volver a la Fórmula 1 para ayudar a Williams, cuya temporada se había visto afectada por la muerte de Ayrton Senna. Su victoria en la última carrera de la temporada demostró que no había perdido ni un ápice de su velocidad.

En 1995 se fue a McLaren, pero su coche no tenía ritmo y Mansell tampoco estaba motivado. La relación terminó después de solo dos carreras decepcionantes, y esa fue la última vez que participó en una prueba de Fórmula 1.

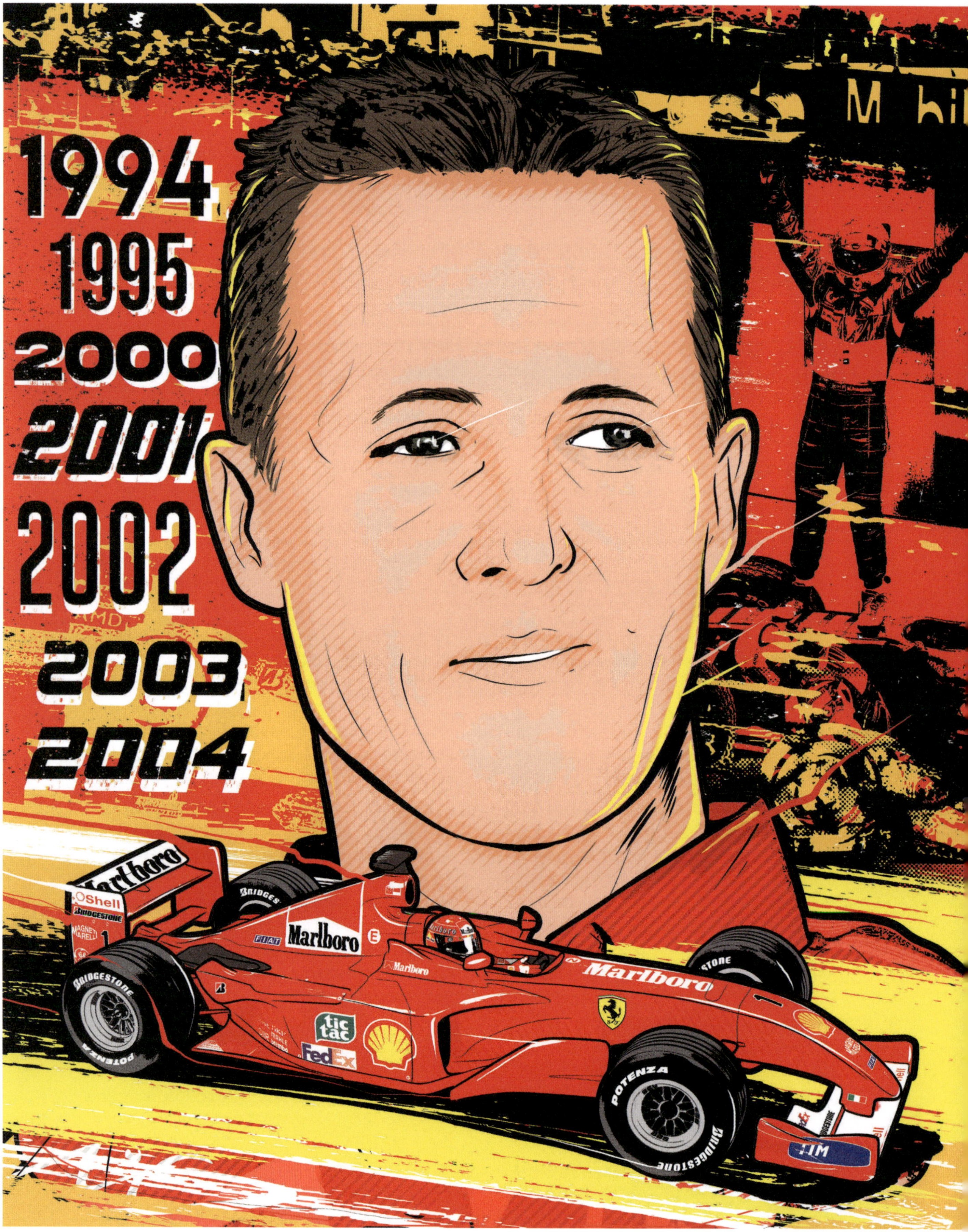
1994
1995
2000
2001
2002
2003
2004
Marlboro
Shell
Bridgestone
Marlboro
FIAT
Marlboro
tic tac
FedEx
Marlboro
POTENZA
BRIDGESTONE
TIM

MICHAEL SCHUMACHER

«« SIETE CAMPEONATOS »»

Fue el piloto que cambió el rumbo de la Fórmula 1 al reinventar la forma en que los pilotos corrían y los equipos trabajaban. Michael Schumacher fue un héroe tanto en su Alemania natal como en todo el mundo, haciendo resurgir a Ferrari y a la Fórmula 1 y convirtiéndose en un ídolo a nivel mundial.

Nació en 1969 cerca de Colonia y empezó a competir desde muy pequeño. Tras ganar el campeonato alemán y europeo de karts y la Fórmula 3 alemana dio el salto a los prototipos con Mercedes. En 1991, Eddie Jordan necesitaba un piloto para el Gran Premio de Bélgica, y el joven y rápido alemán parecía una buena opción. Schumacher dio la sorpresa al lograr la séptima posición de salida, y ya en la siguiente carrera Benetton se había hecho con sus servicios y le convirtió en uno de sus pilotos oficiales de F1. Al año siguiente ganó su primer Gran Premio.

En 1994, su lucha durante toda la temporada con Damon Hill, el piloto de Williams, dio lugar a un enfrentamiento final en la última carrera. Tras salirse de pista y golpear el muro, Schumacher se reincorporó a la carrera y cuando Hill iba a adelantarle cerró la puerta y ambos coches se tocaron, debiendo abandonar ambos. De este modo, Schumacher ganó su primer y polémico título.

En 1995 Schumacher y Benetton fueron invencibles y el alemán se proclamó bicampeón del mundo. En la cresta de la ola, el alemán decidió unirse a Ferrari y llevar al equipo a lo más alto y para ello hizo magia. Tras un año de aprendizaje, la Scuderia luchó por el título en 1997. Schumacher luchó de nuevo con un piloto de Williams, el título se decidió de nuevo en la última carrera y de nuevo volvió a cerrar la puerta. Sin embargo, esta vez el perdedor fue él, y además le descalificaron del campeonato por intentar deliberadamente sacar de la pista a su rival, si bien conservó todos los resultados conseguidos. En 1999 se rompió una pierna en un accidente en el Gran Premio de Gran Bretaña y estuvo ausente de los circuitos durante media temporada.

La leyenda de Schumacher comenzó en realidad en los 2000, cuando ganó cinco campeonatos consecutivos y cuarenta y ocho carreras. Michael y Ferrari eran imparables. Nunca antes un piloto había sido tan importante en un equipo y en la toma de decisiones. Trabajaba día y noche con los ingenieros y supervisaba el trabajo de los mecánicos, siempre buscando cómo mejorar.

Schumacher dejó la Fórmula 1 en *shock* cuando anunció que se retiraba en 2006, pero en 2010 regresó de la mano de Mercedes, el mismo año en que el equipo alemán volvía con un equipo propio. Sin embargo, no consiguió la misma gloria que había alcanzado con Ferrari. Solo subió al podio una vez en cincuenta y ocho carreras, pero sentó las bases del equipo que más tarde llegaría a su apogeo, tras su segunda y última retirada.

A finales de 2013, Schumacher tuvo un accidente esquiando en el que sufrió un traumatismo craneal muy grave. Desde entonces no ha vuelto a aparecer en público y no hay mucha información sobre su estado de salud más allá de que está en Suiza con su familia. Schumacher fue uno de los pilotos con más talento de la Fórmula 1, que cambió el deporte tal como lo conocíamos y consiguió un récord de triunfos: 7 campeonatos del mundo, 155 podios, 91 victorias, 77 vueltas rápidas y 68 *pole positions*. Para toda una generación, Schumacher es la Fórmula 1.

1996
GOODYEAR
RENAULT
elf
D.Hill
SONAX

DAMON HILL

« UN CAMPEONATO »

Damon Hill fue el primer piloto de la historia que siguió los pasos de su padre y que tras llegar a la Fórmula 1 se convirtió en campeón del mundo. Su ascenso a lo más alto se basó en la determinación, el trabajo duro y en el deseo de honrar su apellido. Se enfrentó a uno de los mejores pilotos que ha habido y lo venció, asegurándose así un puesto de honor en los anales de la historia de la F1 y convirtiéndose en uno de los pilotos más populares de su generación.

Hijo del bicampeón del mundo Graham Hill, nació en 1960 y se crio rodeado de coches y competición. En las reuniones familiares jugaban al «Quién es quién» con personajes de la Fórmula 1. Tenía solo quince años cuando su padre murió en un accidente de avión, dejándoles a él y a la familia destrozados y sin la estabilidad económica de la que habían disfrutado hasta entonces.

Hill se vio obligado a madurar pronto, pero la tentación de la competición siempre estuvo presente. Con veintiún años comenzó en el mundo de las dos ruedas, utilizando el mismo casco que hizo famoso a su padre, y pronto saltó a los monoplazas, con los que mostró buenas cualidades, si bien la falta de apoyo económico y de oportunidades le impedían sobresalir. Sin embargo, Frank Williams sí vio en él potencial y le fichó como piloto de pruebas de su equipo.

Tras debutar en Fórmula 1 con el poco competitivo equipo Brabham, en 1993 Williams le sentó en el segundo coche junto a Alain Prost. Al volante de un monoplaza en cuyo desarrollo jugó un gran papel, aquel año ganó tres carreras, y en la temporada siguiente, después de la pérdida de Ayrton Senna, su compañero de equipo, se convirtió en el primer piloto de Williams, tras haber disputado solo veintiuna carreras de Fórmula 1. En 1994 quedó subcampeón del mundo por solo un punto de diferencia con Michael Schumacher, y en 1995 volvió a acabar en la misma posición.

En 1996 se mostró muy fuerte y le plantó cara a su compañero Jacques Villeneuve, campeón de la IndyCar. Se impuso en la mitad de las pruebas de la temporada y se coronó campeón del mundo. Por increíble que parezca, sus resultados no bastaron para que Williams le renovara el contrato, y Hill se vio buscando un asiento libre. Acabó en el equipo Arrows, uno de los menos competitivos, y aunque no tenía muchas esperanzas de conseguir nada con ellos, estuvo a punto de ganar el Gran Premio de Hungría.

En 1998 se fue al popular equipo de Eddie Jordan, al cual le regaló la primera victoria bajo una lluvia torrencial en el Gran Premio de Bélgica. Un año más tarde, en 1999, su pasión por la Fórmula 1 ya no era la misma y decidió retirarse para pasar más tiempo con su familia. Su vida fuera de las carreras, le hizo lidiar por primera vez con las tragedias y dificultades que había padecido, y cayó en una depresión que partía de la pérdida de su padre, que también era su ídolo. Las sesiones de terapia le permitieron efectuar un trabajo de introspección y comprensión que lo han convertido en uno de los comentaristas actuales de Fórmula 1 más respetado e interesante. Querido por todo el mundo, Damon Hill continuó el legado de su padre y escribió un hermoso capítulo final a la historia de su familia en la Fórmula 1.

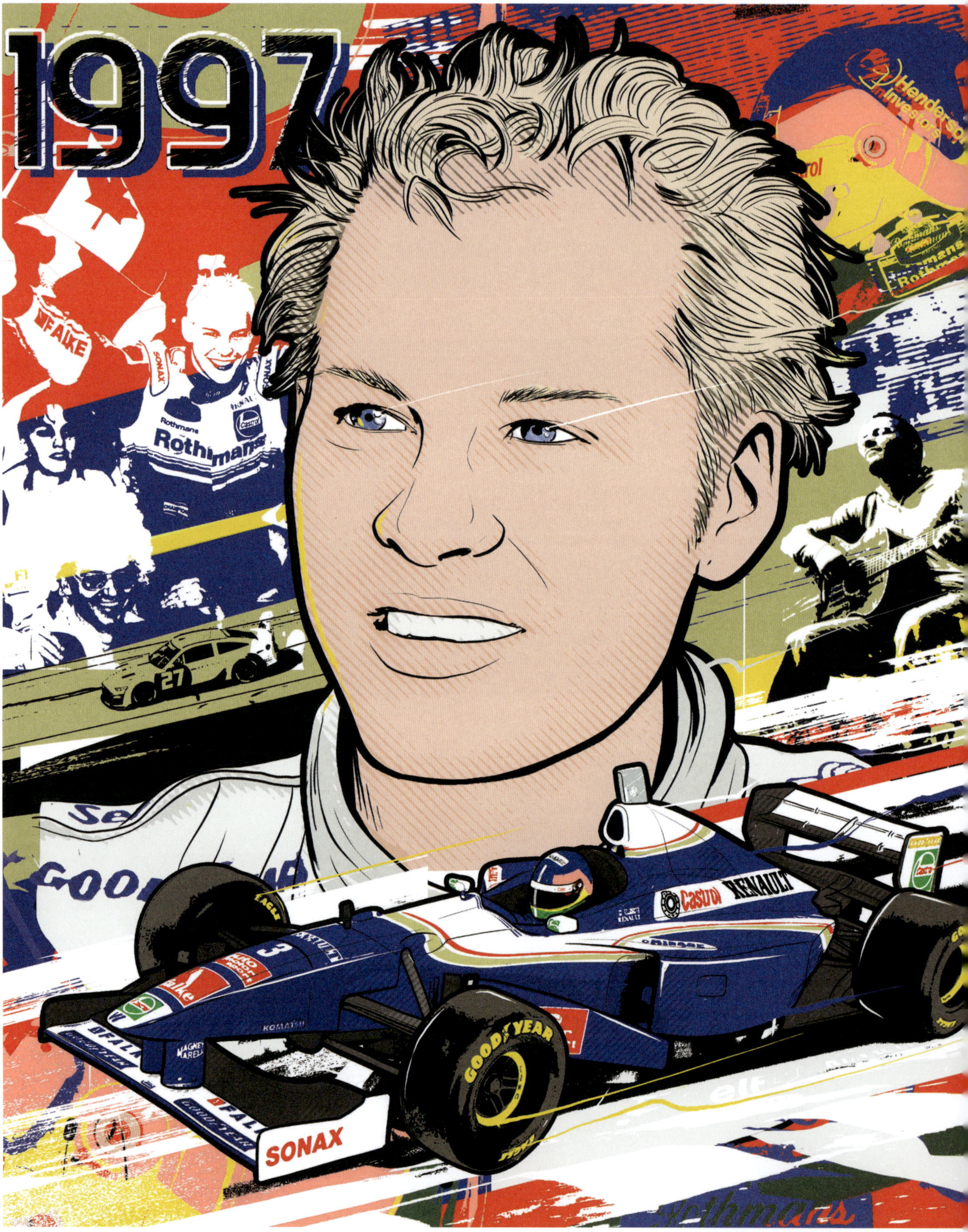
1997
Rothmans
SONAX
GOODYEAR
Castrol
RENAULT

JACQUES VILLENEUVE

«« UN CAMPEONATO »»

Hijo de uno de los pilotos más míticos que el automovilismo ha conocido, Jacques Villeneuve parecía predestinado a seguir los pasos de su padre. La muerte de Gilles Villeneuve, sin embargo, le hizo ser consciente de los riesgos inherentes de este deporte, y pese a las oportunidades que su linaje le brindaba, desde el principio quedó claro que el joven Villeneuve iba a hacer las cosas a su manera y con sus propias razones. Nunca lo hizo por seguir la estela de su padre o cumplir unas expectativas: Jacques Villeneuve competía porque podía hacerlo, nunca porque sintiera que debía hacerlo.

Nacido en Quebec, Canadá, en 1971, desde que era un niño viajaba con su padre a las carreras. Desde muy pequeño quiso competir, pero después de la muerte de su padre en 1982 su interés por las carreras disminuyó, como era de esperar, aunque no para siempre. Cuando la llamada de los circuitos se hizo otra vez inevitable, empezó a competir con el beneplácito de su madre. Si bien desde el principio demostró tener potencial, nunca lograba los resultados que todos esperaban de él. Jacques tuvo que trabajar mucho más que sus rivales para perfeccionar su pilotaje, y lo hizo compitiendo en varias disciplinas: turismos, prototipos, Fórmula 3 y Fórmula Atlantic. En 1994 dio el salto a la IndyCar y en su primer año consiguió una victoria, demostrando su gran estilo de pilotaje y desafiando a todos los medios de comunicación que dudaban de él. En 1995 ganó las 500 Millas de Indianápolis y consiguió el campeonato.

En los años noventa era muy raro que los pilotos de la IndyCar compitieran en Fórmula 1, pero el equipo Williams vio el gran potencial del canadiense y le ofrecieron ser el compañero de Damon Hill en 1996. En su debut se llevó la *pole* y casi ganó su primera carrera.

Villeneuve demostró tener el talento que lo había llevado a la Fórmula 1 y luchó mano a mano con Hill por el campeonato del mundo, que acabó en segunda posición. En 1997 se lo puso difícil a Michael Schumacher hasta la última carrera, en la que consiguió lo que su padre no había podido lograr: ser campeón del mundo de Fórmula 1.

Tras una decepcionante temporada en 1998, Villeneuve se fue de Williams y en 1999 ficho por un nuevo equipo, BAR (British American Racing), dirigido por su mánager. Aunque hubo algunos momentos brillantes, nunca ganó una carrera ni subió al podio durante los cinco años que estuvo en el equipo. Al final de 2003 parecía que su carrera en Fórmula 1 estaba acabada, pero la temporada siguiente corrió tres carreras con Renault que le valieron para firmar un contrato como piloto principal del equipo Sauber para 2005. En 2006, sin embargo, los resultados seguían sin llegar y a media temporada decidió dejar la Fórmula 1, poniendo así un triste punto final a una de las carreras en F1 que más brillantemente habían empezado.

Después de retirarse de la Fórmula 1 grabó y lanzó un disco de rock acústico, pero nunca se olvidó del olor a gasolina. Participó en la NASCAR, en carreras de turismos en Brasil y en Fórmula E. También corrió en las 24 Horas de Le Mans pues sigue siendo uno de los pocos pilotos que todavía podrían ganar la Triple Corona del automovilismo.

1998
1999
Mika
Mobil 1
Mercedes-Benz
BRIDGESTONE
POTENZA
SCHOCO
LOCTITE

MIKA HÄKKINEN

« DOS CAMPEONATOS »

Fue uno de los pilotos más rápidos de los noventa. Mika Häkkinen tenía un talento fenomenal y tuvo que superar grandes obstáculos para llegar a la cumbre de la Fórmula 1 y alzarse con el campeonato del mundo. Honesto y leal, todos sus rivales le respetaban y era muy querido por su personalidad afable y alegre. Fue uno de los principales rivales de Michael Schumacher y al que más respetaba el siete veces campeón del mundo.

Häkkinen nació en Finlandia en 1968 y se sentó en un kart por primera vez a los cinco años. Aunque tuvo un accidente, le encantó. Sus padres no eran ricos, pero ahorraron todo lo que pudieron para comprarle su primer kart. En su camino hacia la cumbre del karting, Mika les devolvió el favor con muchos campeonatos. El campeón del mundo de 1982, Keke Rosberg, lo ayudó a dar el salto a los monoplazas, y ganó varios títulos de Fórmula Ford, fue campeón de la Fórmula Opel y en 1990 se hizo con la corona de la F3 británica.

En 1991, la Fórmula 1 llamó a la puerta de Häkkinen y debutó con Lotus. Por aquel entonces, el equipo era solo un recuerdo de aquel que lo había ganado todo en los sesenta y los setenta, y en ocasiones incluso clasificarse para la carrera era difícil, pero el finlandés demostró tener mucho talento y en 1993 Williams y Ligier intentaron ficharle, a lo que Lotus se negó. Después de muchas discusiones y batallas legales entre los tres equipos, finalmente apareció McLaren y lo fichó.

El piloto finlandés empezó en McLaren como piloto probador, pero cuando Michael Andretti, hijo del gran Mario, dejó el equipo antes de que acabara la temporada, le dieron a Mika la oportunidad de pilotar el segundo coche. En su primera carrera con McLaren rodó más rápido que Senna en la sesión clasificatoria, y en la siguiente subió al podio. Lideró el equipo durante 1994 y 1995, temporadas difíciles, en que solo pudo subir al podio ocho veces. En el Gran Premio de Australia de 1995, un accidente a causa de un neumático casi le costó la vida. Su recuperación fue extraordinaria y en 1996 volvió a pisar el podio. Un año después, en 1997, ganó su primer Gran Premio.

Esa victoria le dio alas al inicio de la temporada de 1998, y con ocho victorias ganó el campeonato del mundo por delante de Schumacher con su Ferrari. En 1999 y con cinco victorias se volvió a proclamar campeón del mundo. Un año más tarde, enfrascado en la búsqueda del tercer campeonato, Mika deleitó a todos los aficionados con uno de los mejores adelantamientos de toda la historia. Fue a Schumacher en el circuito de Spa, mientras doblaban a Ricardo Zonta, pero incluso en el punto álgido de su carrera, Ferrari y Schumacher fueron insuperables y Häkkinen tuvo que resignarse con el subcampeonato.

Su última temporada en Fórmula 1 fue en 2001. Su motivación y determinación disminuyeron después de luchar tres veces por el título y, al mismo tiempo que su familia crecía, su temor a sufrir un accidente también lo hizo. Mika anunció que en 2002 se tomaría un año sabático y terminó 2001 con una victoria en el último Gran Premio, el de Estados Unidos. Häkkinen no volvió a la Fórmula 1 tras ese año sabático, aunque sí compitió tres temporadas en el DTM.

EPSON
PIAA
EPSON
PIRELLI
ESSILOR

JEAN ALESI

Ha habido muchos pilotos que han ganado más grandes premios, que han terminado mejor en la clasificación del mundial y que han llegado más lejos luchando por el título que Jean Alesi, pero muy pocos tenían su talento y sus habilidades. Si las circunstancias hubieran sido diferentes, habría habido muchas posibilidades de que Jean hubiera reinado en la Fórmula 1 en varias ocasiones.

Nació en 1964 y no empezó en el karting hasta una edad relativamente tardía (dieciséis años), pero en 1983 ya dio el salto a los coches, en 1987 ganó el campeonato francés de F3 y en 1989 fue campeón de la Fórmula 3000. Su ascenso a la Fórmula 1 llegó de casualidad esa misma temporada, con Tyrrell. Después de diversos conflictos contractuales, el equipo tenía un asiento disponible y optaron por darle una oportunidad al piloto que lideraba la categoría inferior en ese momento. Alesi llegó a ir segundo en su primer Gran Premio y finalmente acabó cuarto. Tras su actuación, le ofrecieron inmediatamente un contrato de dieciocho meses y siguió compitiendo en Fórmula 1 a la vez que seguía corriendo en Fórmula 3000, categoría en la que buscaba su título.

1990 fue su primera temporada completa de Fórmula 1, pero con solo medio año de experiencia ya era el más veterano del equipo Tyrrell, puesto que su compañero era un novato. Empezó el campeonato de una manera espectacular, liderando la primera carrera durante veinticinco vueltas y manteniendo una lucha con Ayrton Senna y su McLaren, que rodaba detrás de él. Alesi acabó segundo y repitió el mismo resultado en Mónaco. A mitad de temporada todos los equipos punteros querían fichar a Alesi para el próximo año, así que tuvo que decidirse por uno.

Tomó la decisión de irse a Williams y firmó un contrato con ellos. Sin embargo, el equipo tardó en anunciarlo y Jean empezó a sospechar sobre las intenciones de Williams, de modo que se dejó llevar por los encantos de Ferrari, también atraído en gran parte porque era mitad italiano, y su mitad italiana tuvo mucha influencia. Pero sucedió que mientras Williams encadenó una serie de grandes temporadas, Ferrari entró en periodo de vacas flacas. Alesi estuvo en la Scuderia cinco temporadas, y en cuatro de ellas lo hizo con el número 27, un dorsal muy importante para los aficionados porque iba asociado a la imagen de Gilles Villeneuve. En todo ese tiempo solo ganó una carrera debido a una combinación de mala suerte y coches poco competitivos. Siguió en Fórmula 1 hasta 2001, pero esa única victoria sigue siendo el momento más destacado de una carrera que prometía mucho más.

¿Qué habría pasado de haber seguido en Williams? En 1991 y 1992, los Williams FW14 y 14B fueron los mejores coches de la parrilla, y con Alesi en la cima de su carrera deportiva (muchos le consideraban una versión joven de Nigel Mansell o incluso mejor) no es descabellado pensar que al menos hubiera podido ganar un campeonato del mundo, o quizá dos o más.

Pero Alesi escucho a su corazón, y aunque no ganó tantas carreras y títulos como merecía, sí ganó mucho aprecio y popularidad por su forma de ser.

OTROS PILOTOS DESTACADOS:
LA DÉCADA DE 1990

GERHARD BERGER

Con diez victorias y cuarenta y ocho podios, Gerhard Berger es recordado por sus temporadas en McLaren y Ferrari, en que consiguió la admiración tanto de los equipos como de los aficionados. Su trayectoria en la Fórmula 1 transcurrió durante los años ochenta y buena parte de los noventa. Aunque nunca luchó por ganar un título, tenía muy buena reputación y acabó tercero en el campeonato dos veces. Mantuvo una muy buena amistad con Ayrton Senna, una de las más cercanas registradas entre pilotos durante los noventa, que dejó para el recuerdo buen número de bromas, de las que eran víctimas otros pilotos y la mayoría entre ellos dos.

RICCARDO PATRESE

Riccardo Patrese debutó en 1977 y compitió ininterrumpidamente desde finales de los setenta y durante los ochenta, pero fue al final de esta última década y en los primeros años noventa cuando logró sus mejores resultados. Acabó tercero en 1989 y 1991, y en 1992, formando equipo con Nigel Mansell, se proclamó subcampeón por detrás del británico. Fue el primer piloto de F1 que llegó a las 200 participaciones primero, y después a las 250. Consiguió un total de seis victorias y se retiró en 1993 siendo un miembro muy querido en el *paddock*.

HEINZ-HARALD FRENTZEN

Contemporáneo de Michael Schumacher, formó parte del mismo programa de Mercedes que ayudó al siete veces campeón del mundo en los inicios de su carrera profesional. En 1994 llegó a la Fórmula 1 con Sauber y desde el primer momento causó muy buena impresión. En 1997, Williams le ofreció reemplazar a Damon Hill, y acabó segundo en el campeonato aquel año. Su mejor temporada fue la de 1999, integrado en el equipo Jordan. A pesar de que los pilotos de Ferrari y McLaren disponían de más medios y mejor coche, sumó dos victorias y se mantuvo en la lucha por el título prácticamente hasta el final, acabando el campeonato en tercera posición.

EDDIE IRVINE

Eddie Irvine se hizo notar en su debut en la Fórmula 1 adelantando a Ayrton Senna para desdoblarse. El brasileño se enfadó tanto que acabó pegándole un puñetazo al terminar la carrera. Tenía fama de fiestero y vivió una vida de excesos. Aun así, en su momento fue capaz de competir con los mejores. En 1996 Ferrari le fichó como compañero de Michael Schumacher, y aprovechó el hecho de que en 1999 el alemán se rompió una pierna y estuvo ausente casi media temporada, para ganar cuatro carreras y conseguir el subcampeonato a tan solo dos puntos de Häkkinen.

GIOVANNA AMATI

La italiana Giovanna Amati, nacida en el seno de una familia rica, fue raptada cuando era adolescente y permaneció encerrada en una jaula de madera durante casi tres meses hasta que sus padres pagaron el rescate. Gracias a su fortaleza mental y su increíble autoestima pudo pasar página, olvidar aquella terrible experiencia y luchar por sus sueños. Se introdujo en el mundo del motor, ganó carreras y recorrió el camino hacia la Fórmula 1. Aunque en 1992 intentó clasificarse en tres grandes premios con un Brabham sin conseguirlo, su sustituto, Damon Hill, necesitó seis intentos para conseguir meter al mismo coche en una parrilla. Su vida profesional sigue siendo una historia de resiliencia y determinación, y es la última mujer que hasta la fecha ha intentado clasificarse para un Gran Premio.

LOS TITANES DE LOS AÑOS 90

WILLIAMS

El equipo Williams fue el dominador de los noventa. Con cinco campeonatos, se convirtió en el equipo a batir por todos los demás. Bajo la dirección de Frank Williams y Patrick Head, Adrian Newey, un nombre que se ha convertido en mítico en la Fórmula 1, dirigió un departamento técnico que se superaba día tras día. Al principio de la década, el equipo también contó con la brillante mente de Paddy Lowe, que en 1992 refinó hasta la perfección la electrónica y el uso de la suspensión activa del imbatible FW14B. Los pilotos de Williams obtuvieron cuatro títulos y el equipo se proclamó campeón de constructores en 1992, 1993, 1994, 1996 y 1997. Sin embargo, como suele pasar en los equipos que triunfan, sus miembros más destacados acabaron cambiando de aires, y a finales de los años noventa Williams estaba lejos de ser el equipo campeón que había sido pocos años antes.

McLAREN

McLaren empezó y terminó los años noventa en las posiciones de cabeza, pero a mediados de la década diversos cambios de motores tuvieron un efecto negativo en los resultados. La década empezó de manera inmejorable, con los dos títulos consecutivos de Ayrton Senna en 1990 y 1991, pero la retirada de Honda en 1993 obligó a montar motores Ford, menos competitivos, y el brasileño decidió marcharse a Williams, que era el equipo dominante en ese momento. El contrato de McLaren y Ford solo duró un año, pues Ron Dennis optó por montar motores Peugeot, con los que asimismo compitieron solo un año. En 1995 firmaron con Mercedes, y todo empezó a encajar nuevamente con el fichaje de Adrian Newey procedente de Williams. A finales de 1997 el equipo consiguió ser competitivo de nuevo, y en 1998 Mika Häkkinen y McLaren fueron campeones del mundo. El piloto finlandés repitió el título en 1999, pero el título de constructores fue para Ferrari.

BENETTON

Cuando Flavio Briatore tomó las riendas del equipo Benetton, su ascenso fue muy rápido. Pese a que el empresario italiano nunca fue muy querido en la Fórmula 1, pues muchos le consideraban muy presuntuoso y creían que estaba en un lugar que no le pertenecía, lo cierto es que sabía cómo lograr sus objetivos. Creó un equipo increíble que una vez asentado fue ganador. En la primera temporada de Briatore, 1990, Benetton acabó tercero en el mundial de constructores y sumó tres victorias. La temporada de 1991 no fue buena y Briatore convenció a Ross Brawn para que se convirtiera en el director técnico del equipo. Brawn desarrolló unos coches fantásticos y aplicó unas estrategias de carrera excepcionales. En conjunción con Michael Schumacher, el equipo ganó varias carreras antes de lanzarse al asalto del campeonato del mundo en 1994, que estuvo marcado por los rumores acerca del posible uso de un sistema de control de tracción ilegal en el B194. Pese a ser descalificado en dos carreras y no poder participar en otras dos por sanción, Schumacher acabó proclamándose campeón en la última carrera, resultado que no estuvo exento tampoco de polémica. En 1995 Benetton ganó el campeonato de constructores y el segundo título de pilotos de Schumacher. Este fichó por Ferrari a final de temporada y con él se fueron Brawn y Rory Byrne, responsable del diseño de los coches. A partir de ese momento Benetton pasó a ser un equipo más y Briatore acabó siendo relevado de su posición al frente del mismo.

FERRARI

Ferrari empezó la década luchando por el título con Alain Prost y perdiéndolo a manos de Ayrton Senna en la última carrera de la temporada. El año siguiente los resultados no acompañaron y Prost acabó siendo despedido. En 1993, la situación empeoró y ello obligó a buscar soluciones. La primera fue fichar a Jean Todt, antiguo director deportivo de Peugeot en rallies y resistencia, que llegó para reflotar el barco. Con él empezó una larga etapa de reestructuración en la que se creó una barrera invisible entre los directivos de la marca y el equipo de competición y se contrataron responsables de departamentos que fueran competentes para dirigir sus propias labores, de manera que así Todt podía tener una visión más amplia del equipo sin tener que encargarse de la microgestión del equipo. En 1996, Todt consiguió que Schumacher se uniera a la Scuderia y dejara Benetton, y con él llegaron también Ross Brawn y Rory Byrne. Todos juntos formaron un *dream team*, cada miembro del cual mostraba una gran confianza en su trabajo y unidos se convirtieron en una combinación imbatible. En 1997 Schumacher volvió a luchar por el título, y aunque en 1999 se rompió una pierna y estuvo ausente varias carreras, regresó a final de temporada para ayudar a Ferrari a conseguir el campeonato de constructores. No obstante, lo mejor estaba por llegar.

JORDAN

Eddie Jordan tuvo una corta trayectoria como piloto antes de empezar su exitoso equipo de F3 en los ochenta y dar el salto a la Fórmula 1 en 1991. El Jordan 191 diseñado por Gary Anderson sigue siendo considerado uno de los más bonitos de la época y de todos los tiempos, y con él el equipo dejó huella. La primera *pole* y el primer podio llegaron en 1994, y a mediados de los noventa el equipo era una amenaza con la que todos contaban. En 1998 subieron al cajón más alto del podio por primera vez, y en 1999, con Heinz-Harald Frentzen, lograron dos victorias y se metieron en la lucha por el mundial de pilotos. Pese a que Jordan, cuya sede estaba en Silverstone, nunca tuvo presupuesto suficiente para ser uno de los grandes, estaba dirigido por una de las personas más enigmáticas de la Fórmula 1 y tuvo muchos seguidores en todo el mundo.

LIGIER

En 1976, un antiguo jugador de rugby francés, Guy Ligier, compró los activos del equipo Matra y creó su propia escudería de F1. En los ochenta, ganaron varias carreras antes de atravesar un periodo difícil a final de la década, del cual resurgió entre 1992 y 1993. El equipo continuó compitiendo y en 1996 Oliver Panis logró la victoria en una de las ediciones del Gran Premio de Mónaco más memorables de la historia. A finales de ese mismo año, Alain Prost adquirió el equipo y lo rebautizó como Prost Grand Prix. Ligier sumó un total de nueve victorias y cincuenta podios.

STEWART

El equipo Stewart Grand Prix solo compitió tres temporadas, pero en ese corto periodo sus pilotos lograron subir al podio cinco veces y ganar un Gran Premio. El hijo de Jackie Stewart, Paul, llevaba un tiempo dirigiendo su propio equipo de F3, y en 1997 decidió unirse con su padre y juntarse con Ford para dar el salto a la Fórmula 1. En su primera temporada consiguieron un podio, y tras un difícil 1998, volvieron a puntuar regularmente en 1999, consiguiendo tres podios con Rubens Barrichello y la victoria en Nürburgring de la mano de Johnny Herbert. A finales de aquel año el equipo pasó a manos de Ford que lo convirtió en Jaguar, y finalmente fue adquirido por Dietrich Mateschitz para crear Red Bull Racing.

GRAND PRI
SEGA
SEGA
1993
DONINGTON

LA CARRERA DE LA DÉCADA

GRAN PREMIO DE EUROPA DE 1993

En los noventa y en los 2000, el calendario incluía un Gran Premio de Europa que cada año se celebraba en un circuito distinto. En 1993 se disputó en Donington Park, en Gran Bretaña, un circuito complejo y pequeño con muy pocas zonas de adelantamiento. Pero la combinación de la imprevisible meteorología británica y un inspirado pilotaje de Ayrton Senna permitieron vivir una carrera que para muchos es considerada como una de las mejores de todos los tiempos, y no porque hubiera una gran batalla por la victoria, sino porque se ejemplificó de manera clara la perfección incomparable de un maestro dando muestra de sus capacidades y su arte al volante

En plena época de ayudas electrónicas a la conducción, McLaren se había visto superado tras años de dominio casi absoluto. Pese a contar con un motor Ford que no era el mejor y luchando contra el poderío de los Williams-Renault, Senna consiguió ganar bastantes grandes premios en 1993, y el dominio ejercido durante aquel fin de semana pasado por agua en Donington han convertido aquella carrera en uno de sus triunfos más recordados.

El brasileño salía desde la cuarta posición tras marcar un tiempo casi un segundo y medio más lento que el Williams de su eterno rival, Alain Prost. La carrera empezó con la pista mojada y Senna cayó a la quinta posición, justo detrás de los dos Williams, el Sauber de Karl Wendlinger y el Benetton de Michael Schumacher, pero al acabar la primera vuelta ya se había colocado líder tras adelantar a Schumacher y después a Wendlinger con un movimiento espléndido por fuera. El siguiente fue Damon Hill, al que superó sin grandes complicaciones. Por delante ya solo tenía a Prost, al que le ganó el interior para pasar a encabezar la prueba. Al inicio de la segunda vuelta, Senna ya solo podía ver una nube de agua pulverizada en sus retrovisores. En la vuelta dieciocho paró a cambiar los neumáticos de lluvia por unos lisos en la que sería la primera de cinco paradas, puesto que la lluvia era intermitente. El equipo Williams, por el contrario, decidió seguir con neumáticos de lluvia. Hill paró seis veces y fue el único piloto que acabó en la misma vuelta que Senna, mientras que Prost paró siete. Los Williams perdían posiciones al mismo tiempo que algunos pilotos brillaban. Rubens Barrichello llegó a ir segundo con su Jordan y hubiera acabado cuarto si no hubiera abandonado en la vuelta setenta y uno. Su puesto lo ocupó Johnny Herbert, que compensaba la poca competitividad de su Lotus con su habilidad, que le permitió seguir en pista a pesar de llevar neumáticos lisos incluso cuando la lluvia volvió a hacer acto de presencia. El inglés acabó cuarto tras haber arrancado undécimo, y detrás suyo, cerrando la zona de puntos, se clasificaron Riccardo Patrese y Fabrizio Barbazza, que de este modo lograba su primer punto con el equipo Minardi.

Pero aquel fue el día de Senna. No se puede negar que el control de tracción le ayudó en esas condiciones, pero gracias a un dominio del monoplaza sin igual, a su habilidad para leer los cambios de la meteorología y tomar las decisiones correctas, y a seguir atacando con neumáticos lisos con la pista mojada en determinadas fases de la carrera, hubo momentos en que dio la sensación de que aquel día estaba en otro mundo, a otro nivel. Aunque para él hubo otras carreras que fueron más memorables, una gran mayoría de los aficionados de la Fórmula 1 consideran aquel Gran Premio como su mejor carrera, una de las que definieron su trayectoria. Fue intocable de principio a fin. Simplemente, nadie tuvo la más mínima oportunidad de plantarle cara.

LA DÉCADA DEL

20

DURANTE LA PRIMERA DÉCADA DEL NUEVO MILENIO la estrella de la Fórmula 1 brilló con más vigor, a medida que se fue extendiendo a nuevos países con nuevas carreras y nuevos equipos. Las principales marcas automovilísticas vieron el potencial que representaba participar en el campeonato, y algunas decidieron asociarse con equipos independientes ya existentes, mientras que otras crearon sus propios equipos. Ello derivo en una espiral de gastos ya que al no haberse fijado previamente un límite presupuestario, los fabricantes invirtieron grandes sumas en investigación y desarrollo. El resultado de todo ello fue el dominio del campeonato durante todos aquellos años por parte de los grandes equipos... hasta que el año 2009 puso fin a la década de un modo tan mágico como increíble.

Los primeros años se tiñeron de rojo o, mejor dicho, de rojo Ferrari. El equipo italiano dominó los primeros años del siglo de un modo que no se había visto nunca anteriormente. La superioridad de la Scuderia era tan aplastante que en los primeros cinco años ganaron cincuenta y siete carreras de ochenta y cinco, Michael Schumacher logró cinco campeonatos consecutivos y, si contamos la victoria de 1999, el equipo se llevó seis títulos seguidos. En resumen, entre el año 2000 y el 2004 si participabas en la Fórmula 1 y no eras Michael Schumacher o Ferrari, no tenías ninguna posibilidad de ganar.

Aun así, el resto de equipos y pilotos sumaron un tercio de las carreras del periodo citado. McLaren era una amenaza constante, y Williams, que contaba con el expiloto de la IndyCar Juan Pablo Montoya, en ocasiones conseguía poner en apuros a Schumacher y su Ferrari. Incluso el hermano menor de Michael, Ralf, logró subir a lo más alto del podio en varias ocasiones. Desde 2003, los ocho primeros clasificados sumaban puntos para el campeonato.

BMW regresó a la Fórmula 1, primero suministrando motores a Williams y posteriormente adquiriendo Sauber y creando su propio equipo. En 2002 se produjo la llegada de Toyota y en 2006 Honda adquirió BAR, equipo creado a finales de la década anterior con grandes expectativas, que nunca llegaron a materializarse. Por último, Renault se hizo con el control de Benetton, y de este modo regresó a la Fórmula 1 como constructor, con Flavio Briatore a la cabeza del equipo y un joven Fernando Alonso como piloto, que lograron acabar con el monopolio de Ferrari y ganar dos títulos consecutivos en 2005 y 2006.

Gracias a una gran inversión de Mercedes, McLaren volvió a las primeras posiciones en la última mitad de la década y en 2007 tomaron el relevo a Renault en su lucha con Ferrari, de la mano de Fernando Alonso, entonces ya bicampeón del mundo, y de su nueva joven superestrella, Lewis Hamilton. Pero la temporada quedó marcada por un caso de espionaje, por el que McLaren fue declarado culpable de haber recibido un dosier con información y diseños. El equipo fue sancionado con una multa de cien millones de dólares y perdieron todos los puntos conseguidos. Además, sus dos pilotos dejaron escapar el campeonato de pilotos por solo un punto.

Por su parte, Ferrari se recuperó de los dos años de dominio de Renault y le arrebató el título a McLaren gracias al que había sido el protegido del equipo británico, Kimi Räikkönen, que había fichado ese mismo año por la Scuderia para ocupar el asiento del retirado Michael Schumacher. McLaren y Hamilton se vengaron al año siguiente y le arrebataron el título a Felipe Massa, piloto de Ferrari, en la última curva de la última carrera de la temporada 2008, aunque el equipo italiano logró el campeonato de constructores que, hasta hoy, es el último de su palmarés.

Desde el punto de vista de la normativa, la década del 2000 fue una época interesante. La FIA admitió que no podía supervisar el uso del control de tracción, así que en 2001 lo legalizó (más tarde, en 2008, estandarizaría el uso de unidades de control electrónicas que acabaron con el control de tracción de una vez por todas). Como los costes para los equipos pequeños aumentaron significativamente, los motores fueron limitados a uno para cada fin de semana con el fin de intentar reducir los gastos; se introdujeron las penalizaciones con pérdidas de posiciones en parrilla en caso de no respetar la normativa de motores indicada; y siempre con la intención de reducir costes, se interrumpió el desarrollo de los motores, que debían tener las mismas especificaciones durante toda la temporada. La carga financiera dio mucho que hablar cuando la FIA introdujo los motores V8 en lugar de los V10. Para apaciguar a los equipos pequeños, se permitió la utilización temporal de unidades V10, cuya cilindrada era mayor pero limitando su régimen de giro máximo.

En cuanto a seguridad, uno de los avances más importantes fue el uso del HANS, un dispositivo que limitaba el movimiento del casco y la cabeza del piloto en caso de accidente y reducía de este modo el riesgo de sufrir lesiones cerebrales y en la columna. Además, los neumáticos lisos dejaron de ser lisos por primera vez desde 1970, y ahora los neumáticos de seco también llevaban unas ranuras para limitar la adherencia y reducir la velocidad.

Las evoluciones aerodinámicas, sin embargo, avanzaban sin apenas control. A mediados de la década empezaron a aparecer un gran número de aletas y alerones en prácticamente todo el coche para conseguir la máxima carga aerodinámica posible. En 2007 la Fórmula 1 se quedó con un único proveedor de neumáticos y se modificó la normativa para hacer obligatorio el uso de los dos compuestos disponibles en cada carrera. En 2009 la normativa técnica se reemplazó por una nueva que introdujo grandes cambios. Se prohibieron los apéndices aerodinámicos, los alerones traseros se hicieron más altos y estrechos, y los delanteros, más bajos y anchos porque se reintrodujo el uso de neumáticos lisos. El régimen de giro de los motores se limitó a 18.000 revoluciones por minuto y por primera vez se pudo aprovechar y reutilizar la energía generada en las frenadas gracias a un sistema de recuperación de energía cinética llamado KERS, por sus siglas en inglés.

A finales de la década, tras años de esfuerzos infructuosos y pobres resultados, algunos de los fabricantes más importantes se replantearon sus programas deportivos. Al acabar la temporada 2008, Honda abandonó la Fórmula 1 de manera inesperada, pese a la gran inversión efectuada para adaptarse a la nueva normativa que debía entrar en vigor en 2009. Ross Brawn, que por aquel entonces era el jefe del equipo, lo compró por una libra, negoció el suministro de motores con Mercedes y conservó a todos los trabajadores del antiguo equipo Honda, que pasó a llamarse Brawn GP. En su primera y única temporada en Fórmula 1 consiguieron lo que parecía imposible: en la primera carrera se llevaron la *pole* y la victoria, y Jenson Button, su primer piloto, se proclamó campeón del mundo a final de temporada, mientras que el equipo se imponía en el mundial de constructores. Toyota y BMW siguieron los pasos de Honda y se retiraron debido a la presión financiera que soportaban los grandes fabricantes, que les hizo reconsiderar su continuidad. Tras una década marcada por la superioridad de los grandes equipos de fábrica, la siguiente empezaría con los equipos independientes escalando posiciones.

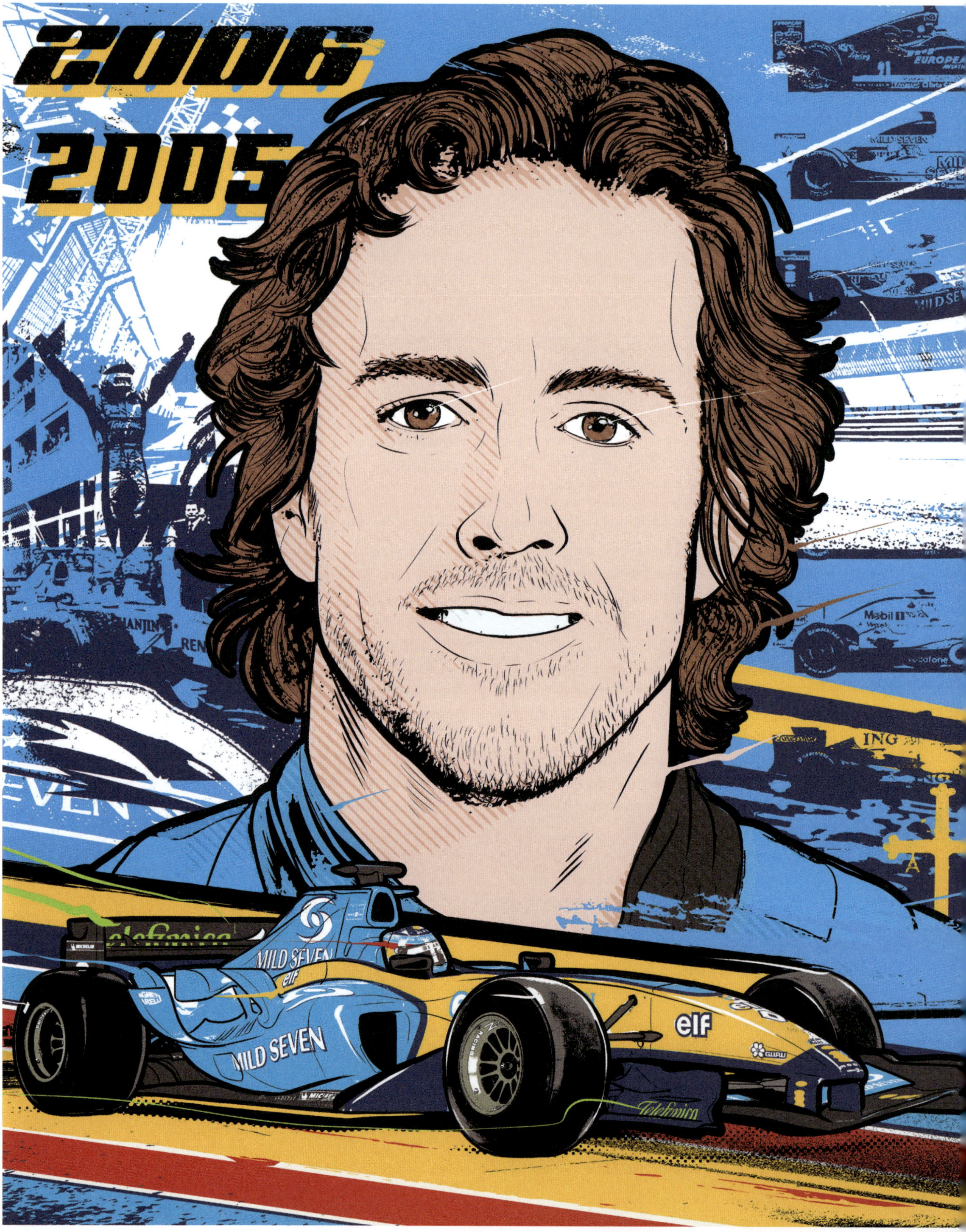
2006
2005
MILD SEVEN
elf
MILD SEVEN
elf
ING

FERNANDO ALONSO

« DOS CAMPEONATOS »

Cuando ganó su primera carrera de Fórmula 1 se convirtió en el piloto más joven en ganar un Gran Premio. En su ascenso a lo más alto desbancó a Michael Schumacher y acabó con su era de dominación, pero tras dos años de liderazgo, algunas controversias y diversos cambios de equipo poco acertados le alejaron de su tercer campeonato. Tras dejar la Fórmula 1, la tentación de seguir intentando conseguirlo era demasiado fuerte, y con cuarenta años decidió regresar.

Nacido en Oviedo en 1981, su primer contacto con las carreras fue con un kart casero que su padre había montado para su hermana. Pero a esta no le convenció mucho, todo lo contrario que a Fernando, que a los cinco años obtuvo su primera licencia para competir en karting. Su progreso fue rápido, y antes de pasar a los monoplazas con diecisiete años ya había ganado numerosas carreras y campeonatos en karts. Tras ganar el campeonato de Fórmula Nissan al primer intento dio el salto a la Fórmula 3000, y en 2001, con diecinueve años, debutó en Fórmula 1 con el equipo Minardi, que era el último de la parrilla. A pesar de no conseguir ningún punto, su ritmo y entrega causaron una gran impresión. En 2002, Flavio Briatore, jefe del equipo Renault, se convirtió en su mánager y lo fichó como piloto de pruebas. Tras un año alejado de las parrillas, se reincorporó a ellas en 2003 y aquel año consiguió cuatro podios y su primera victoria, y en la temporada siguiente volvió a subir al podio otras cuatro veces más, éxitos que resultaron ser la precuela del año más importante de su carrera deportiva, el 2005.

Ese año dominó el campeonato y se convirtió en campeón con siete victorias. En 2006 repitió su hazaña con exactamente el mismo número de carreras ganadas. Su pilotaje era magnífico, y se ganó la reputación de ser uno de los pilotos con más talento y más valientes de su generación. Sin embargo, el juego de la política de la Fórmula 1 es complejo y probablemente no acabó de jugar bien sus cartas. En 2007, ya como bicampeón del mundo, fichó por McLaren, pero su relación con su compañero, el novato Lewis Hamilton, fue más difícil de lo que esperaba. Tras un año en McLaren, regresó a Renault.

El segundo paso por el equipo francés fue menos exitoso que el primero y después de dos años fichó por Ferrari con la esperanza de ganar campeonatos de nuevo. Durante los cinco años que vistió de rojo logró tres subcampeonatos, y al final tanto él como el equipo acabaron perdiendo la paciencia. Fernando optó entonces por regresar a McLaren, un movimiento bastante inesperado, pero el equipo inglés estaba lejos de ser la escudería que había sido y acabó frustrándose de nuevo.

Al acabar la temporada 2018, Alonso abandonó la Fórmula 1 para competir en el Campeonado Mundial de Resistencia con Toyota. Su paso por la resistencia le aportó un tercer título mundial y dos victorias en las prestigiosas 24 Horas de Le Mans. También participó en el Rally Dakar e intentó conseguir la Triple Corona compitiendo en varias ediciones de las 500 Millas de Indianápolis. Pese a todo ello, en 2021 volvió a la F1. Estuvo dos temporadas en el antiguo equipo Renault, que ahora se llamaba Alpine, y después fichó por Aston Martin. En 2023, con cuarenta y un años y habiendo mejorado con la edad, volvió a pisar el podio de manera regular, demostrando que su pilotaje seguía siendo tan asombroso como ya lo era veinte años antes.

Hoy en día, convertido en el piloto con más experiencia en la historia de la Fórmula 1, no se sabe cuánto tiempo seguirá en ella ni lo que puede llegar a conseguir. Parece que no existe un final a la vista para el todavía competitivo campeón del mundo.

2007
MUBADALA
ABU DHABI
ICEMAN
26
Marlboro
BRIDGESTONE
POTENZA
Alice

KIMI RÄIKKÖNEN

« UN CAMPEONATO »

Kimi Räikkönen fue un prodigio con un potencial tan enorme que debutó en Fórmula 1 muy joven y lo hizo con una licencia provisional. Era un fenómeno que fascinaba y a la vez frustraba, y los momentos en los que el mundo estaba a sus pies se alternaban con otros en los que, a pesar de su ilimitado talento, no lograba cumplir con las expectativas, aunque al final sí lo consiguió y logró proclamarse campeón del mundo con el equipo más famoso.

Nacido cerca de Helsinki, en Finlandia, en 1979, su amor por la velocidad comenzó con tres años con las minimotos de cross. A los diez años empezó a competir en karts y pronto se pudo ver que era un diamante en bruto. Con dieciocho años dio el salto a los monoplazas, aunque ese año le tocaba hacer el servicio militar obligatorio. Sin embargo, se las ingenió para seguir compitiendo. Lo hizo en Fórmula Renault, y de las veinte carreras en que participó, ganó trece y consiguió dos títulos.

En 2001 sorprendió al mundo de la Fórmula 1 cuando tras efectuar una prueba con Sauber, y con solo veintitrés vueltas al volante de un F1 debutó con el equipo suizo. Treinta minutos antes de su debut, se echó una siesta, algo que le hizo muy famoso, y más todavía al acabar sexto y puntuar. Su gran rendimiento llamó la atención de McLaren, que le fichó para ocupar el puesto de Mika Häkkinen en 2002.

Era una persona de pocas palabras que detestaba aparecer en público ante los medios, y pronto se convirtió en el favorito de los aficionados. Hacía las cosas a su manera y pilotaba también a su manera, sin miramientos y con una convicción absoluta. Sus conversaciones por radio forman parte de la historia de la Fórmula 1, pues cuando no estaba de acuerdo con algo ignoraba el mensaje o argumentaba con cierta vehemencia las instrucciones recibidas. Aunque su imagen era la de una persona taciturna y con un temperamento fuerte, sabía divertirse y aprovechaba cualquier oportunidad para hacerlo.

Su fichaje por McLaren le hizo ganar carreras, pero en los cinco años que estuvo en el equipo británico solo consiguió un subcampeonato. Coincidieron con las últimas temporadas de dominio de Michael Schumacher y con la aparición en escena de Alonso y Renault. En 2007 decidió cambiar de aires y fichar por Ferrari para reemplazar a Schumacher. Llegó a la última carrera de la temporada con cinco victorias y ganó el campeonado del mundo por solo un punto y con una sexta victoria. En las temporadas sucesivas siguió ganando carreras, hasta que en 2009 dejó la Fórmula 1 para competir en rallies y en la NASCAR.

Pero como en el caso de otros pilotos, la adrenalina de la Fórmula 1 era muy fuerte y decidió volver, primero con el equipo Lotus/Renault y después de nuevo con Ferrari, donde compitió otras cinco temporadas. Aunque nunca volvió a ser el antiguo Räikkönen, se convirtió en el compañero perfecto de los pilotos principales de la Scuderia. Sus tres últimas temporadas las pasó en el equipo Sauber, que por aquel entonces se denominaba Alfa Romeo, donde había empezado su periplo en la Fórmula 1 veinte años antes. Hasta su última carrera en 2021 siguió siendo uno de los pilotos más rápidos y todavía es el último piloto que se ha proclamado campeón del mundo con Ferrari.

2008
2014
2015
2017
2018
2019
2020
PETRONAS
EPSON
PIRELLI

LEWIS HAMILTON

« SIETE CAMPEONATOS »

De origen humilde, Lewis Hamilton fue subiendo peldaños en el automovilismo hasta posicionarse como uno de los mejores pilotos de todos los tiempos. No solo definió a su generación, también redefinió la imagen de un campeón, fusionando su increíble control al volante y su impresionante velocidad con una gran preocupación por aquellas causas en las que su fama puede ser útil. Hamilton es una leyenda en la pista y se ha convertido en un icono a nivel mundial a lo largo de su carrera profesional.

Nació en Stevenage, Inglaterra, en 1985. Sus padres se separaron cuando tenía dos años y con doce se fue a vivir con su padre, que tenía tres trabajos para que su hijo pudiera correr en karts. En una ceremonia de entrega de premios, con solo trece años, se acercó al jefe de McLaren, Ron Dennis, y le dijo que le gustaría pilotar en su equipo un día. Sorprendido por la determinación del joven, él y McLaren lo apoyaron en su carrera automovilística. Lewis les devolvió el favor ganando el campeonato europeo y del mundo de karting y, cuando dio el salto a los monoplazas, se impuso también en la Fórmula Renault, la Fórmula 3 y la GP2. En la temporada de 2007 debutó con McLaren en Fórmula 1.

En su primera carrera subió al podio, y la primera victoria llegó en la sexta. Pese a su inexperiencia, fue capaz de ponerse al nivel de su compañero, el bicampeón del mundo Fernando Alonso, lo cual dio lugar a una rivalidad muy recordada entre los aficionados. Hamilton perdió el título en su primer año por solo un punto, siendo Alonso tercero. Pero en el segundo, en 2008, consiguió coronarse como campeón. La manera en la que lo hizo, con un adelantamiento crucial en la última curva de la última vuelta de la última carrera para asegurarse los puntos suficientes fue un reflejo de su determinación.

A partir de ese momento, McLaren empezó una época de declive, y aunque el británico ganó carreras en todas las temporadas, no fue capaz de conseguir ningún otro título con ellos, así que se arriesgó y abandonó el equipo que le había apoyado durante toda su vida. Su fichaje por Mercedes acabó siendo una de las mejores decisiones de su carrera deportiva. En Mercedes se reencontró con su compañero en karting, Nico Rosberg, y pronto se convirtió en la punta de lanza de un equipo emergente. Los Mercedes empezaron a ganar carreras y a luchar por el campeonato, y la relación entre Hamilton y Rosberg se rompió. El piloto alemán ganó un título, pero Hamilton logró seis, y derrotó a todos los pilotos que intentaron arrebatarle el título. Estableció nuevos récords en el número de *poles*, victorias y vueltas rápidas conseguidas

Más allá de las carreras, Hamilton se dio cuenta de que tenía un papel más importante que desempeñar. Como persona de raza negra en el mundo predominantemente blanco de las carreras, a lo largo de su trayectoria deportiva tuvo que hacer frente a problemas y retos que no se planteaban al resto de pilotos. No había muchos como él o con unos orígenes similares al suyo, y decidió utilizar la posición que ostentaba para apoyar un cambio en la inclusividad y la equidad en el mundo del motor.

Dejó a todo el mundo sorprendido cuando anunció que en 2025 se convertiría en piloto de Ferrari.

La unión entre el piloto con más éxito de la historia de la F1 y el equipo con más triunfos es realmente prometedora.

2009
BRAWN GP
HALCYON
BELL
BRIDGESTONE
WUPPERTAL
BRIDGESTONE
TENZA
MIG
migfx.com

306 CARRERAS /// 15 VICTORIAS /// 50 PODIOS /// 8 POLES /// 8 VUELTAS RÁPIDAS

JENSON BUTTON

«UN CAMPEONATO»

No han sido muchos los pilotos que han podido disponer del coche adecuado en el momento adecuado, y cuando han tenido esa oportunidad muy pocos han sido capaces de obtener el máximo partido y conseguir el premio más importante, el título de campeón mundial. Jenson Button tuvo una oportunidad de oro para proclamarse campeón, y la aprovechó.

Nacido en Frome, Inglaterra, en 1980, Button vivió con su padre, un conocido piloto de rallycross, tras el divorcio de este. Desde muy pequeño quiso ser como su padre, y sus primeros pasos en el mundo del karting permitieron comprobar que llevaba la competición en la sangre. Con dieciocho años dio el salto a los monoplazas y ganó la Fórmula Ford en su primera temporada. En la siguiente continuó ganando carreras, ahora ya en Fórmula 3, acabando el campeonato británico como mejor debutante y tercero en la clasificación final. Tras efectuar algunas pruebas con coches de F1, el año 2000 se le presentó la posibilidad de pilotar con Williams en la máxima categoría, logrando puntuar ya en su segunda carrera.

Al término de la temporada se fue a Renault, donde estuvo dos años, y en 2003 fichó por el quipo BAR. Era joven, atractivo y perspicaz, pero su aparición en los titulares de muchos tabloides y su fama de mujeriego le hicieron recibir muchas críticas por parte de algunos círculos del *paddock*, que creían que le interesaba más irse de fiesta que competir, aunque nadie dudaba de su rapidez, que combinaba con un estilo de pilotaje muy elegante y con mucha determinación. A pesar de contar con un coche competitivo en 2004 y 2005, la victoria le rehuyó, hasta que en 2006, en el Gran Premio de Hungría celebrado bajo condiciones meteorológicas cambiantes y mucho caos, consiguió la primera.

El equipo BAR fue adquirido por Honda, pero sus coches eran poco competitivos y la trayectoria deportiva de Button caía en picado. Cuando el fabricante japonés abandonó la Fórmula 1 a finales de 2008, parecía que también iba a ser el final de Button. Sin embargo, Ross Brawn compró lo que quedaba del equipo, y cuando el coche nuevo empezó a rodar Jenson se dio cuenta de que había llegado su momento.

El coche era un cohete, y el británico consiguió la *pole* y la victoria en las dos primeras carreras. De hecho, ganó seis de las siete primeras del campeonato. El equipo tuvo que pelear mucho para evitar que sus rivales, una vez desarrollados sus coches siguiendo los pasos de Brawn, les dieran alcance. Pero Button había acumulado suficiente ventaja durante la primera mitad de la temporada y la pudo ir dosificando para, contra todo pronóstico, proclamarse campeón del mundo, como también lo fue el pequeño equipo Brawn.

En 2010, Jenson fichó por McLaren, donde permaneció siete temporadas y sumó ocho victorias más. En 2011 logró el subcampeonato tras superar a su compañero Lewis Hamilton. Se retiró al finalizar la temporada de 2016, aunque regresó al año siguiente para sustituir a Fernando Alonso en Mónaco, mientras el español participaba en las 500 Millas de Indianápolis. Tras dejar la Fórmula 1 participó en el campeonato Super GT japonés, que logró ganar el año 2018.

Hoy en día, Jenson Button vive con su mujer e hijos en Estados Unidos, y además de trabajar como comentarista de televisión sigue participando en carreras y campeonatos como las 24 Horas de Le Mans o la NASCAR.

ORLEN
KUB
P1
CAN
CREDIT SUISSE
intel
MALAYSIA
PETRONAS
BRIDGESTONE
POTENZA

ROBERT KUBICA

La historia de Robert Kubica es una de aquellas sobre lo que podía haber sido. Fue el primer polaco en competir en Fórmula 1 y todos los campeones de su época le consideraban el mejor, pero un accidente que casi le arrebata la vida lo cambió todo por completo.

Nació en 1984 y empezó a sentirse atraído por las cuatro ruedas muy pronto. No pudo empezar a competir en karts hasta los diez años, pero hasta ese momento no había dejado de dar vueltas subido en uno. El resultado de todo ello fueron seis campeonatos en tres años. Después se fue a Italia cuando solo era un adolescente y vivió en las instalaciones de su equipo de karting, durmiendo en el suelo. Vivía para correr, tal era su pasión, y se convirtió en uno de los pilotos mejor valorados y más codiciados de su generación.

Formó parte del programa de jóvenes pilotos de Renault, gracias al cual debutó en monoplazas, terminando segundo en el campeonato italiano de Fórmula Renault, antes de ganar las Renault World Series en 2005. Su talento llamó la atención del equipo BMW de Fórmula 1, que le fichó como piloto reserva en 2006. Tras la salida de Jacques Villeneuve del equipo a mitad de temporada, pasó a ocupar su coche y ya en la primera carrera logró salir por delante de su compañero de equipo.

En 2007 Kubica era un piloto que solía acabar en la zona de puntos, pero tuvo un terrorífico accidente en el Gran Premio de Canadá a 300 kilómetros por hora y con una fuerza de impacto que se cifró en 75 G. Afortunadamente no sufrió heridas graves y solo se perdió una carrera. En 2008 siguió formando parte de BMW, y aunque ese año es más recordado por la batalla por el título entre Felipe Massa, piloto de Ferrari, y Lewis Hamilton, piloto de McLaren, lo cierto es que Kubica también estuvo luchando con ellos por el título. Logró su primera y única victoria en el mismo circuito donde un año antes había sufrido aquel grave accidente, y gracias a ella se mezcló en la lucha por el campeonato. Sin embargo, BMW creía que en 2009 tendrían más posibilidades de luchar por el título y dedicaron más esfuerzos a preparar la siguiente temporada con lo cual su coche se fue quedando atrás y el piloto polaco fue cediendo terreno en la lucha por ser campeón.

Pero la temporada 2009 no fue como se esperaba y BMW decidió dejar la Fórmula 1 a finales de año, por lo que Kubica se quedó sin asiento. En 2010 volvió a Renault, el equipo que le había apoyado en sus primeras andanzas en el mundo del motor, y consiguió subir tres veces al podio. Firmó un precontrato para correr con el equipo Ferrari a partir de 2012, pero entonces la suerte le abandonó y su gran oportunidad no llegó a materializarse nunca. Siempre dispuesto a ponerse tras un volante, le gustaba competir siempre que podía, y a veces participaba en rallies. A principios de 2011, mientras tomaba parte el Rally Italia Sardegna tuvo un espectacular y grave accidente de resultas del cual el guardarraíl penetró en el interior del habítáculo y le seccionó parcialmente el antebrazo derecho. Pese a que no perdió el brazo, la movilidad del mismo quedó limitada y su carrera parecía acabada.

Por increíble que parezca, Kubica volvió a pilotar y tras hacerlo en el Campeonato del Mundo de Rallies, posteriormente se incorporó como piloto titular del equipo Williams en Fórmula 1, y en 2023 se proclamó campeón de la categoría LMP2 en pruebas de resistencia. Aunque nunca consiguió en Fórmula 1 el éxito que su talento se merecía, pilotos como Lewis Hamilton o Fernando Alonso siempre lo han considerado como uno de los rivales más difíciles a los que se han enfrentado. Si el destino no se hubiera cebado tanto con él, solo cabe preguntarse lo que hubiera podido conseguir al volante de un Ferrari.

OTROS PILOTOS DESTACADOS:
LA DÉCADA DEL 2000

FELIPE MASSA

Felipe Massa fue campeón del mundo durante treinta segundos en 2008, tras ganar en casa el Gran Premio de Brasil. Pero medio minuto más tarde, Lewis Hamilton cruzaba la meta tras haber hecho un último adelantamiento a pocos metros de la bandera a cuadros, que le permitió sumar el punto que necesitaba para superar a Massa y arrebatarle el título. Un año más tarde, el valiente piloto brasileño estuvo media temporada alejado de los circuitos tras sufrir en la cabeza el impacto de una pieza desprendida de otro coche. Cuando se recuperó y regresó ya no volvió a luchar por ganar un título.

RUBENS BARRICHELLO

Pocos pilotos han sido más queridos por todo el mundo que el siempre sonriente Rubens Barrichello, piloto brasileño que además de muy rápido, era consistente y muy leal a sus equipos y a la Fórmula 1. Fue el obediente escudero de Michael Schumacher en la era de dominio de Ferrari y ayudó tanto al piloto alemán como a la Scuderia a conseguir varios títulos, del mismo modo que contribuyó al éxito de Brawn y Jenson Button en 2009. Estuvo en la Fórmula 1 durante diecinueve temporadas, y después se marchó a la IndyCar. Desde 2012 también compite en los stock cars brasileños y ha ganado varios títulos.

DAVID COULTHARD

La llegada de David Coulthard a la Fórmula 1 se produjo en unas circunstancias trágicas, pues pasó a ocupar el Williams que había dejado vacante Ayrton Senna tras su muerte. Pero Coulthard demostró que no era un sustituto para pilotar durante un tiempo un coche, sino que dejó claras sus grandes cualidades. Ganó varias carreras y acabó siendo piloto de McLaren, donde formó un equipo magnífico junto a Mika Häkkinen. Protagonizó grandes actuaciones durante los años noventa y primeros 2000, pero su mejor año fue el 2001, en que terminó segundo por detrás de Michael Schumacher.

JUAN PABLO MONTOYA

Juan Pablo Montoya, campeón de la IndyCar y ganador de las 500 Millas de Indianápolis, fue el último piloto que tuvo éxito en la transición de la Indy a la Fórmula 1. Era un piloto de la antigua escuela, agresivo, de los que no dudaban y que no parecía sentir temor por nada. Llegó a la Fórmula 1 para romper los esquemas desde su primera carrera, y sorprendió a pilotos como Michael Schumacher, que nunca se había enfrentado a alguien como el colombiano. En otra época, seguramente hubiera sido campeón, pero su paso por la Fórmula 1 coincidió con la era de dominio casi absoluto de Ferrari y no pudo pelear por la corona. Aunque solo estuvo cinco años y medio, se le considera uno de los mejores pilotos de Fórmula 1 de su generación.

LOS TITANES DE LOS 2000

FERRARI

Ferrari terminó los noventa ganando su primer campeonato de constructores desde principios de los ochenta, pero el campeonato de pilotos se les resistía. Sin embargo, el año 2000, veintiún años después de que Jody Scheckter ganara el último título de pilotos para Ferrari, Michael Schumacher comenzó una gloriosa racha en la que consiguió cinco títulos consecutivos. En ese momento, se pensaba que superar los seis campeonatos consecutivos de constructores y los cinco de pilotos de Schumacher iba a ser muy difícil de superar. El dominio que ejercieron fue tan abrumador, que en la temporada 2002 el piloto alemán se proclamó campeón en el Gran Premio de Francia... ¡en junio!, cuando aún faltaba medio campeonato por disputarse. Entre 2000 y 2004, Ferrari consiguió 117 podios y 57 victorias en 85 carreras, estableciendo un nuevo hito en la Fórmula 1. Schumacher se retiró a finales de 2006 tras haber sido derrotado dos años seguidos por Alonso y Renault. Ferrari volvió a lo más alto pronto, en 2007, de la mano de Kimi Räikkönen, quien tras dejar McLaren ganó el título en su primera temporada vestido de rojo. Ferrari fue sin duda el equipo a batir en la primera década del nuevo milenio.

RENAULT

El año 2000, Renault compró el equipo Benetton, y en 2002 el fabricante francés volvió oficialmente a la F1 como constructor. El equipo comenzó a destacar en 2003 con la incorporación del joven piloto español Fernando Alonso, que consiguió su primer Gran Premio ese mismo año. En 2004 estuvieron cerca de quedar segundos en el campeonato de constructores tras una gran temporada, y en 2005 y 2006 llegaron a lo más alto. Con Alonso como primer piloto y Giancarlo Fisichella en el otro coche, lograron dos títulos consecutivos, los dos de constructores y los dos de Alonso. En 2008, para intentar ganar el Gran Premio de Singapur, el equipo forzó a su segundo piloto, Nelson Piquet Jr., a provocar un accidente para que así saliera el coche de seguridad y Alonso pudiera conseguir la victoria. El equipo fue amenazado de expulsión del campeonato y al jefe del equipo, Flavio Briatore, le prohibieron volver a trabajar en la Fórmula 1 durante muchos años.

BRAWN GP

BAR (British American Racing) había llegado a la Fórmula 1 en 1999 con el campeón del mundo de 1997, Jacques Villeneuve. Fundado por el mánager de Villeneuve, Craig Pollock, obtuvo el apoyo de Honda y mediados los años 2000 era un aspirante habitual a las primeras posiciones, con el piloto británico Jenson Button como cabeza del equipo. A finales de 2005 Honda compró el equipo, y en 2006 Button logró finalmente su primera victoria. Pero en las dos temporadas siguientes los resultados empeoraron y el fabricante japonés acabó retirándose al acabar el campeonato de 2008, pese a haber invertido mucho dinero y esfuerzo en desarrollar un coche adaptado a la nueva normativa que debía entrar en vigor en 2009. Honda le vendió el equipo a Ross Brawn, y así es como nació Brawn GP, que se convirtió en el dominador de la primera parte de la temporada gracias al uso de un doble difusor que aprovechaba una laguna de la reglamentación. Pese a que los equipos grandes llegaron a alcanzar a Brawn, este logró mantener la ventaja adquirida y Jenson Button y Brawn GP consiguieron los dos títulos en juego. Una vez finalizada la temporada, Ross Brawn vendió el equipo a Mercedes y puso punto final a la breve pero exitosa historia del equipo británico.

McLAREN

McLaren fue uno de los equipos punteros durante los años 2000, pero no ganó el campeonato de pilotos hasta el 2008. Adrian Newey formó parte del equipo seis temporadas, y sus monoplazas, del MP4/15 al MP4/20, consiguieron numerosas victorias en las manos de Mika Häkkinen, David Coulthard, Kimi Räikkönen y Juan Pablo Montoya, pero no pudieron superar como en otras ocasiones a los Ferrari. En 2006, Newey dejó el equipo para integrarse en Red Bull Racing y McLaren no pudo ganar ni una sola vez. En 2007 se cambiaron las tornas y sus pilotos, Fernando Alonso y Lewis Hamilton, se convirtieron en los pilotos a batir con sus MP4/23, pero su rivalidad hizo que se quitaran puntos entre ellos y Ferrari se alzó con el título de pilotos y de constructores. Además, McLaren fue descalificado del campeonato de constructores por haber obtenido un informe con datos secretos de Ferrari. Hamilton y McLaren se resarcieron un año más tarde y ganaron el campeonato de pilotos, pero Ferrari volvió a conseguir el de constructores.

WILLIAMS

Williams empezó la década con un nuevo suministrador de motores, BMW, y con un piloto novato, Jenson Button, pero fue su piloto más veterano, Ralf Schumacher, quien consiguió los mejores resultados. En 2001 el puesto de Button lo ocupó el campeón de la IndyCar, Juan Pablo Montoya, y aunque el brillante pero delicado FW23 se merecía un mejor resultado acabó el año en tercera posición. En 2002 Ferrari fue superior al resto, pero las siete *poles* de Montoya demostraron que sin la aplastante ventaja de Ferrari, la temporada habría sido muy diferente. En 2003 Williams estuvo cerca de repetir sus gloriosos días de los noventa, y Montoya acabó tercero a solo once puntos de Michael Schumacher. BMW decidió entonces hacerse cargo del equipo Sauber y se desvinculó de Williams, que se vio obligado a montar motores Cosworth y más tarde Toyota. En lo que quedaba de década no volvieron a ganar ninguna carrera.

BMW

BMW tuvo una asociación duradera con Williams en los primeros años de la década como suministrador de motores y juntos consiguieron victorias y luchar por el campeonato, pero no pudieron plantar cara a Ferrari. Sin embargo, la situación cambió cuando se hizo con las riendas del equipo Sauber. Las temporadas 2007 y 2008 fueron excepcionales para el equipo, y su piloto principal, Robert Kubica, ganó en Canadá en 2008 justo un año después de haber sufrido allí un terrible accidente. Aquel año podrían haber luchado por ganar el campeonato, pero decidieron dedicar sus esfuerzos a la temporada 2009. Pero el coche no llegó a destacar con la nueva normativa introducida en 2009, y BMW se lo pensó mejor y abandonó la Fórmula 1 al acabar la temporada.

TOYOTA

Toyota entró en la Fórmula 1 en la temporada 2002 con un gran presupuesto y mucha ambición. Sus intenciones eran muy claras: acabar con el orden establecido y ganar. Sin embargo, pese a contar con un presupuesto ilimitado y unas instalaciones espectaculares, no llegaron a cumplir su objetivo. Trece podios en ocho años fue una recompensa muy pobre para la inversión y el esfuerzo realizado por un equipo y un fabricante que habían conseguido buenos resultados en otras categorías. El hecho de que la empresa matriz sufriera pérdidas económicas en 2009 por primera vez en su historia fue la excusa perfecta para abandonar la Fórmula 1. Hoy en día Toyota compite en rallies y en resistencia, donde ha vuelto a demostrar su competitividad consiguiendo varios campeonatos en ambas especialidades.

2005
SUZUKA

GRAN PREMIO DE JAPÓN DE 2005

En los primeros años de la década del 2000, la Fórmula 1 utilizaba un formato de clasificación que a veces daba lugar a que los pilotos salieran desde posiciones alejadas de las habituales. Se probaron varios formatos, pero todos ellos tenían en común que los pilotos rodaban solos durante una sola vuelta rápida, es decir, no había segundas oportunidades, todo se jugaba a una sola vuelta, y según el tiempo obtenido salían en una posición o en otra.

Durante la clasificación del Gran Premio de Japón de 2005, la lluvia cayó con intensidad diferente a lo largo de toda la sesión. Esto provocó que las condiciones no fueran iguales para todos los pilotos y ello se tradujo en una parrilla de salida poco habitual. Ralf Schumacher consiguió la *pole* con su Toyota; Jenson Button fue segundo con el BAR Honda, seguido del Renault de Giancarlo Fisichella. Por su parte, el Ferrari de Michael Schumacher saldría el decimocuarto, y el Renault de Alonso dos posiciones por detrás del alemán, pero por delante de los dos McLaren de Kimi Räikkönen y Juan Pablo Montoya, decimoséptimo y decimoctavo, respectivamente.

La prueba se celebró bajo un manto de nubes, pero sin lluvia, lo cual permitió ver una magnífica carrera de recuperación de posiciones por parte de los pilotos que salían desde donde no les tocaba. Fisichella se puso en cabeza tras una parada temprana en boxes de Ralf Schumacher, pero lo más divertido ocurría detrás. Alonso recuperó nueve posiciones en la primera vuelta, y en la diecinueve le pisaba los talones a Michael Schumacher. Ambos entraron en la temida curva de izquierdas denominada 130R, y el piloto de Renault optó por una trazada abierta y llevó a cabo uno de los adelantamientos más osados de la historia de la Fórmula 1.

A Räikkönen le costó diez vueltas más, pero también adelantó a Schumacher. Alonso, que ya había hecho su parada, volvió a alcanzar a Schumacher en la vuelta treinta y dos. Renault sabía que el ritmo de Räikkönen era imbatible, y una vez que Fisichella hizo su última parada, el finlandés pudo rodar con aire limpio como líder de la carrera. Iba marcando vuelta rápida tras vuelta rápida, y en la cuarenta y cinco paró por última vez, reintegrándose en segunda posición, nuevamente por detrás de Fisichella. Solo quedaban unas pocas vueltas para que terminara la carrera y Räikkönen estaba pegado al italiano, pero no conseguía adelantarle. Pero al inicio de la última vuelta se colocó en paralelo al Renault en la recta principal y le pasó en la primera curva, haciendo rugir a la grada. Fisichella acabó segundo por delante de Alonso que, recordémoslo, había salido el decimosexto.

El sistema de clasificación a una vuelta se abandonó al finalizar aquel año, pero el Gran Premio de Japón de 2005 será siempre recordado como aquel en el que un formato nuevo de clasificación dio lugar a una de las carreras más emocionantes de la historia.

LA DÉCADA DEL

20

10

LA DÉCADA DEL 2010 empezó como una época de muchos cambios en la Fórmula 1. Los grandes fabricantes se asustaron con la retirada de Honda y Toyota y se enfrentaban a una modificación en la normativa que buscaba reducir los costes y al mismo tiempo mejorar el espectáculo. Su puesta en marcha hizo que dos equipos, uno independiente y otro de fábrica, ambos relativamente nuevos en la Fórmula 1, fueran superiores y que dos de los mejores campeones acumularan todos los títulos.

Se prohibieron los repostajes en carrera y se limitó aún más el número de motores y cajas de cambios autorizados para reducir todavía más los costes. Se prohibieron innovaciones como los alerones móviles, el sistema de altura variable y los mapas de motor complejos. También se limitaron mucho los tests privados. Los equipos empezaron a desarrollar sistemas para que el alerón trasero no les frenase y así conseguir más velocidad en recta, y en lugar de prohibirlo, se decidió hacerlo evolucionar y crear el DRS (*drag reduction system*), sistema de reducción de arrastre en español, que pasó a ser obligatorio para facilitar los adelantamientos.

El cambio más grande llegó en 2014 con el comienzo de la era híbrida. Los V8 atmosféricos fueron reemplazados por motores V6 turboalimentados de 1,6 litros. Estas complejas unidades de potencia impulsaron el desarrollo del motor de combustión interna, ayudando a los fabricantes de automóviles a conseguir niveles de eficiencia nunca antes vistos tanto en los circuitos como en la carretera. Pero los nuevos motores no le gustaban a todo el mundo, en gran parte a causa del sonido apagado que producían que contrastaba con la aguda sonoridad de los V8, V10 y V12 del pasado.

Se amplió a diez los pilotos que puntuaban en cada carrera y Red Bull Racing dominó durante los primeros años. La brillante mente de Adrian Newey volvió a crear coches campeones para un equipo independiente liderado por el joven piloto alemán Sebastian Vettel. Juntos consiguieron cuatro dobles títulos consecutivos. Su control duró hasta el inicio de la era turbohíbrida que aupó al frente a un nombre conocido. Mercedes había abandonado la Fórmula 1 como equipo constructor en 1955, pero en 2010 regresó tras adquirir Brawn GP y montó sus instalaciones en la antigua fábrica del equipo BAR. Dirigido primero por Ross Brawn, posteriormente tomaron las riendas Toto Wolff y Niki Lauda, que lograron convencer a Lewis Hamilton para que dejara McLaren y se uniera a ellos en su camino en pos de los títulos mundiales. Todos juntos crearon el equipo más eficaz que nunca haya habido, superando con creces los récords de Ferrari y ganando ocho campeonados de constructores y siete de pilotos seguidos.

En cuanto a la parte más política de la Fórmula 1, hubo cambios importantes y el control ejercido hasta entonces por Bernie Ecclestone y Max Mosley llegó a su fin. La vida personal de Mosley acaparó los titulares en la prensa sensacionalista a finales de la década anterior, y el antiguo jefe de Ferrari, Jean Todt, lo reemplazó como presidente de la FIA. En cuanto a Ecclestone, su control financiero de la Fórmula 1 había sido sometido en la década anterior a un creciente escrutinio regulatorio, y parte de sus empresas y de la misma gestión de la Fórmula 1 se vendieron y se revendieron a bancos, empresas de inversión y medios de comunicación durante aquellos años. Finalmente, en 2016 Liberty Media entró en la Fórmula 1 y empezó una nueva era con el objetivo de convertirla en el espectáculo deportivo más importante y dinámico del mundo. Ecclestone, cuyas declaraciones públicas se distanciaban cada vez más de esta nueva era moderna de alcance global, quedó relegado a un segundo plano.

La tragedia también acompañó a la Fórmula 1 en esta década. Veinte años después del último accidente mortal, Jules Bianchi, un joven y prometedor piloto francés, fallecía a causa de un accidente en el Gran Premio de Japón de 2014. Integrado en el programa de jóvenes pilotos de Ferrari, parecía destinado a pilotar para la Scuderia, pero mientras llegaba ese momento lo hacía en otro equipo. Como resultado de aquella desgracia, se redoblaron los esfuerzos en seguridad y se desarrollaron dos nuevos conceptos para proteger mejor a los pilotos en el *cockpit*. En la IndyCar hicieron obligatorio el uso de una pantalla envolvente de seguridad, mientras que la Fórmula 1 creó su propia innovación, el halo, una barra protectora con forma de horquilla que rodea el *cockpit* que podría aguantar el peso de un autobús de dos pisos y que evita que objetos grandes impacten contra la cabeza del piloto. Su uso se hizo obligatorio a partir del año 2018.

Bianchi era piloto de Marussia, uno de los tres nuevos equipos que habían entrado en la Fórmula 1 en 2010. Siete años más tarde habían desaparecido todos sin poder hacer frente a unos costos que a su vez les impedían poder ser competitivos. Parte del vacío que dejaron, lo llenó Haas, un equipo estadounidense de la NASCAR que llegaba con grandes ambiciones. En su segunda carrera lograron puntuar y acabaron quintos en el campeonato de constructores en su segunda temporada.

El interés por la Fórmula 1 en Estados Unidos creció en la segunda mitad de la década a medida que su atractivo global alcanzaba nuevas cotas. Bajo la dirección de Liberty, se convirtió en el deporte que más rápidamente creció en el mundo, adoptando nuevos medios y promocionándose mediante transmisiones convencionales y digitales para atraer a nuevos aficionados. En 2019, el enfoque de Liberty dio lugar al lanzamiento de *Fórmula 1: la emoción de un Grand Prix*, una docuserie de Netflix que sigue a la Fórmula 1 por todo el mundo durante su calendario anual, que ese año ya superaba las veinte carreras, y muestra las entrañas de este deporte a una nueva audiencia que crece cada vez más.

Tras haber sido un campeonato eminentemente europeo, ahora la Fórmula 1 se había expandido a Oriente Medio, China, Rusia, Singapur, Australia, Azerbaiyán, etc. y las carreras en el viejo continente eran menos de la mitad del calendario. La Fórmula 1 se había convertido en un auténtico fenómeno y dejó de ser un deporte que seguían solo unos pocos. Ahora tenía seguidores en todas partes del mundo.

2010
2011
2012
2013
Red Bull
INFINITI
TOTAL
GEOX
RENAULT
INFINITI
TOTAL

SEBASTIAN VETTEL

« CUATRO CAMPEONATOS »

Sebastian Vettel nació para pilotar un Fórmula 1. Aunque era una persona inteligente, humilde y un afable padre de familia, una vez dentro de la pista se convertía en un piloto frío e implacable, aspectos que fueron de vital importancia para conseguir llegar a lo más alto en el deporte que más le gustaba.

Nacido en Heppenheim, Alemania, en 1987, se subió a un kart a los tres años y a los ocho empezó a competir. Su talento impresionó a su ídolo, Michael Schumacher, que se convirtió en su mentor. Su rendimiento también sorprendió a Red Bull, que decidió que formara parte de su academia de pilotos. Debutó en monoplazas en 2003 en la Fórmula BMW alemana y en 2004 ganó dieciocho de veinte carreras, y en las otras dos también subió al podio, proclamándose campeón con una gran superioridad.

Siguió el camino establecido y compitió en Fórmula 3 dos temporadas antes de saltar en 2007 a la Renault World Series al mismo tiempo que se convertía en piloto reserva del equipo BMW de Fórmula 1. Debutó en el gran circo en el Gran Premio de Estados Unidos debido a la ausencia de Kubica y consiguió puntuar, algo que hizo que Red Bull decidiera no perder ni un segundo más y le subió a uno de sus monoplazas del equipo júnior, Toro Rosso, para el resto de la temporada.

Toro Rosso no era un equipo ganador y nunca había subido al podio. Sin embargo, en 2008, bajo una lluvia torrencial, Vettel consiguió en Monza la *pole* y su primera victoria, convirtiéndose en el piloto más joven que ganaba un Gran Premio. En 2009 Red Bull le ascendió al equipo principal y ese mismo año ganó cuatro carreras y acabó segundo en el campeonato.

En 2010 empezó una era de dominio gracias a la combinación de un Vettel seguro de sí mismo y con experiencia, un coche diseñado de acuerdo a sus preferencias y un equipo que luchaba por y para él. Tan buenos resultados dio la combinación Vettel-Red Bull que crecieron las comparaciones entre ellos y la que habían formado Schumacher y Ferrari hacía unos años. Juntos lograron ganar treinta y cuatro carreras y se proclamaron campeones del mundo y de constructores durante las cuatro siguientes temporadas.

Persiguiendo el sueño de ser como su ídolo, Vettel decidió cambiar Red Bull por Ferrari en 2015 y lideró un intento inútil de reconquistar el título. Aunque en 2017 y 2018 plantó cara a Lewis Hamilton, Mercedes era muy fuerte y en seis años en la Scuderia solo consiguió ocho victorias y dos subcampeonatos.

Tras ser padre, corrió sus dos últimas temporadas con Aston Martin, pero sus coches no eran muy competitivos y el alemán empezó a prestar más atención a distintas causas relacionadas con el medio ambiente y los derechos humanos. Al término de la temporada 2022 se retiró para dedicarse a su familia y a las actividades con las cuales se había comprometido en los años anteriores.

2016
2016
WORLD
CHAMPION
nico
PETRONAS
EPSON
PETRONAS
PRIMAX
QUALCOMM

NICO ROSBERG

« UN CAMPEONATO »

Nico Rosberg fue el segundo piloto en la historia de la Fórmula 1 que pudo igualar a su padre y proclamarse también campeón del mundo. Para conseguirlo hizo lo que pocos han logrado: superar a Lewis Hamilton durante toda una temporada con el mismo monoplaza. Con dos campeones del mundo compitiendo el uno contra el otro en las filas de Mercedes, el mundo de la Fórmula 1 esperaba disfrutar al máximo nivel. Sin embargo, Rosberg anunció que se retiraba tras conseguir el título pese a estar en su mejor momento y ya no ha vuelto a competir desde entonces.

Nacido en Alemania en 1985, se crio en Mónaco aunque utilizó la nacionalidad alemana de su madre para la competición. Fue un buen estudiante, inteligente y trabajador, que obtenía resultados excelentes y hablaba muchos idiomas. Le ofrecieron una plaza para estudiar ingeniería aeronáutica en el Imperial College de Londres, pero sabía que si la aceptaba tendría que renunciar al automovilismo.

Finalmente optó por seguir compitiendo tras haber obtenido buenos resultados en las categorías inferiores, aunque no parecía destinado a ser campeón del mundo. Sí, ganó la Fórmula BMW, pero en Fórmula 3 solo obtuvo algunas victorias en un par de temporadas. Sin embargo, en el primer año de existencia de la GP2, su imagen comenzó a cambiar y se le empezó a considerar un serio rival, puesto que venció a otros competidores con más experiencia y con más opciones de conseguir el título. Tras su paso por la GP2, en 2006 le ofrecieron un puesto en el equipo Williams, y en su primera carrera fue capaz de puntuar.

Cuando Mercedes regresó como equipo a la Fórmula 1 en 2010 decidió hacerlo con pilotos alemanes, y tras convencer a Michael Schumacher para que volviera a la F1 ficharon a Rosberg como su compañero. El tiempo que estuvieron juntos fue muy beneficioso para la reputación de Rosberg, pues no solo demostró que podía igualar a Schumacher, sino que le superó claramente. Y fue él quien, en el Gran Premio de China de 2012, consiguió la primera victoria de Mercedes desde 1955. En 2013 su antiguo compañero cuando corrían en karting, Lewis Hamilton, fichó por el equipo alemán y lo que empezó siendo una rivalidad amistosa acabó derivando en una guerra entre ellos a medida que la desconfianza y el resentimiento fue creciendo.

El estilo de Rosberg fue siempre metódico y preciso, y siempre fue un piloto muy limpio. Sin embargo, su personalidad podía resultar un poco difícil, y eran muchos los que le consideraban exasperante y arrogante, pero esos mismos rasgos de su personalidad fueron clave para acabar desarrollando un comportamiento más egoísta que le permitió luchar por el campeonato del mundo en 2016 y ganarlo en el último Gran Premio, cerrando así una temporada increíble.

En ese momento, sin embargo, Rosberg se dio cuenta de que el sacrificio que había hecho para ganar el mundial le había convertido en una persona diferente más allá del marido y padre que quería ser. Unos días después de ganar el campeonato, anunció que se retiraba de manera inmediata de la Fórmula 1. Hoy en día, Rosberg dirige un equipo en el campeonato de todoterrenos Extreme E y dedica mucho de su tiempo a actividades filantrópicas.

AT&T
TOTAL
TAGHeuer
exness
RedBull
TOTAL

258 CARRERAS /// 8 VICTORIAS /// 32 PODIOS /// 3 POLES /// 17 VUELTAS RÁPIDAS

DANIEL RICCIARDO

La historia de Daniel Ricciardo es una de las más frustrantes de la Fórmula 1 moderna. Todos le querían y le respetaban como uno de los mejores pilotos de su generación haciendo adelantamientos. Su declive, que le llevó de ser un piloto puntero a tener que empezar casi de nuevo, ha sido tan asombroso como inimaginable en su momento.

Ricciardo nació en Perth, Australia, en 1989. Desde pequeño despuntó y llamó la atención de Red Bull, que le incluyó en su academia a finales de 2007. En su camino hacia lo más alto, ganó la Fórmula BMW, la Fórmula Renault y la Fórmula 3 británica. En las Renault World Series logró el subcampeonato en su primer año. En 2011 debutó en Fórmula 1 con HRT, el equipo más lento de la parrilla, ya que Red Bull quería evaluarle antes de integrarlo en uno de sus equipos. El australiano destacó lo suficiente como para ganarse en 2012 un asiento en Toro Rosso, y en 2014 ascendió al equipo Red Bull como compañero de Sebastian Vettel.

Después de ganar cuatro títulos consecutivos de 2010 a 2013, Vettel no pudo ganar ni una carrera en la temporada 2014, mientras que Ricciardo conseguía sus tres primeras victorias. Vettel acabó la temporada en quinta posición y el australiano en tercera. Parecía que Red Bull ya tenía a un nuevo ganador en sus filas, y tras el anuncio del fichaje de Vettel por Ferrari, se convirtió en el líder del equipo. Sin embargo, su nueva faceta como líder fue el comienzo de su declive. Empezó a acumular abandonos y su frustración aumentaba. En 2016 Red Bull le colocó de compañero a Max Verstappen y comenzaron a trabajar en torno a él. Tras comprender lo que estaba pasando, se fue a Renault durante dos años y, más tarde, a McLaren.

Ricciardo, el piloto de la sonrisa eterna, es uno de los más queridos del *paddock*. Con el paso de los años y la ausencia de resultados, su característica sonrisa se fue desvaneciendo. No lograba entender por qué no conseguía adaptarse a ningún coche, y en 2022 llegó a su límite. Su confianza y su salud mental se habían visto tan afectadas que necesitaba un tiempo fuera de la Fórmula 1 para saber si todavía quería seguir compitiendo o no.

En 2023 Red Bull le echó un capote y volvió como piloto reserva al equipo que quizá nunca debió haber abandonado. A mitad de temporada, los pobres resultados del equipo júnior de Red Bull le brindaron la oportunidad de volver a participar en la competición, ahora encuadrado en la Scuderia AlphaTauri. Pero a la tercera carrera sufrió un accidente en el Gran Premio de los Países Bajos y se rompió un hueso de la mano que le mantuvo otra vez alejado de los circuitos un tiempo. Pese a no haber empezado con buen pie, en 2024 AlphaTauri anunció que el australiano sería uno de sus pilotos titulares, volviendo así de manera permanente al equipo donde había disputado su primera temporada completa doce años antes. Sin embargo, los resultados siguieron sin llegar y fue sustituido antes de acabar el año.

Una de las ironías más grandes es que Ricciardo y Verstappen formaban la pareja de pilotos más potente que había tenido Red Bull desde que empezaron a ganar, pero el australiano decidió dejar el equipo cuando empezaba a ser competitivo otra vez. Son pocos los que dudan que, de haber continuado en Red Bull, Ricciardo tendría por lo menos un campeonato mundial en su haber.

OTROS PILOTOS DESTACADOS:
LA DÉCADA DEL 2010

VALTTERI BOTTAS

El finlandés Valtteri Bottas empezó su trayectoria deportiva de una manera excelente, dominando en el karting y en monoplazas hasta llegar a la Fórmula 1 con la mirada de mucha gente puesta en él. Bottas consiguió podios y vueltas rápidas en el poco competitivo equipo Williams, y cuando Nico Rosberg se retiró Mercedes le fichó para ocupar la vacante. Muy rápido a una vuelta, su ritmo de carrera resultaba frustrante en ocasiones, pero tanto su velocidad como su determinación le valieron el respeto y el aprecio de Lewis Hamilton, su compañero en Mercedes.

MARK WEBBER

Mark Webber se ganó el favor del público ya en su debut en F1, al lograr puntuar en la carrera de casa, el Gran Premio de Australia, al volante de un poco competitivo Minardi. Durante su trayectoria pilotó para Jaguar, Williams y finalmente Red Bull, equipo con el que ganó muchas carreras y se convirtió en pieza clave del dominio ejercido por la escuadra británica en los primeros años de la década. Aunque acabó frustrado por ser considerado el número dos del equipo Red Bull, estuvo cerca de ganar el campeonato y acabó tercero en tres ocasiones. Tras dejar la Fórmula 1, compitió en prototipos, con los que ganó el Campeonado del Mundo de Resistencia y acabó en segunda posición en Le Mans.

ROMAIN GROSJEAN

El francés Romain Grosjean destacó en categorías inferiores y ganó el título en todas en las que compitió, pero una combinación de mala suerte y malas decisiones hicieron que su carrera en la Fórmula 1 nunca cumpliera las expectativas. Tuvo dos oportunidades en la máxima categoría, una con Lotus y otra con Haas, y aunque lo mejor que pudo conseguir fueron podios, en su momento fue uno de los pilotos más rápidos. En su última temporada en la Fórmula 1, sobrevivió a un accidente espeluznante en el que su coche se incendió, lo cual le llevó a ser conocido como *the Phoenix* (el fénix) en su nueva etapa en la IndyCar.

SUSIE WOLFF

Susie Stoddart fue una talentosa piloto de karting que empezó ganando carreras en su nativa Escocia antes de embarcarse en campeonatos europeos e internacionales. Empezó a ser conocida compitiendo en Fórmula Renault y Fórmula 3 antes de dejar a un lado los monoplazas y competir en el campeonato DTM alemán, donde conoció a su marido, el expiloto Toto Wolff. En 2012 se convirtió en piloto de desarrollo del equipo Williams de Fórmula 1, con el cual participó en algunas sesiones de entrenamientos en los años 2014 y 2015, demostrando que era competitiva en un mundo totalmente masculinizado. Sin embargo, con pocas posibilidades de competir, asumió la gestión de un equipo de Fórmula E y posteriormente se centró en la F1 Academy, una competición para formar a mujeres piloto.

LOS TITANES DE LOS 2010

MERCEDES

Mercedes volvió a la Fórmula 1 en 2010 como equipo tras cincuenta y cinco años ausente al comprar el equipo Brawn GP, que había ganado el campeonato del año 2009. Convencieron a Michael Schumacher para que regresara a la Fórmula 1 y ficharon al joven Nico Rosberg en una gran jugada de marketing del fabricante alemán, pero Schumacher ya no era el que fue y Nico Rosberg fue quien sacó de apuros al equipo. Tras ser dirigido inicialmente por Ross Brawn, Toto Wolff y Niki Lauda tomaron el relevo y lograron que Lewis Hamilton corriese con ellos, y a partir de ahí todo cambió. La conjunción del comienzo de la nueva era híbrida de la Fórmula 1 y el brillante trabajo del equipo técnico liderado por James Allison y Aldo Costa dieron lugar a una década dominada por Mercedes, en la que ganaron ocho campeonatos de constructores consecutivos. Desde que empezaron a utilizarse los motores híbridos, Mercedes conquistó asimismo todos los títulos de pilotos: Hamilton fue campeón en 2014 y 2015, Rosberg en 2016, y de nuevo Hamilton en 2017, 2018 y 2019. Sin embargo, no fue un camino de rosas, puesto que Rosberg y Hamilton, antiguos amigos de la infancia, mantuvieron una rivalidad que provocó la retirada de Rosberg inmediatamente después de proclamarse campeón. Aun así, Mercedes, con Toto Wolff al mando, ha sido uno de los equipos más eficientes y más superiores que ha habido en toda la historia.

RED BULL RACING

El antiguo piloto Christian Horner se había labrado un buen currículum como propietario de equipo en categorías inferiores, época durante la cual había establecido una gran relación con la academia de pilotos de Red Bull. Cuando la empresa de bebidas energéticas se propuso tener un equipo de F1, el primer nombre que les vino a la cabeza para dirigirlo fue el suyo. Junto con el antiguo piloto de F1, Helmut Marko, en funciones de asesor del equipo, y Adrian Newey como jefe de diseño, Red Bull Racing fue el equipo dominador al iniciarse la década del 2010. En los primeros años tras su fundación, el equipo era más famoso por sus fiestas poscarrera que por sus resultados en pista, pero los astros se alinearon cuando Sebastian Vettel se convirtió en el primer piloto del equipo, y a partir de ahí empezaron a dominar. Red Bull se convirtió en uno de los equipos más competentes, que empezó a ser conocido por diseñar unos coches aerodinámicamente magistrales, efectuar unos *pit stops* muy rápidos y desarrollar estrategias de carrera muy inteligentes. Siguieron manteniendo su fama de ser un equipo divertido, pero ya no a costa de sus éxitos en pista. Ganaron cuatro campeonatos a principios de la década, pero el cambio a la era híbrida y varios problemas con el suministrador de motores les crearon muchos dolores de cabeza. Al final, Vettel se marchó a Ferrari, pero el equipo encontró en Daniel Ricciardo y Max Verstappen unos pilotos de ensueño que podían seguir ganando, y así sentaron las bases que les llevarían a triunfar más en la década siguiente.

FERRARI

Ferrari vivió un periodo de cambios con un gran número de jefes de equipo y pilotos, pero aun así los campeonatos se les siguieron resistiendo a pesar de contar con posibilidades reales que no fructificaron por muy poco. Sus mejores momentos en esos años fueron con Stefano Domenicali como jefe de equipo y Fernando Alonso como primer piloto. El equipo luchó con Red Bull en los últimos años de los motores atmosféricos, y el español perdió el campeonato por unos pocos puntos en 2010 y 2012. Con el fichaje de Sebastian Vettel en sustitución de Fernando Alonso, Ferrari se convirtió en el rival habitual de Mercedes en la lucha por el título durante los últimos años de la década. Sin embargo, por entonces el equipo italiano estaba liderado por el polémico Maurizio Arrivabene, que infundió una mentalidad defensiva basada en el miedo. Las circunstancias no acabaron siendo favorables para Vettel, y a pesar de ganar bastantes carreras, su sueño de imitar a su ídolo de la infancia, Michael Schumacher, y convertir a Ferrari de nuevo en campeón se desvaneció. En 2019, Mattia Binotto, que como Domenicali había ido ascendiendo poco a poco en Ferrari, tomo las riendas de la Scuderia y fichó a jóvenes pilotos para empezar una nueva era en Ferrari.

McLAREN

McLaren comenzó la década siendo el rival que le plantaba cara a Red Bull, pero una serie de decisiones clave les apartó de los primeros puestos y dio origen a uno de los peores periodos de la historia del equipo. La pérdida de Hamilton, que se fue a Mercedes, y una nueva asociación con Honda acabó de manera catastrófica. Pese a tener una gran experiencia en el uso de turbocompresores, Honda retornó a la Fórmula 1 con el pie izquierdo, debido en gran medida a las restricciones en el diseño de su motor exigidas por McLaren. Fernando Alonso regresó al equipo británico con Jenson Button, campeón del mundo de 2009, a su lado, pero además de los problemas técnicos distintos conflictos entre los propietarios del equipo acabaron con la salida del mismo de Ron Dennis, su creador. McLaren terminó en la novena posición de diez en total en 2015 y 2017, pero la situación empezó a revertir cuando nombraron director ejecutivo al piloto y empresario Zack Brown. Los motores Honda fueron descartados y sustituidos por los de Renault y a finales de la década habían escalado posiciones en la tabla y se posicionaron como el cuarto equipo más competitivo de la parrilla.

FORCE INDIA

El equipo Jordan había sido vendido en el 2005 y en los años siguientes cambió mucho de apariencia hasta que finalmente lo compró el multimillonario indio Vijay Mallya, que creó el equipo Force India. Operando desde la fábrica de Eddie Jordan en Silverstone, se convirtió en un hueso duro de roer porque pese a no contar con el presupuesto de otros equipos más grandes sus coches solían ser competitivos y sus estrategias muy acertadas, lo cual les permitía sumar valiosos puntos y subir al podio en ocasiones. Sin embargo, a finales de la década, Mallya tuvo problemas políticos y económicos y el equipo entró en un proceso de administración concursal. Finalmente, fue adquirido por el canadiense Lawrence Stroll gracias al cual siguió compitiendo, si bien ahora con el nombre de Racing Point. El equipo ganó su primera carrera con Sergio Pérez en el penúltimo Gran Premio de la década.

WILLIAMS

La década de Williams fue como una montaña rusa, en la que se recuperó y salió de la zona baja de la parrilla hasta llegar a subir al podio para volver a caer al fondo. Utilizó tres motores distintos durante este tiempo: Cosworth, Renault y Mercedes. De manera inesperada, el Willians de Pastor Maldonado logró la *pole* y la victoria en el Gran Premio de España de 2012. La llegada de los motores Mercedes les permitió un último periodo competitivo. En 2014 y 2015 lucharon por *poles* y podios y sumaban puntos regularmente. Las dos temporadas siguientes ya no fueron tan buenas, y a partir de entonces todo fue de mal en peor: retrasos en la fabricación de los coches, diseños poco eficaces... Al final de la década, Williams era tan solo una sombra de la escuadra victoriosa y dominante que había sido en los años ochenta y noventa del siglo anterior, y acostumbraba a ocupar las últimas posiciones de la parrilla.

CANADA
MONTRÉAL
2011
vodafone
Mobil

LA CARRERA DE LA DÉCADA

GRAN PREMIO DE CANADÁ DE 2011

El Gran Premio de Canadá de 2011 duró más de cuatro horas y fue la carrera más larga de la historia de la Fórmula 1. Lluvia, coches de seguridad, muchas paradas y adelantamientos increíbles fueron algunos de los aspectos que la convirtieron en una de las carreras más emocionantes vividas. Pero no fue hasta la última vuelta cuando se decidió la victoria, que acabó llevándose un piloto que en algunos momentos llegó a rodar en última posición, poniendo así punto final a la carrera de la década y para muchos la mejor de la Fórmula 1 de todos los tiempos. Fue el ejemplo perfecto de que no hay que rendirse nunca porque en la Fórmula 1 puede pasar de todo.

En medio de la época de dominio absoluto de Red Bull, no fue una sorpresa que el vigente campeón del mundo, Sebastian Vettel, saliera primero por delante de los dos Ferrari de Alonso y Massa. El alemán controlaba la carrera desde el frente. Antes de la carrera había llovido varias veces, y cuando se dio la salida las continuas tormentas dieron al traste con las distintas estrategias de los equipos y con la propia carrera, que había empezado con el *safety car* en pista, el cual tuvo que volver a intervenir varias veces posteriormente.

Jenson Button salía séptimo con su McLaren, y durante las primeras vueltas luchó con su compañero, Lewis Hamilton, hasta que ambos se tocaron y Hamilton tuvo que abandonar. Button subía y bajaba en la clasificación, y tan pronto estaba luchando por acabar entre los puntos como caía más abajo ya fuera por parar a cambiar neumáticos de mojado, por un pinchazo, un *drive-through* o cambiar el alerón delantero, tras todo lo cual era último.

La carrera tuvo que ser suspendida porque la lluvia era tan fuerte que los coches no podían seguir en pista ni con neumáticos de lluvia extrema. Tras dos horas de pausa, se reanudó y mientras Felipe Massa luchaba con Michael Schumacher y el Sauber de Kamui Kobayashi por la segunda posición, Alonso se retiraba por una salida. La pista se secó un poco y algunos pilotos decidieron cambiar a neumáticos de seco, decisión que resultó ser acertada.

Button fue uno de los que se la jugaron parando muy pronto para montar neumáticos lisos, y gracias a la mejor adherencia de sus gomas empezó a adelantar a todos los rivales. En la última vuelta, el piloto inglés estaba a menos de un segundo del líder de la carrera, Sebastian Vettel, y la presión a la que lo sometió hizo que el piloto de Red Bull cometiera un error. Button le adelantó y logró una victoria increíble por delante de los dos Red Bull.

Fue una tarde sorprendente de riesgos y recompensas, en la que un piloto al que le había pasado de todo durante la carrera fue capaz de superar las adversidades y ganar. Fue, sin duda, el día del campeón del 2009, su mejor carrera, y para muchos observadores una de las mejores que se habían disputado en las seis primeras décadas de la Fórmula 1.

LA DÉCADA DEL

20

20

LA DÉCADA SE INICIÓ mientras el mundo vivía una pandemia mundial. La propagación internacional del covid-19 restringió la libertad de movimientos y de viajar que se daba por supuesta, y gobiernos de todo el mundo impusieron confinamientos y la cancelación de grandes eventos. La rapidez con la que se tomaron medidas sorprendió a todo el mundo, y la Fórmula 1 no fue una excepción. Durante los tests de pretemporada y las presentaciones de los nuevos monoplazas para el 2020, el virus fue el principal tema de conversación, pero nadie esperaba que se propagase de la manera que lo hizo. La Fórmula 1 viajó a Australia con normalidad para celebrar el primer Gran Premio de la temporada, pero tan pronto como montaron el *paddock* lo clausuraron, puesto que se detectaron casos de contagio entre los propios empleados.

El Gran Premio fue suspendido y todo el mundo regresó a sus hogares. Los meses siguientes transcurrieron con la incertidumbre de saber qué ocurriría en el futuro. Mientras los equipos aprovecharon el parón para poner a sus técnicos y sus instalaciones al servicio de los servicios sanitarios de los respectivos países, los responsables de la Fórmula 1 y la FIA estudiaban la manera de poder volver a la competición. Se diseñó un nuevo calendario, la mayoría de las pruebas del cual se corrieron en Europa, en ocasiones repitiendo circuito, como en Austria y Gran Bretaña, se visitaron algunos nuevos, como Mugello en Italia y Portimão en Portugal, y se volvió a correr en Imola, Turquía y Nürburgring, en Alemania.

Finalmente, en julio del 2020 comenzó una temporada de diecisiete carreras, en la que los equipos se mantenían aislados en el *paddock* sin poder interactuar entre ellos. El uso de mascarillas era obligatorio, había que mantener una distancia de seguridad con los medios de comunicación de dos metros y todos los miembros del *paddock* tenían que realizarse una prueba de covid-19 con un mínimo de setenta y dos horas de antelación. Sergio Pérez, Lance Stroll y Lewis Hamilton se perdieron alguna carrera al haber dado positivo. Pero, contra todo pronóstico, la Fórmula 1 continuaba activa y se convirtió en el primer deporte internacional que reemprendió su actividad tras el confinamiento a nivel mundial. Fue un triunfo en cuanto a organización y determinación, y el modelo a seguir por otros deportes para volver a la normalidad después de la pandemia.

Se había previsto que en el 2021 se introducirían cambios importantes en la reglamentación, pero dadas las circunstancias y ante el enorme esfuerzo humano y económico que hubieran supuesto, se optó por aplazar doce meses, hasta el 2022, la entrada en vigor del nuevo reglamento técnico. Por lo tanto, en la temporada 2021 se utilizaron prácticamente los mismos coches que en la anterior. A nivel deportivo se vivió una lucha por el campeonato que se recordará durante mucho tiempo. Con un calendario que ya casi había vuelto a la normalidad y que contaba con veintidós carreras, Lewis Hamilton iba a luchar por conseguir su octavo campeonato del mundo al volante de su Mercedes, y Max Verstappen soñaba con conseguir el primero con Red Bull.

El título se decidió en el último momento posible. Durante toda la temporada se había cuestionado la coherencia de las decisiones de Dirección de carrera ante el comportamiento de los pilotos en pista, pues Hamilton y Verstappen habían protagonizado varios toques y accidentes entre ellos durante la temporada. La presión fue aumentando sobre los protagonistas, pero también sobre los jefes de equipo y sobre todo para el director de carrera, que se vio cada vez más involucrado en el desarrollo del campeonato a causa de su actuación. Su decisión de sacar el coche de seguridad en las últimas vueltas de la última carrera se seguirá debatiendo durante años, pero el resultado de su decisión fue un final épico en la lucha por el título.

Hamilton lideraba con neumáticos viejos, y Verstappen decidió parar a cambiar los suyos por otros nuevos, para verse luego beneficiado por una polémica decisión de Dirección de carrera que le permitió colocarse en segunda posición. Al reanudarse la carrera a falta de una vuelta para el final, el holandés, con mejores neumáticos, adelantó a Hamilton, ganó la carrera y se proclamó campeón. Mercedes y Hamilton acabaron destrozados, mientras que, por su parte, Verstappen y Red Bull estaban exultantes. Los aficionados estaban o confusos o eufóricos, aunque las dos reacciones también podían combinarse.

Un cambio en la presidencia de la FIA durante el invierno dio lugar asimismo al cambio del director de carrera, y 2022 empezó con una nueva normativa y una nueva generación de monoplazas. Atrás quedó la compleja aerodinámica anterior. Ahora los coches eran lisos y simples para limitar el flujo de aire turbulento y conseguir así que pudieran rodar más cerca unos de otros. El efecto suelo, prohibido en los años ochenta, fue autorizado nuevamente para conseguir que los monoplazas tuvieran adherencia, que en este caso se debía a la aspiración hacia la pista y no al empuje hacia abajo como efecto de la aerodinámica de la carrocería. El diámetro de los neumáticos pasó de trece a dieciocho pulgadas. Fue el cambio de normativa más importante de toda la historia de la F1, que exigió a los equipos olvidarse de todo lo anterior y empezar de cero.

Estos cambios vinieron acompañados de restricciones financieras a fin de reducir gastos, de manera que todos los equipos debían adaptarse a las mismas limitaciones. Los días en que los equipos grandes gastaban mucho más que los pequeños habían llegado a su fin. Además, se reguló el tiempo de desarrollo de los coches, de manera que cuanto mejor había sido la clasificación en el campeonato, menos tiempo tenía el equipo para trabajar en el túnel de viento y en simulaciones por ordenador. La razón de todas estas modificaciones era conseguir una mayor igualdad en la parrilla, mejorar la competitividad y que las carreras fueran más emocionantes. Y todos estos cambios llegaban en un momento en que el número de seguidores de la Fórmula 1 había alcanzado la mayor cifra jamás lograda, tras haber podido seguir adelante en los peores momentos de la pandemia, así como a su deseo de atraer a nuevas audiencias, gracias, entre otras cosas, a la famosa docuserie *Fórmula 1: la emoción de un Grand Prix*.

La década del 2020 ha visto la eclosión de pilotos muy jóvenes que se han encaramado a las primeras posiciones, encabezados por Max Verstappen y su Red Bull, la combinación a batir. Charles Leclerc, Carlos Sainz, George Russell, Lando Norris, Oscar Piastri, Esteban Ocon y Pierre Gasly han ganado carreras, lo que es una clara muestra del relevo generacional que se está produciendo. No obstante, las antiguas glorias, con Lewis Hamilton y Fernando Alonso al frente, siguen corriendo y haciendo gala de un rendimiento similar al de épocas anteriores. Prácticamente nadie ha conseguido seguir la estela de Red Bull Racing y Max Verstappen, que han logrado los cuatro campeonatos consecutivos de 2021 a 2024 y han establecido un nuevo récord de victorias consecutivas (aunque la temporada perfecta sigue sin alcanzarse). Por su parte, en 2024 McLaren logró su primer título de constructores veintiséis años después de haber conseguido el último, en 1998.

De cara al futuro, en 2026 se prevé la entrada en vigor de una nueva normativa. Nuevos fabricantes de automóviles y algunos nombres conocidos han mostrado su intención de volver, ante el crecimiento de la Fórmula 1 y sus temporadas cada vez más largas. Actualmente se ha convertido en un megadeporte internacional que atrae a la industria del cine y a celebridades que quieren poder ser testigos del mayor espectáculo automovilístico del mundo. La Fórmula 1 llena titulares y es un éxito en taquilla. El futuro nunca ha sido tan brillante.

2021
2022
2023
2024
BYBIT
citrix
Red Bull
ORACLE
HRC
Mobil 1
Claro
Tezos
RAUCH

MAX VERSTAPPEN

« CUATRO CAMPEONATOS »

Verstappen fue un prodigio del karting que se convirtió en el piloto más joven en ganar un Gran Premio y en el más importante de la presente década. Max Verstappen es un fenómeno que ha cambiado la cara de la Fórmula 1. Aunque ya es un multicampeón que sigue mejorando, solo cabe preguntarse cuántos títulos conseguirá y cuántos récords romperá durante toda su trayectoria.

Hijo de Jos Verstappen, antiguo piloto de Fórmula 1, y de Sophie Kumpen, estrella del karting, la competición corre por sus venas. Casi se podría decir que creció en los circuitos, pues siendo un niño pequeño acompañaba a su padre a los grandes premios y empezó a pilotar casi al mismo tiempo que aprendía a andar. Su habilidad al volante se hizo legendaria, y combinada con un estilo agresivo e inflexible se labró una reputación de rival feroz y un prodigio al volante que cobró vida propia.

Ejerció un gran dominio en las competiciones de karting y se convirtió en el piloto más joven en conseguir títulos en campeonatos europeos y mundiales. A los dieciséis años, en 2014, se subió por primera vez a un monoplaza para correr en las Florida Winter Series con coches de F4, justo antes de participar en su primera y única temporada en F3 aquel mismo año. Su talento llamó la atención de Mercedes y Ferrari, pero fue Red Bull quien lo ficho, y a finales de ese año participó en los entrenamientos libres de la Fórmula 1 con el equipo júnior.

En marzo de 2015, con tan solo diecisiete años, se produjo su verdadero debut en Fórmula 1, con Toro Rosso, convirtiéndose en el piloto más joven que debutaba en la F1. Sus actuaciones fueron tan impresionantes, que mediada su segunda temporada le ascendieron a Red Bull, con el que obtuvo su primera victoria en la carrera de su debut, convirtiéndose, de nuevo, en el piloto más joven que ganaba un Gran Premio con 18 años y 228 días. Pero su gran talento también iba acompañado de polémica, pues su agresividad y movimientos defensivos provocaron el enfado de no pocos pilotos y de las autoridades deportivas, que se vieron obligadas a crear nuevas reglas para tratar de apaciguar su estilo. Su juventud hacía que muchas veces se centrase solo en el momento en lugar de pensar en toda la temporada. Pero en una época en que ser conservador se ha convertirlo en la norma, su afán de aprovechar cualquier oportunidad le ha aportado una gran cantidad de seguidores.

En 2021 consiguió su primer título y le arrebató a Lewis Hamilton la oportunidad de anotarse su octava corona. En 2022 derrotó a Charles Leclerc y a un rejuvenecido equipo Ferrari y se llevó su segundo campeonato, y en 2023 y 2024, ya más maduro, con la capacidad de conservar neumáticos y siendo plenamente consciente de lo que hacía, se acercó a la perfección y batió a todos para coronarse campeón del mundo ambos años, además de establecer un nuevo récord de victorias consecutivas.

Max Verstappen es el piloto al que todos desean y necesitan superar en la actual Fórmula 1. Junto con Red Bull Racing, han empezado una nueva era de dominio gracias a la cual ya es el tercer piloto con más victorias en la historia de la Fórmula 1.

LA NUEVA GENERACIÓN

CHARLES LECLERC

Charles Leclerc ha ganado bastantes grandes premios y es considerado uno de los pilotos más rápidos de la F1 moderna a una sola vuelta, con un ritmo de clasificación casi inigualable. Nació en Mónaco y luchó por el título en 2022, aunque varios errores, tanto suyos como del equipo, le dejaron sin posibilidades. Está tan bien considerado en el equipo, que su contrato con Ferrari es el más extenso de todos los firmados a lo largo de la historia de la marca. Y una nueva ampliación del mismo significa que seguirá vistiendo de rojo durante muchos más años.

CARLOS SAINZ

Llegó a la Fórmula 1 como piloto de Red Bull y compañero de Max Verstappen. Carlos Sainz es uno de los pilotos más respetados de la parrilla, que obtuvo grandes resultados con Toro Rosso antes de pasar por Renault, McLaren y Ferrari. Su capacidad de leer las carreras y pensar estrategias desde el *cockpit* es impresionante, y su ritmo, entrega e inteligencia propia de un ganador le han convertido en uno de los pilotos favoritos.

SERGIO PÉREZ

Durante muchos años, el mexicano Sergio Pérez no encontró un coche que estuviera a la altura de su talento, hasta que llegó al equipo Force India con el que en 2021 ganó su primera carrera en Baréin, pese a haber rodado en algunos momentos en última posición. Cuando el equipo Red Bull se dio cuenta de que ninguno de sus jóvenes pilotos era capaz de seguir el ritmo de Verstappen, ficharon a Sergio Pérez. A los mandos de un coche ganador, es una amenaza constante para obtener *poles* y victorias.

GEORGE RUSSELL

El británico George Russell lo ganó prácticamente todo en las categorías inferiores y llegó a la Fórmula 1 de la mano de Williams, que en ese momento era uno de los equipos menos competitivos de la parrilla. Su ritmo fue tan bueno que en algunas ocasiones logró clasificar el coche en posiciones más altas de las que cabía esperar. Su talento se vio recompensado en 2022 con un volante en el equipo Mercedes junto a su ídolo de la infancia, Lewis Hamilton. Sin duda, liderará la nueva generación del equipo.

PIERRE GASLY

El francés Pierre Gasly formó parte de la academia de Red Bull, que le ayudó en su carrera y le permitió llegar a la Fórmula 1 y, en poco tiempo, al equipo principal junto con Max Verstappen. Sin embargo, sus resultados no fueron los esperados y Red Bull le volvió a colocar en su equipo júnior. Este hecho habría acabado con la confianza de muchos pilotos, pero Gasly lo usó para motivarse y en 2020, en el circuito de Monza, consiguió la segunda victoria del equipo, entonces denominado AlphaTauri. Se le sigue considerando uno de los mejores, y en 2024 compitió con el equipo Alpine que presentó una alineación totalmente francesa.

ESTEBAN OCON

A diferencia de muchos de sus rivales, el francés Esteban Ocon no proviene de una familia rica. Sus padres vendieron la casa y vivieron en una caravana para conseguir que su hijo corriera en karting, y la jugada no les salió mal. Tras varios años de buenas actuaciones en pequeños equipos, Alpine lo contrató, y en 2021 les devolvió el favor con una victoria en Hungría. Es un miembro tenaz y decidido de la nueva generación de la Fórmula 1.

LANDO NORRIS

Al igual que George Russell, Lando Norris fue campeón en prácticamente todas las categorías inferiores en que participó en su viaje hacia la Fórmula 1, lo cual le convirtió en uno de los pilotos en que se fijó el equipo McLaren, que lo ficho para su academia, y de momento toda la carrera de Norris en la Fórmula 1 ha sido como miembro del equipo británico, con el que ha conseguido sus primeras victorias y convertirse en firme candidato al título de campeón del mundo. Pese a recibir varias ofertas de otros equipos, permanece fiel al equipo que le apoyó durante muchos años.

ALEX ALBON

El tailandés Alex Albon era tan bueno en el karting que muchos de sus rivales actuales en la Fórmula 1 crecieron con pósteres suyos en la pared. Desde joven fue miembro del programa de jóvenes pilotos de Red Bull, del cual fue descartado y repescado posteriormente a tenor de sus resultados en las categorías inferiores. Tras haber formado parte de Toro Rosso y Red Bull, actualmente es piloto del equipo Williams, que trata de volver a ocupar un lugar entre los mejores.

OSCAR PIASTRI

El australiano Oscar Piastri arrasó en las categorías inferiores, coronándose como campeón de F3 y F2, títulos que le valieron el pase a la Fórmula 1. Tras empezar como piloto reserva de Alpine, el equipo contaba con él para sustituir a Fernando Alonso cuando este fichó por Aston Martin. Sin embargo, y sin que el equipo tuviera conocimiento de ello, Piastri había firmado un acuerdo con McLaren. Se entabló una lucha legal entre ambos equipos que acabó ganando McLaren, y Piastri debutó en 2023, sorprendiendo desde el minuto uno y demostrando el porqué de aquella contienda jurídica. Tras ganar la carrera *sprint* del Gran Premio de Catar de 2023, en la temporada 2024 consiguió subir dos veces a lo más alto del podio.

KEVIN MAGNUSSEN

El danés Kevin Magnussen tuvo una brillante carrera en categorías inferiores y en su debut en la Fórmula 1 en 2014 con McLaren, equipo para el cual también había pilotado en alguna ocasión su padre, logró subir al podio. A excepción de aquella primera temporada, el danés no ha dispuesto nunca de un coche capaz de luchar por las primeras posiciones. Tras un año fuera de la F1 para centrarse en las carreras de prototipos, volvió a la máxima categoría en 2021 con el equipo Haas, más maduro y más centrado, y se ha convertido en uno de los pilotos más fiables de la parrilla.

NICO HÜLKENBERG

Es el piloto con el récord menos envidiable de la Fórmula 1: el de haber participado en más carreras de F1 sin haber subido nunca al podio. Cuando debutó el año 2010 nadie hubiera creído posible que dicha estadística pudiera producirse nunca, por cuanto el piloto alemán había superado con claridad a sus rivales en otras categorías. Sigue compitiendo con la misma hambre de éxito, y ya ha participado en más de doscientos grandes premios, aunque el podio, hasta ahora, se le sigue resistiendo.

LANCE STROLL

Hijo de Lawrence Stroll, el multimillonario canadiense dueño del equipo de F1 Aston Martin, muchas veces se le ha considerado un niño rico que ha comprado su participación en la Fórmula 1 y que se aprovecha de que su padre es dueño de un equipo para asegurarse un lugar en la parrilla. Sin embargo, no se pueden obviar sus resultados en las categorías inferiores ni pasar por alto su trabajo en la Fórmula 1. Ha conseguido *poles* y ha subido al podio con coches que por lógica no deberían habérselo permitido. Cuando tiene un buen día, ha demostrado que su ritmo está a la altura de los mejores.

YUKI TSUNODA

Yuki Tsunoda, con el apoyo de Honda y más tarde de Red Bull, llegó a la Fórmula 1 entre un torbellino de elogios. Es uno de los pilotos más fuertes de la zona media y en ocasiones es capaz de extraer excelentes prestaciones de coches poco competitivos. Aunque algunos mensajes de radio le han proporcionado una reputación de ser propenso a los arranques de furia mientras pilota, fuera del coche es tranquilo y es muy apreciado por todos cuantos le rodean. Tsunoda sigue siendo un piloto muy impresionante que desafía todos los pronósticos.

ZHOU GUANYU

Zhou Guanyu es el primer piloto chino que compite en Fórmula 1. Debutó en 2022 con Alfa Romeo formando equipo con el experimentado Valtteri Bottas. A pesar de que una trayectoria poco espectacular en las categorías inferiores no hacía esperar grandes resultados, superó las expectativas rápidamente y en no pocas ocasiones superó a su compañero.

LOGAN SARGEANT

Se convirtió en el primer piloto estadounidense en completar una temporada entera de Fórmula 1 desde 2007. Antes de llegar a la máxima categoría, ganó carreras de Fórmula 4, Fórmula 3 y Fórmula 2, y si bien no logró ningún campeonato en dichas categorías, su consistencia y capacidad de trabajo fueron suficientes para que Williams le incluyera en su academia. En 2023, le ofrecieron formar parte del equipo de Fórmula 1 y siguió con ellos en 2024, aunque no acabó la temporada.

LOS EQUIPOS ACTUALES

RED BULL RACING

Red Bull Racing empezó con desventaja en la era turbohíbrida de la Fórmula 1, y en 2019 los motores Renault que había utilizado hasta entonces dejaron paso a los Honda y enseguida se empezaron a ver los resultados. Honda aterrizaba en Red Bul Racing tras una turbulenta experiencia con McLaren y crearon propulsores fiables e increíblemente competitivos. Esta unión consiguió que de luchar por ganar carreras pasaran a hacerlo por ganar campeonatos, y en 2021 Max Verstappen consiguió proclamarse campeón del mundo, algo que no ocurría desde el 2013 con Sebastian Vettel. Con el cambio reglamentario del 2022, la genialidad de Adrian Newey pudo volver a brillar y diseñó un coche casi perfecto que permitió a Verstappen y Red Bull volver a conseguir ambos títulos. Sin embargo, la polémica volvió a hacer acto de presencia porque el equipo excedió el límite presupuestario establecido y fue sancionado con una reducción del tiempo de desarrollo de cara al 2023. Pese a ello, Red Bull fue capaz de producir un coche todavía mejor y arrasó, ganando todas las carreras menos una. En la temporada 2024, pese a que Verstappen consiguió su cuarto título consecutivo, Red Bull se vio superado por McLaren entre los constructores.

MERCEDES

Mercedes fue el equipo a batir durante la década del 2010, pero la introducción de la nueva reglamentación en 2022 cortó su racha. Mercedes optó por un diseño revolucionario, con un coche sin apenas pontones. Pero la idea no acabó de funcionar, como tampoco lo hizo la suspensión y se vieron superados por Red Bull y Ferrari. En 2023 se mantuvieron en sus trece, pero tras la primera carrera abandonaron el nuevo concepto e introdujeron muchas modificaciones para tratar de acercarse a Red Bull.

FERRARI

La nueva reglamentación de 2022 le brindó a Ferrari una oportunidad para volver al frente de la Fórmula 1, y ese mismo año crearon su coche más competitivo de la era turbohíbrida hasta ahora. Sin embargo, los errores a la hora de desarrollar el monoplaza junto con otros de estrategia le costaron el cargo al jefe del equipo, Mattia Binotto, que llevaba en la Scuderia más de veinte años. Fue sustituido por Frédéric Vasseur, que había dirigido su propio equipo en categorías inferiores durante veinte años con pilotos de la talla de Lewis Hamilton y Nico Rosberg. Vasseur y un envalentonado equipo Ferrari rompieron el monopolio de Red Bull en la temporada 2023 y lograron la única victoria que aquel año no fue a manos de Red Bull. En 2024 anunciaron el fichaje de Lewis Hamilton a partir del 2025.

McLAREN

McLaren esperaba que la nueva normativa les daría la oportunidad de volver a ser un equipo competitivo y renovar así los éxitos conseguidos en los años setenta, ochenta y noventa del siglo anterior. Pero varios errores en el diseño de los coches les impidieron hacer realidad sus deseos, y después de haber estado luchando por ser uno de los tres primeros equipos al cambiar la década, ahora lo hacían simplemente por puntuar. A pesar de conseguir varios podios y una victoria en Monza en 2021, McLaren realizó cambios tanto de pilotos como en su organización técnica para intentar volver a la cima en una década cada vez más competitiva y con coches más igualados. El trabajo empezó a dar sus frutos en la temporada 2023 y culminó en la siguiente con la obtención del primer título de constructores después de veintiséis años de sequía.

ASTON MARTIN

El multimillonario canadiense Lawrence Stroll compró el equipo Force India cuando este entró en concurso de acreedores y lo rebautizó como Aston Martin, fabricante de automóviles que también posee. Invirtió mucho dinero y aportó mucha positividad al equipo, para el cual construyó unas instalaciones de vanguardia y aprovechó el límite presupuestario al máximo. Contrató a algunos de los mejores diseñadores y técnicos de la Fórmula 1, aparte de a Fernando Alonso, bicampeón del mundo. Aston Martin tiene como meta ser campeón del mundo y para ello en 2024 anunció el fichaje de Adrian Newey, que decidió abandonar Red Bull en busca de nuevos retos.

ALPINE

El equipo, que previamente había sido Toleman, Benetton, Renault, Lotus y Renault (otra vez), se encontraba en otro periodo de transformación a principios de la década, que se quiso visibilizar con el cambio de nombre: Renault dejaba paso a Alpine, una de las marcas de coches deportivos de la firma francesa. Alpine ha asombrado a todos por su uso inteligente de los fondos para mejorar de manera constante sus monoplazas sin sobrepasar el límite presupuestario. Suelen conseguir puntos en todas las carreras y a veces luchan por podios o hasta por victorias, como la conseguida por Esteban Ocon en el Gran Premio de Hungría del 2021.

SAUBER

El suizo Peter Sauber lleva en la Fórmula 1 desde los años noventa, formando parte durante un corto espacio de tiempo de la estructura del equipo BMW. A finales de la década del 2010 el equipo firmó un acuerdo con Alfa Romeo y cambió su identidad por el famoso nombre que había dominado la máxima categoría en sus primeros años de existencia. En 2024, la asociación con Alfa Romeo dejó pasó a otra con Stake, y este será el nombre del equipo hasta que Audi tome el control del mismo en 2026.

RB

Red Bull siempre ha tenido dos equipos en la Fórmula 1: el principal, que aspira a ganar títulos, y el hermano pequeño, el objetivo del cual es formar a jóvenes pilotos. El equipo empezó llamándose Toro Rosso (la traducción en italiano de Red Bull), pero posteriormente fue conocido como AlphaTauri por la marca de ropa de Red Bull. Aunque se considera un equipo pequeño y su papel está claro, nunca deja pasar una oportunidad cuando se le presenta, y en 2020 Pierre Gasly ganó el Gran Premio de Italia con ellos. En 2024 su nombre volvió a cambiar a RB, y pese a que su objetivo es ser considerado como un equipo independiente, actualmente su relación con Red Bull es todavía más estrecha, algo que crea bastante controversia.

WILLIAMS

A pesar de haber vivido unos años convulsos en los últimos tiempos, Williams sigue siendo el segundo equipo más laureado de la historia de la Fórmula 1. Tras la muerte de su fundador, Frank Williams, en 2021, el equipo fue vendido a una empresa de inversiones estadounidense con la promesa de una inversión económica que era muy necesaria. En 2023 pusieron al frente del equipo a James Vowles, que había sido el director de estrategia deportiva de Mercedes en sus años de dominio absoluto. Vowles ha introducido muchos cambios y tras una gran temporada 2023 trabaja para que Williams vuelva a estar entre los mejores.

HAAS

El empresario estadounidense Gene Haas llevaba años dirigiendo un equipo de la NASCAR cuando decidió dar el salto y entrar en la Fórmula 1 en 2016. Llegó a un acuerdo con Ferrari para que le suministraran tantas piezas y componentes como fuera posible, fabricando ellos las absolutamente necesarias para ser considerado un constructor. Este método de ahorrar costes dio frutos en los primeros tiempos y los puntos no tardaron en llegar. Sin embargo, no pudieron seguir el ritmo de desarrollo técnico de la Fórmula 1 y fueron quedándose atrás. Ha habido otros equipos estadounidenses que también han intentado entrar en la Fórmula 1, pero ninguno ha durado tanto ni ha disputado tantas carreras como Haas.

WeRaceAsOne
NET ZERO 2030
BLACK
LIVES

EL FUTURO

LA FÓRMULA 1 NUNCA HA ESTADO QUIETA. Desde sus inicios siempre ha mirado hacia el futuro, puesto que las mentes más brillantes de este deporte han superado constantemente los límites de la mecánica y la ingeniería para desarrollar coches de tecnología avanzada. En el pasado, todos estos cambios, en muchos casos revolucionarios, se hacían pensando únicamente en la competición, pero hoy en día se añade una consideración adicional que para muchos es incluso mucho más importante.

A medida que la Fórmula 1 mira al futuro, ha entendido que puede desempeñar un rol más amplio en la sociedad, y está desarrollando estrategias para que las grandes fortunas invertidas por los equipos, que cuentan con un buen número de brillantes ingenieros, puedan tener un uso global. El propio desarrollo de la competición hace que las evoluciones y las revoluciones técnicas se sucedan con gran rapidez. Del mismo modo que las ayudas a la conducción de los años ochenta y noventa se introdujeron en los vehículos de calle tras pasar y ser probadas en la Fórmula 1, los *crash tests* o pruebas de choque de la FIA evolucionaron para crear la Global NCAP, que es un programa de seguridad para automóviles nuevos que se aplica en todos los coches para preservar la seguridad de los usuarios. Y la introducción de los motores híbridos en la Fórmula 1 comportó una mejora de la eficiencia del motor de combustión interna. Todos estos avances explican por qué la Fórmula 1 es un gran aliado tanto en el presente como en el futuro.

Asimismo, la Fórmula 1 está comprometida para avanzar en el camino de la sostenibilidad y la neutralidad de carbono, tanto para sus propias operaciones como para las de los equipos. Se está trabajando en nuevas normativas de motores, y son muchas las marcas que están interesadas en utilizar la Fórmula 1 como banco de pruebas de nuevas tecnologías. En este sentido, se espera que en todas aquellas áreas involucradas en la Fórmula 1 se pueda contribuir al desarrollo de la tecnología del futuro con una conciencia global.

Por otra parte, también se están dando grandes pasos para conseguir que las puertas del *paddock* estén abiertas para todo el mundo, con la inclusión y la igualdad como puntos cruciales en sus planes de futuro y con la creación de campeonatos para apoyar a las nuevas generaciones de mujeres piloto en su camino hacia la Fórmula 1.

LA INCLUSIÓN EN LA FÓRMULA 1

A pesar de su naturaleza internacional, la Fórmula 1 siempre ha sido vista como un deporte elitista dominado por hombres blancos y europeos de clase media y alta. Sin embargo, en los últimos años, bajo el liderazgo de Lewis Hamilton y Liberty Media, se está haciendo un esfuerzo para lograr una mejor representación e inclusión en todos los trabajos relacionados con la Fórmula 1.

La primera misión de la Fórmula 1 era conseguir una mejor formación en ciencia, tecnología, ingeniería y matemáticas en las escuelas y apoyar el acceso a estas materias de grupos históricamente marginados y con poca representación para así brindarles oportunidades laborales en el ámbito de la ingeniería en el mundo del automovilismo. En este sentido, en 2021 se anunció la convocatoria de la primera beca en grados de ingeniería en varias universidades para permitir a miembros de las minorías étnicas, a las mujeres y a aquellos con un nivel socioeconómico bajo una oportunidad para poder luchar por hacer realidad su sueño y trabajar en las competiciones de motor.

Lewis Hamilton creó en 2019 la Comisión Hamilton (Hamilton Comission), cuyo primer informe cifraba en el uno por ciento los empleados de los equipos de Fórmula 1 de raza negra, y la razón principal eran los obstáculos sociales. Hamilton también creó la fundación benéfica Mission 44, que promueve la educación, el empleo y el empoderamiento. La fundación busca conseguir un sistema más inclusivo, creando vías claras hacia las ciencias, la tecnología, la ingeniería y las matemáticas (STEM) mediante oportunidades profesionales tempranas y mentoría, y creando vínculos clave entre las oportunidades de acción social, los centros de formación y las organizaciones sin ánimo de lucro.

En 2023, Mercedes y Hamilton crearon conjuntamente el Ignite Partnership, una beca que ofrece apoyo económico a personas de raza negra para efectuar estudios relacionados con el automovilismo en la Royal Academy of Engineering del Reino Unido. Además, el equipo alemán también creó el programa Accelerate 25, por el que se comprometía a que a partir del 2025, al menos el 25 por ciento de sus nuevos empleados pertenezcan a grupos con poca representación.

La participación femenina ha alcanzado sus mayores cotas hasta la fecha, y muchos puestos destacados en todos los niveles de la Fórmula 1 ya están ocupados por mujeres, tanto en las fábricas como en el *pit wall*, y desde el garaje a la dirección. La Fórmula 1 actual se siente orgullosa de haber logrado que el talento emerja y ascienda y de promover a los mejores. Y estas consideraciones no están (ni deberían estarlo) limitadas por cuestiones de género, raza o identidad. Organizaciones como Racing Pride trabajan con muchos equipos de F1 para conseguir una mayor inclusión de la comunidad LGTBIQ+, tanto entre los aficionados como en las fábricas.

Estos son solo algunos ejemplos del trabajo de todos los equipos para impulsar y mejorar la diversidad, la inclusión y la igualdad dentro de sus organizaciones.

WeRaceAsOne
AIRWA
PETRONA
BLACK LI

MUJERES PILOTO EN LA FÓRMULA 1

Los deportes de motor son uno de los pocos en el que hombres y mujeres compiten juntos. Mientras que en otras especialidades hay competición masculina y femenina, el automovilismo nunca ha visto la necesidad de crear dos mundos paralelos. El desafío siempre ha sido ver a una persona y un coche trabajar en harmonía para conseguir marcar la diferencia. Una vez con el casco puesto, el género pasa a un segundo plano y lo único que importa es la lucha contra el reloj.

Danica Patrick consiguió ganar en la IndyCar, Ellen Lohr lo hizo en el DTM y Michèle Mouton estuvo muy cerca de proclamarse campeona del mundo de rallies. Más recientemente, en 2023, el equipo femenino Iron Dames Le Mans GTE, integrado por Sarah Bovy, Michelle Gatting y Rahel Frey, se impuso en las 8 Horas de Baréin del campeonato de resistencia (WEC) y terminaron segundas en la clasificación final, y la campeona de la Challenge Ferrari de 2022, Doriane Pin, ganó una carrera en el campeonato de F4 del sudeste asiático del 2023, del que fue subcampeona pese a no participar en todas las pruebas, al mismo tiempo que se convertía en la revelación del campeonato WEC 2023. En toda la historia de la Fórmula 1 solo una mujer ha logrado puntuar, y ya han pasado más de treinta años desde la última vez que una mujer intentó clasificarse en un Gran Premio.

Esto no significa que ninguna mujer haya intentado acceder a la Fórmula 1 durante todo este tiempo. Al mismo tiempo que Susie Wolff se convertía en piloto de pruebas y reserva de Williams a mitad de la década del 2010, varias mujeres participaban en GP3 (la actual F3). Pero la falta de apoyo económico ha implicado que hayan participado en equipos poco competitivos, e incluso que una piloto como Alice Powell, que fue campeona de la Fórmula Renault, no pudiera seguir progresando en su carrera deportiva.

Debido a que las mujeres contaban con unas oportunidades limitadas y a que ni los patrocinadores ni los equipos apostaban por ellas, se optó por crear un campeonato femenino, las W Series, para que tuvieran la oportunidad de destacar en el mundo del motor. Sin embargo, esto solo solucionó parte del problema, pues se hizo evidente que tener una oportunidad para mostrarse no era suficiente. La nueva generación de talento femenino necesitaba una formación adecuada y disponer de las herramientas adecuadas para poder competir con sus rivales masculinos.

Por eso en 2023 se lanzó la F1 Academy, una competición femenina con cinco equipos de tres coches, integrados en la estructura de equipos que ya participan en Fórmula 3 o Fórmula 2. El campeonato les concede más tiempo en pista para mejorar y además ofrece apoyo en la preparación técnica, física y mental.

Con el paso del tiempo, la F1 Academy debería ser un camino efectivo para que las pilotos participantes puedan dar el salto a la F3, la F2 y, ojalá, a la F1. Susie Wolff, la última mujer en pilotar un Fórmula 1 de forma competitiva, es la responsable del campeonato.

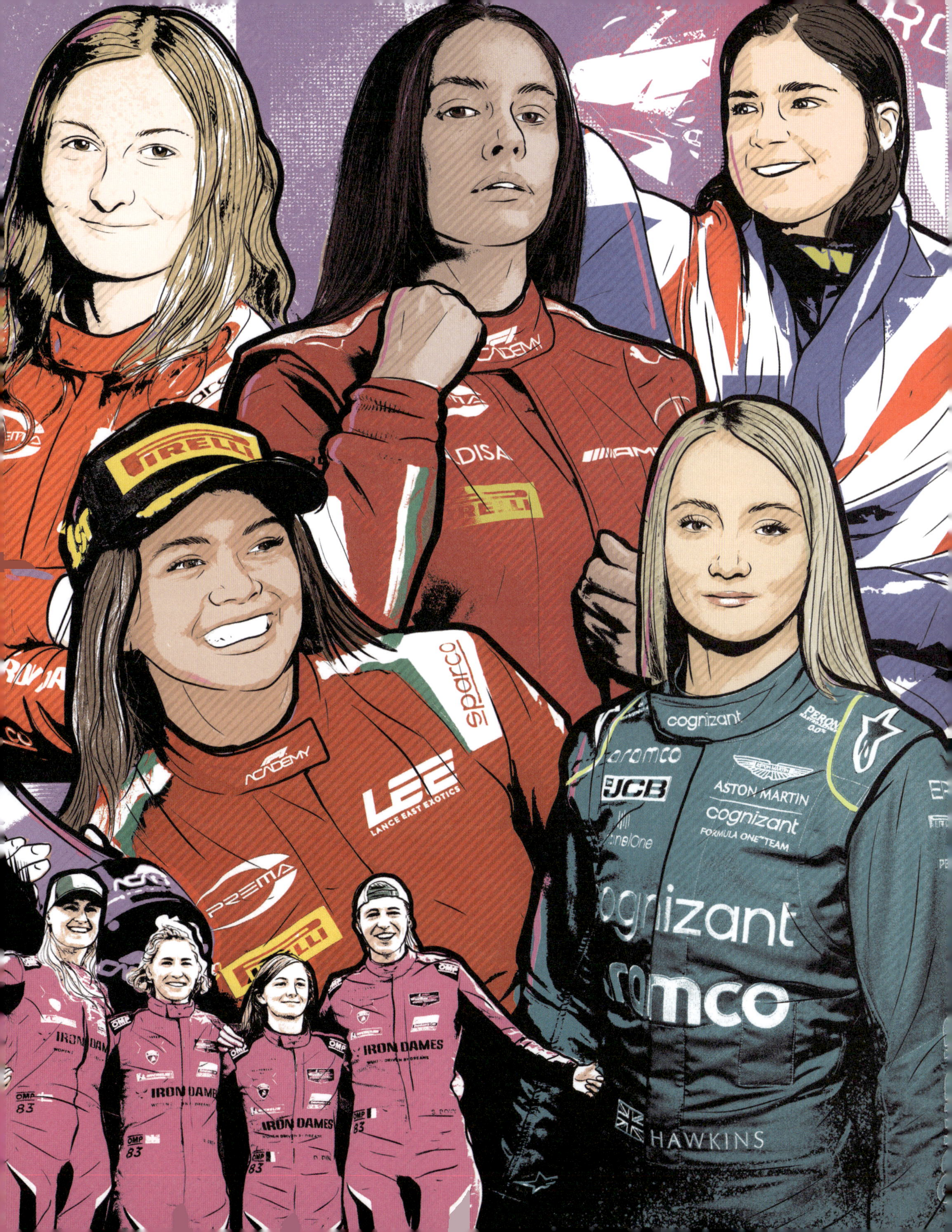

PIRELLI
ACADEMY
sparco
LANCE EAST EXOTICS
PREMA
cognizant
ASTON MARTIN
cognizant
FORMULA ONE TEAM
JCB
HAWKINS
IRON DAMES

SOSTENIBILIDAD

La Fórmula 1 lleva mucho tiempo estando al frente en cuanto a tecnología automovilística, y todas las evoluciones que se hacen en pista tienen un impacto positivo en la sociedad y en las carreteras a nivel mundial. El mundo entero se enfrenta hoy en día al desafío de proteger el futuro del planeta, y la Fórmula 1 no podía ser menos. Por ello, aprovechando la brillantez de las mentes que en ella trabajan, lidera la marcha por la sostenibilidad, con una misión en el punto de mira: las cero emisiones de carbono en el 2030.

A la era turbohíbrida, que comenzó en 2014, se le da muchas veces menos importancia de la que realmente tiene. El rendimiento de los primeros motores de combustión interna del siglo xix era de tan solo un 17 por ciento. Sorprendentemente, en los 120 años siguientes solo se logró mejorar dicha cifra hasta el 30 por ciento. Durante el año 2013, los ingenieros de motores de Fórmula 1 aumentaron su rendimiento a un 40 por ciento, y hoy en día esta cifra ya supera el 50 por ciento. Es decir, en los últimos diez años se ha avanzado mucho más que en los 120 anteriores, y ello gracias a la Fórmula 1. Pero en su búsqueda constante de la mejora técnica, ya se están planteando nuevos objetivos, y en 2026 entrará en vigor una nueva reglamentación para avanzar aún más en el terreno de la sostenibilidad.

No obstante, las emisiones de los motores de Fórmula 1 son inferiores al uno por ciento de las emisiones totales de carbono de la Fórmula 1. Alrededor del 7 por ciento de estas emisiones las generan todas las actividades relacionadas con cada Gran Premio; un 19 por ciento proceden de las fábricas e instalaciones de los equipos; un 28 por ciento de los viajes de los equipos y el alojamiento; y un 45 por ciento de toda la logística implicada. Teniendo todo esto en cuenta, y como parte del camino hacia un 2030 con cero emisiones de carbono, de cara a la temporada 2025 todas las carreras deberán contar con la clasificación de «espectáculo sostenible», para lo cual deberán cumplir con una serie de objetivos. En el Gran Premio de Austria de 2023, la Fórmula 1 empleó por primera vez una estación de energía propia *in situ*, que aportó electricidad al *paddock*, al *pit lane* y a las instalaciones para la retransmisión del evento utilizando solo energía solar y biocombustible.

De cara al 2030, la totalidad de la energía consumida por las oficinas, las instalaciones y las fábricas de los equipos debe ser de origen renovable, con compensaciones de carbono fiables para alcanzar el equilibrio cero en otras áreas. En 2023, todos los equipos consiguieron la Acreditación Medioambiental de la FIA de tres estrellas, el nivel más alto de reconocimiento en sostenibilidad medioambiental que otorga este organismo.

En cuanto al calendario, se sigue trabajando en su optimización, y ahora el transporte se realiza con aviones y contenedores de uso más flexible para que el consumo de combustible sea más eficiente. En 2023, Mercedes se convirtió en el primer equipo que utilizó biocombustible para los camiones que recorren Europa de circuito en circuito, reduciendo así las emisiones en un 89 por ciento. DHL, el socio logístico de la Fórmula 1, siguió idéntico camino ese mismo año, reduciendo también así el impacto medioambiental de sus operaciones.

PIRELLI
NET ZERO
2030
ROLEX

LA TECNOLOGÍA DEL FUTURO

La Fórmula 1 se enfrenta a un importante cambio en la reglamentación a partir del 2026: tanto la normativa relacionada con los chasis como la que afecta a los motores sufrirá importantes variaciones para conseguir eliminar las emisiones de carbono en el futuro, y al mismo tiempo conseguir que las carreras sean más igualadas y haya más acción en pista. La nueva generación de motores tan solo utilizará combustible sostenible. Ya no se quemarán nuevas fuentes basadas en el carbono porque los proveedores de combustible deberán suministrar un producto elaborado a partir de biomasa no alimentaria, desechos locales y la propia atmósfera. Solo con esto se reducirán en un 65 por ciento las emisiones de gases de efecto invernadero en comparación con los combustibles fósiles, y aunque el uso de estos nuevos combustibles también genera emisiones de carbono, son emisiones cíclicas y reemplazarán en la atmósfera las utilizadas para crearlos.

Las unidades MGU-K de estos nuevos motores proporcionarán tres veces más energía eléctrica que las actuales, obteniendo hasta 350 kW en la frenada frente a los 120 kW de hoy en día. Gracias a esta mayor cantidad de energía reutilizada, se podrá reducir el uso de combustible, con un objetivo de 70 kg (154 lb) por Gran Premio, 30 kg menos de los 100 kg (220 lb) que se establecieron en 2023. La unidad MGU-H desaparecerá y de este modo disminuirán la complejidad y el coste de las unidades de potencia.

Esta nueva reglamentación ha creado mucha expectación tanto dentro como fuera de la Fórmula 1, y Ferrari, Mercedes y Alpine (Renault) empezaron a trabajar pronto en esta segunda generación de motores híbridos. Tanto Ford como Honda han anunciado su regreso, y Audi dará el salto en 2026, mientras que otros fabricantes también han expresado su interés.

Pero no solo cambiarán los motores, también lo harán los coches. Los F1 actuales son los más grandes y pesados de la historia, con un peso de casi 800 kg (1764 lb), y a pesar de ser muy rápidos están lejos de ser tan ágiles como sus predecesores. De cara al 2026 se reducirán sus dimensiones para que sean más cortos, más estrechos y, por ende, más ligeros. Otro punto clave es reducir la resistencia aerodinámica inherente a las dimensiones de los coches, para que así la velocidad en recta y el adelantamiento sigan siendo esenciales. Las lecciones aprendidas en los primeros años de la nueva normativa aerodinámica que se implementó en el 2022 serán cruciales para la base de la nueva versión de 2026.

La estandarización de algunas piezas se considera un elemento fundamental para seguir recortando gastos, mientras que el objetivo de proteger el medio ambiente posiblemente dé lugar al uso de materiales reciclados y sostenibles. En cualquier caso, la seguridad seguirá siendo el centro de atención, y en este sentido se continúa trabajando en la búsqueda de sistemas de seguridad activos y conectados para garantizar la máxima protección posible de los pilotos.

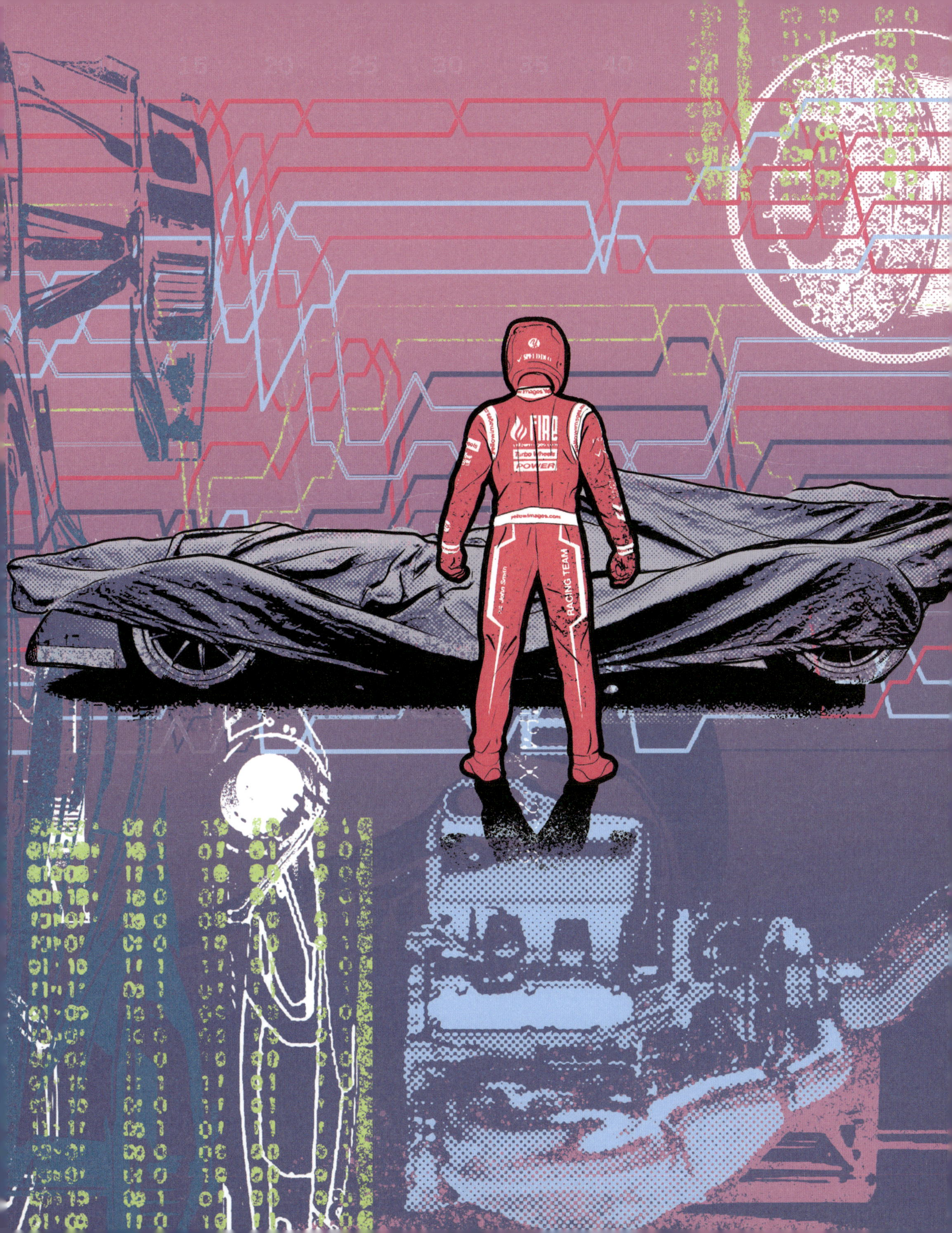
FIRE
Turbo Wheels
POWER
yellowimages.com
RACING TEAM

LA F1 EN EL CINE

Desde los comienzos de la Fórmula 1, la emoción de las carreras y el coraje de los mejores pilotos del mundo se ha convertido en la musa de grandes guionistas y directores de cine. Desde los años cincuenta se han hecho innumerables documentales sobre la Fórmula 1, y Hollywood también quiso retratarla en la gran pantalla.

Una de las primeras películas la dirigió Roger Corman en 1963, *Rivales pero amigos*, protagonizada por Mark Damon y William Campbell. A pesar de contar con un presupuesto limitado de 100.000 dólares, los cineastas acudieron a varias carreras de la temporada 1962 y consiguieron algunos planos maravillosos de aquella época.

En los años sesenta, el atractivo internacional de la Fórmula 1 atrajo el interés de algunos grandes estudios. En 1965, John Frankenheimer empezó a investigar para su película *Grand Prix*, que se estrenó en 1966, y el famoso actor Steve McQueen comenzó a trabajar en su película *Day of the Champion*. Sin embargo, las esperanzas de McQueen de rodar la primera película de Fórmula 1 con un alto presupuesto se desvanecieron debido a varios retrasos. Warner Bros. decidió finalmente cancelar el proyecto, así que Frankenheimer, junto con los actores James Garner y Eva Marie Saint, tenían toda la temporada de 1966 para ellos solos. Con un presupuesto de unos nueve millones de dólares, una recaudación del doble en taquilla y habiendo ganado en 1967 tres premios Oscar, *Grand Prix* sigue considerándose una de las mejores películas sobre la F1.

Dos años después, en 1969, Paul Newman terminó su película sobre carreras estadounidenses, *Quinientas millas*, y en 1971 McQueen por fin acabó su oda al automovilismo, *Las 24 horas de Le Mans*, que terminó cerrando una trilogía no oficial de películas sobre F1, IndyCar y prototipos.

La Fórmula 1 volvió a brillar en la gran pantalla en 1977 con la película *Un instante, una vida*, con Al Pacino como protagonista. Bernie Ecclestone, por aquel entonces propietario de Brabham, autorizó a los productores a entrar en el garaje del equipo y en la fábrica, y ello permitió filmar algunos planos de las carreras cruciales para la trama.

Tuvieron que pasar cuarenta años hasta que la Fórmula 1 volvió a ser el epicentro de una película de Hollywood, ya que los derechos de retransmisión habían pasado a ser más exclusivos y caros. Sylvester Stallone estuvo cerca de producir una película sobre la Fórmula 1 en los noventa, y pasó muchos meses en el *paddock* trabajando en su guion con la gente de la Fórmula 1. Pero el rumbo que estaba tomando la película no convencía demasiado a la Fórmula 1 y esta decidió romper su relación con la estrella de *Rocky*, que acabó trasvasando la historia a la IndyCar. El resultado fue la película *Driven*, del 2001, que recibió muchas críticas.

En los primeros años del presente siglo, la película de animación de Pixar *Cars* contó con las voces de varios pilotos de Fórmula 1, leyendas e ídolos del momento, como Mario Andretti, Michael Schumacher, Niki Lauda, Lewis Hamilton o Sebastian Vettel.

En 2013 Ron Howard estrenó la primera gran producción sobre la F1 desde *Un instante, una vida*, pero en este caso estaba basada en hechos reales. *Rush* se centra en la temporada de 1976 y en la batalla por el campeonato entre Niki Lauda y James Hunt. La película ganó un premio BAFTA y tuvo muy buenas críticas por la actuación de Chris Hemsworth en el papel de Hunt y, sobre todo, por la de Daniel Brühl como Lauda. En 2019, seis años más tarde, la Fórmula 1 hizo un cameo en *Criminales en el mar*, una comedia de Adam Sandler y Jennifer Aniston que se filmó en un Gran Premio de Mónaco junto a McLaren y Fernando Alonso.

Todas estas películas se pueden considerar la precuela del interés que la Fórmula 1 ha despertado en Hollywood en los últimos años. En 2023, Michael Mann estrenó un biopic sobre la vida de Enzo Ferrari titulado *Ferrari*, y ese mismo año empezó el rodaje en los circuitos, como en su día había hecho Frankenheimer, de la película más ambiciosa sobre la F1 desde *Grand Prix*. Tras el éxito conseguido con *Top Gun: Maverick*, Joseph Kosinski y Jerry Bruckheimer se embarcaron en una película sobre la Fórmula 1 con Brad Pitt y Damson Idris como pilotos compitiendo en la pista contra veinte estrellas reales de la velocidad.

CHRIS HEMSWORTH
DANIEL BRÜHL
A RON HOWARD FILM
RUSH
BASED ON A TRUE STORY
COMING SOON
PANAVISIO
SUPER R=2
JOHN FOREMAN
SYDNEY POLLACK
AL PACINO
UN ATTIMO
UNA VITA
SYDNEY POLLACK
ANNY DUPEREY
ALVIN SARGENT
ROMOLO VALLI
ERICH MARIA REMARQUE

AGRADECIMIENTOS

Estoy en deuda con el fantástico equipo de Ten Speed Press y Penguin Random House por ofrecerme la oportunidad de trabajar juntos y por creer con tanta firmeza en el concepto que hemos creado. En primer lugar, quiero agradecer a Aaron Wehner toda la fe que ha depositado en mí desde el principio, y a todo el equipo que ha participado en este proyecto, especialmente a Kaitlin Ketchum, Lizzie Allen, Kelly Booth, Kausaur Fahimuddin, Jane Chinn, Joyce Wong, Brianne Sperber y Jana Branson.

Quiero darle las gracias a Davi Augusto, nuestro magnífico ilustrador, representado por Colagene Paris, sin cuyo talento este libro no existiría. Estoy impresionado con tu arte y agradezco mucho que hayamos podido trabajar juntos. También estoy eternamente agradecido a Craig Scarborough por su ayuda y su tiempo comprobando que todos los diseños técnicos estuvieran perfectos.

A mi familia y amigos, mi maravillosa mujer y mis impresionantes hijas: gracias por todo vuestro amor y apoyo.

Gracias a Ben Gorman, mi representante, por cubrirme las espaldas con los acuerdos y por ponerme las pilas.

Este libro se basa en todo el conocimiento que he adquirido a lo largo de mi vida. Durante más de treinta años he leído y absorbido grandes publicaciones sobre automovilismo y he aprendido de los mejores escritores del sector, cuya comprensión y conocimiento son la columna vertebral de mí mismo. *Autosport*, *Motorsport News* (o *Motoring News*, como se llamaba cuando era joven), *MotorSport Magazine*, *F1 Racing*, *AutoCar*, *Racer*, *Autocourse*, y en los últimos años la presencia online de Autosport y Motorsport.com, The Race y F1.com han sido mis compañeros y guías de viaje. Yo mismo y las páginas de este libro estamos en deuda con la redacción de publicaciones y artículos sobre grandes premios de Gerald Donaldson, David Tremayne, Maurice Hamilton, Alan Henry, Richard Williams, Mark Hughes, Simon Arron, Nigel Roebuck, Joe Saward, James Allen, Edd Straw y Denis Jenkinson. En particular me gustaría expresar mi más sincero agradecimiento a David Tremayne, que como mi primer jefe, en mis primeros pasos como profesional ponía a prueba cada mañana mis conocimientos sobre la historia de la Fórmula 1 y también me enseñó la importancia de conservar todo ese conocimiento mientras trabajaba en un deporte que no deja de evolucionar constantemente.

En relación con las estadísticas y las fechas, FORIX.com y la Wikipedia han sido muy útiles para ocupar los huecos que faltaban.

Quiero agradecer con toda mi alma a la Fórmula 1 en sí: a Stefano Domenicali por escribir un prólogo tan fantástico; a Liam Parker por su ayuda, su amistad y sus consejos; a Ian Holmes, David Hill, Dean Locke, Hayley McDaid, Tim Bampton y a todos aquellos miembros de la amplia familia de la Fórmula 1 que me han ayudado y apoyado tanto a mí como al proyecto. Gracias infinitas a todos los equipos y los departamentos de relaciones públicas, sobre todo a Adrian Atkinson y Steve Cooper del equipo Aston Martin F1 Aramco, a Rebecca Banks de Williams Racing, a Thomas Hoffman, que formó parte de la Scuderia Ferrari, y a Alice Hedworth de Oracle Red Bull Racing. Gracias también a la FIA y especialmente a Tom Wood.

También me gustaría agradecer la perspectiva de Sean Bratches, Paul Martin, James Gay Rees y Nat Grouille, que dieron vida a *Drive to Survive* (titulada *La emoción de un Grand Prix* en España). Fue un honor que me invitaran a ser parte de esta increíble serie, gracias a la cual me han llegado nuevas oportunidades extraordinarias, como escribir este libro y compartir mi pasión por la Fórmula 1 con un nuevo público.

Por último, quiero darte las gracias a ti que estás leyendo esto. Este libro solo es la punta del iceberg de la maravillosa historia de este deporte y de todas las grandiosas personas que forman y han formado parte de ella. Espero que te haya abierto un nuevo camino para adentrarte en las más de mil carreras del pasado de la Fórmula 1 y sus cientos de pilotos y equipos, que son los cimientos sobre los que se creó y se sustenta este deporte.

SOBRE EL AUTOR

WILL BUXTON ha estado involucrado al más alto nivel en las competiciones automovilísticas internacionales desde hace más de veinte años. Su carrera empezó a principios del milenio en la prensa escrita, y de ahí dio un salto que duró tres años para dirigir el departamento de comunicación de la GP2. Su vuelta al periodismo coincidió con la oportunidad de ser comentarista, y se convirtió en el reportero *pit lane* de las retransmisiones para Estados Unidos. Tras una década trabajando para la televisión estadounidense, se unió al equipo de retransmisiones puesto en marcha por Liberty Media para impulsar la presencia digital de la Fórmula 1. Hoy en día es conocido en todo el mundo por su trabajo en F1 TV y por la serie de Netflix, *Fórmula 1: la emoción de un Grand Prix*. Es una de las voces más respetadas y reconocidas de este deporte. En 2023 cubrió su carrera número 600 y asistió a su Gran Premio número 300.

ÍNDICE

F

G

H

De la edición en español
Traducción Sonia Saiz
Revisión Miquel Arderiu
Composición y maquetación Sara García Pérez
Coordinación editorial Lakshmi Asensio Fernández
Dirección editorial Elsa Vicente

Título original: *Grand Prix*

Esta edición se publica por acuerdo con Ten Speed Press, un sello editorial de Crown Publishing Group, parte de Penguin Random House LLC

Publicado por Dorling Kindersley Limited
1745 Broadway, 20th Floor. New York, NY 10019
Parte de Penguin Random House

Primera edición: 2025
001-352824-Oct/2025

ISBN 979-8-2171-3186-0

Impreso y encuadernado en China

www.dkespañol.com

MIXTO
Papel | Apoyando la silvicultura responsable
FSC™ C018179

Este libro se ha impreso con papel certificado por el Forest Stewardship Council™ como parte del compromiso de DK por un futuro sostenible. **Para más información, visita www.dk.com/uk/information/sustainability**